SEU PRIMEIRO
CARGO DE
LIDERANÇA

Tacy M. Byham
Richard S. Wellins

SEU PRIMEIRO
CARGO DE
LIDERANÇA

Como líderes catalisadores conseguem extrair
o que há de melhor nas pessoas

Tradução
CLAUDIA GERPE DUARTE
EDUARDO GERPE DUARTE

Editora
Cultrix
SÃO PAULO

Título do original: *Your First Leadership Job.*
Copyright © 2015 Development Dimensions International.
Publicado mediante acordo com a editora original John Willey & Sons.
Copyright da edição brasileira © 2016 Editora Pensamento-Cultrix Ltda.
1ª edição 2016..
2ª reimpressão 2019.

Todos os direitos reservados. Nenhuma parte desta obra pode ser reproduzida ou usada de qualquer forma ou por qualquer meio, eletrônico ou mecânico, inclusive fotocópias, gravações ou sistema de armazenamento em banco de dados, sem permissão por escrito, exceto nos casos de trechos curtos citados em resenhas críticas ou artigos de revistas.

A Editora Cultrix não se responsabiliza por eventuais mudanças ocorridas nos endereços convencionais ou eletrônicos citados neste livro.

Editor: Adilson Silva Ramachandra
Editora de texto: Denise de Carvalho Rocha
Gerente editorial: Roseli de S. Ferraz
Preparação de originais: Alessandra Miranda de Sá
Produção editorial: Indiara Faria Kayo
Editoração eletrônica: Join Bureau
Revisão: Nilza Agua

Dados Internacionais de Catalogação na Publicação (CIP)
(Câmara Brasileira do Livro, SP, Brasil)

Byham, Tacy M.
 Seu primeiro cargo de liderança : como líderes catalisadores conseguem extrair o que há de melhor nas pessoas / Tacy M. Byham, Richard S. Wellins ; tradução Cláudia Gerpe Duarte, Eduardo Gerpe Duarte. – São Paulo : Cultrix, 2016.

 Título original: Your first leadership job.
 ISBN 978-85-316-1355-5

 1. Liderança I. Wellins, Richard S. II. Título.

16-02717   CDD-658.4092

Índices para catálogo sistemático:
 1. Liderança : Administração   658.4092

Direitos de tradução para o Brasil adquiridos com exclusividade pela
EDITORA PENSAMENTO-CULTRIX LTDA., que se reserva a
propriedade literária desta tradução.
Rua Dr. Mário Vicente, 368 — 04270-000 — São Paulo, SP
Fone: (11) 2066-9000
http://www.editoracultrix.com.br
E-mail: atendimento@editoracultrix.com.br
Foi feito o depósito legal.

Dedicatória

Dedico este livro à minha maravilhosa família.

Aos meus pais, que, na minha infância, desafiaram-me a experimentar as coisas e me encorajaram a avançar rumo a novas experiências, inculcando-me curiosidade e me mostrando o mundo que existe além da Pensilvânia Ocidental. Vocês me deram asas para que eu pudesse voar em direção a qualquer carreira que despertasse minha atenção – matemática, ciência da computação, gestão de negócios artísticos, canto –, e optei por voltar para casa. Papai, estou orgulhosa de seguir seus passos, e ansiosa para construir o legado Bill Byham na DDI dos próximos 45 anos. Mamãe, aprendi muitas coisas a seu lado ao vê-la falar com sinceridade e orgulho, inspirando voluntários e líderes comunitários. Vocês dois foram, decididamente, os melhores modelos de liderança para mim, e sou grata por ser um reflexo de ambos.

Ao meu filho, Spencer – você se tornou um rapaz magnífico. Todos os dias me faz sentir grata pelo seu senso de humor, habilidade em contar histórias e também pelos abraços antes de ir dormir. Você tem atualmente 14 anos (ou três e meio em anos bissextos), e quem sabe onde poderá estar no futuro. Tenho que lhe dizer que mal posso esperar para vê-lo dar seu primeiro passo de liderança. E espero que recorra a este livro para receber conselhos quando chegar lá.

Tacy

Uma década já transcorreu desde meu último livro, principalmente porque não consegui encontrar um que de fato desejasse escrever. Este eu realmente quis escrever.

Gostaria de dedicá-lo à minha mãe e em memória de meu pai. Embora talvez, sem que o soubessem de modo consciente, eles tenham me ensinado diariamente a liderança.

Quando este livro for publicado, terei acabado de completar meu trigésimo sexto ano na DDI. Assim sendo, também quero dedicá-lo aos meus dois e únicos chefes – Bill Byham e Bob Rogers. Além de guias e mentores, eles também me proporcionaram a liberdade de aprender, crescer e contribuir. Realmente me considero uma pessoa muito feliz.

Rich

Sumário

Preâmbulo 11

Prefácio 13

Primeira Parte: Liderança catalisadora

1. Agora você é um líder 17
   Tem início a jornada

2. Chefe ou catalisador? 25
   O que torna alguém um grande líder?

3. Como lidar com a transição para a liderança 33
   A atitude mental que você precisa ter para ser bem-sucedido

4. Sua marca de liderança, primeira parte 47
   Seja autêntico

5. Sua marca de liderança, segunda parte 56
   Traga à tona o que há de melhor nas pessoas e seja
   receptivo ao *feedback*

6. Liderança é conversa, primeira parte........................ 70
   Como fazer as pessoas se sentirem ouvidas, valorizadas e motivadas

7. Liderança é conversa, segunda parte 96
   Como desenvolver confiança e espírito de participação

8. Seu roteiro de conversas de cinco passos 108
   Adote uma abordagem prática para obter resultados

9. Nada mais importa se você não obtiver resultados 123
   Como executar com foco, mensuração e atribuição
   de responsabilidade

Segunda Parte: Habilidades de proficiência e liderança

10. Contrate e selecione o melhor 157
    O comportamento é um prognóstico de comportamento

11. O que seu chefe realmente deseja de você 174
    Torne-se um consultor

12. Engajamento e retenção 181
    Como criar o ambiente ideal para energizar pessoas

13. Reuniões 197
    Faça com que eles tenham importância

14. *Coaching* 212
    Aprenda com o sucesso

15. Fundamentos do *feedback* 226
    Específico, oportuno e equilibrado

16. Como lidar com situações difíceis dos funcionários 236
    Concentre-se no comportamento, não na pessoa

17. Delegar tarefas 249
    Delegue, não despeje

18. Gerenciamento do desempenho 262
    Um ciclo permanente, não um evento

19. Você e sua rede de contatos 273
    Cultive relacionamentos profissionais

20. Influência 288
    Olhe para cima, para baixo e para os lados

21. O primeiro cargo de liderança de uma mulher 299
    Aproveite o momento

22. A liderança modifica o mundo 315
    Você faz a diferença

Terceira Parte: Capítulos e ferramentas de bônus
    (disponíveis *on-line*, em inglês, no microsite da DDI)

Notas 321
Agradecimentos 329
A DDI 331
Os autores 333

Preâmbulo

Liderança faz a diferença.

Talvez você não saiba disso agora. Mas logo vai descobrir.

Trabalho no setor bancário desde o início de minha carreira, a maior parte do tempo na Fifth Third Bancorp, com funcionamento em uma dúzia de estados do Meio-Oeste e do Sudeste. A atividade bancária é interessante por muitas razões, mas uma delas é a seguinte: não fabricamos nada. Nosso produto é exatamente igual ao dos nossos concorrentes. Em geral, nós o tomamos emprestado, e ele sempre tem a mesma aparência. É verde, retangular e tem o mesmo valor relativo em qualquer dia que se queira considerá-lo. A fim de sobressair em uma área apinhada de concorrentes, o diferencial precisa ser *como* entregamos esse valor – 100% por intermédio do nosso pessoal.

Acredito que a liderança acontece à sua volta de um modo geral. Ela segue o ritmo determinado por você e nas inúmeras conversas travadas para se conseguir uma coisa simples, porém complexa: chamar a atenção das pessoas para o panorama de resultados de que você precisa.

Mas a maioria das pessoas só pensa nessas coisas quando assume o primeiro cargo de liderança. Você é competente como especialista, e depois, devido à sua qualificação, é promovido para uma função completamente diferente. Só então você experimenta, porque ninguém jamais lhe explica – a não ser na DDI –, a maneira certa ou errada de obter o máximo de engajamento das pessoas que estão a seu redor.

Vou voltar um pouco o relógio. Meu primeiro grande cargo de liderança foi o que minha organização chamava de responsabilidade "ampliada" – uma atribuição que lida com um desafio que a empresa está tendo e que também ajuda o líder a crescer e se desenvolver. Certo dia fui chamado à sala do chefe do meu chefe, o vice-presidente do Conselho Administrativo, e me peguei recebendo um convite para assumir uma divisão na qual não tinha nenhuma experiência. Nenhuma mesmo. Pediam que eu deixasse meu cargo em Recursos Humanos para gerenciar operações para a *holding*, que era muito maior. E eu iria ser chefe de pessoas com grande conhecimento técnico, extremamente competentes e muito experientes. Estava então em meados da casa dos 30 anos e tinha três filhos com menos de 10 anos. Meus novos subordinados eram, em muitos casos, vinte anos mais velhos que eu. Era uma divisão que apresentava desafios, pois precisava de uma mudança significativa, e enfrentava novas e desafiadoras metas de desempenho.

Conversei com algumas pessoas que estavam mais bem informadas a respeito dos desafios que a divisão de operações enfrentava. Estava preocupado, mas aceitei o cargo. Já no começo, sabia que eu não tinha sequer um quarto do

Preâmbulo
(continua)

conhecimento das pessoas que já estavam lá havia anos. E ia precisar que todas me ensinassem o que sabiam.

Naquele momento, eu me dei conta de que precisaria da liderança.

Fizemos uma série de coisas, todas elas concentradas em adquirir a confiança das pessoas. Começamos algo novo, implementando-o paulatinamente, do modo como hoje costumamos chamar de *one down* ou *two downs*. Reuníamo-nos regularmente em grandes grupos (algumas das equipes tinham quinze ou vinte pessoas), e eu encorajava os gerentes a falar a respeito do que tinham realizado. Basicamente, eles podiam ficar se gabando sobre o quanto tinham realizado na empresa para mim. E depois eu usava essas realizações para falar a respeito do que poderíamos fazer se todos enxergássemos o mesmo panorama. Parece simples, mas foram momentos intensos. Essas conversas proporcionaram a espinha dorsal para o tipo de confiança, criação de visão e engajamento que, com o tempo, ajudou todos a ver como poderíamos ser reconhecidos na organização pela magnitude das mudanças que contemplávamos. Criei um desfile, dando-lhes a oportunidade de sair como destaque.

No final, realizamos uma das mudanças mais significativas na história de nossa empresa. Centralizamos as operações, fizemos uma redução de 40% a 50% nos custos, melhoramos os acordos de nível de serviço e a entrega, e aumentamos a satisfação do cliente.

Agora é a sua vez. O que você vai fazer com a oportunidade que acaba de receber?

Aprendi o conceito de liderança catalisadora com a DDI no início de minha carreira, e este livro o ajudará a assimilá-lo também. Você vai descobrir como os catalisadores são capazes de acender uma chama dentro de outras pessoas, obter o compromisso delas e impulsionar sua produtividade. Veja bem: nunca conheci um supervisor perfeito. Também jamais fui um. Liderança requer trabalho. Mas o lado positivo é enorme – ajudar as pessoas a alcançar suas metas e realizar seus sonhos.

Todos nós abordamos a liderança com base em diferentes ângulos. Mas, se você se concentrar na meta da liderança catalisadora e colocá-la em prática todos os dias, vai trazer à tona o que há de melhor nos outros de um modo surpreendente. Também vai trazer à tona o que há de melhor em você. E, como se não fosse o bastante, ainda vai adorar o que faz.

Kevin T. Kabat
Vice-presidente do Conselho Administrativo e
CEO da Fifth Third Bancorp

Prefácio

Quando decidimos escrever este livro, queríamos observar a liderança através de uma nova lente. Afinal de contas, na última vez que fizemos uma busca no Google, obtivemos 392.000.000 de resultados para livros de liderança – o dobro do número de livros de culinária! Existem livros de liderança escritos pelos maiores pensadores do mundo – Confúcio, Maquiavel e Gandhi –, ou a respeito deles. E há milhares que foram publicados por especialistas em gestão – Peter Drucker, John Kotter, Tom Peters e Jim Collins, para citar apenas alguns. Todos oferecem grandes histórias, opiniões e práticas do que constitui o DNA da excelência em liderança.

Este livro, no entanto, difere de todos os outros em três aspectos.

1. **Ele tem uma missão singular:** oferecer a você conselhos e ferramentas práticas que lhe possibilitarão ser um profissional muito bem-sucedido desde seu primeiro cargo de liderança. A primeira parte contém nove capítulos que o ajudarão a entender melhor o que é necessário para se tornar um líder incrível – um líder que chamamos de catalisador e que instiga as pessoas à ação. E essa parte concentra-se em um conjunto de habilidades fundamentais – nós as chamamos de *habilidades de interação* –, que atuarão como base para cada uma das dezenas de conversas que você terá com outras pessoas todos os dias. São habilidades que você pode usar não apenas no local de trabalho, mas também em casa e na sua comunidade. A segunda parte oferece conselhos a respeito de uma série de habilidades diversificadas e vitais – nós as chamamos de *habilidades de proficiência e liderança* –, às quais você precisará recorrer no seu novo papel. Entre elas estão *coaching*, seleção de novos funcionários e promoção de uma cultura de engajamento.

2. **Seu conteúdo se baseia numa experiência sem precedentes.** Nas quatro últimas décadas, nossa empresa, a DDI (Development Dimensions International), ajudou seus clientes a *desenvolver* mais de 250 mil líderes a cada ano, em 26 países, em milhares de organizações. Nada do que afirmamos neste livro é baseado em fantasias ou teorias. O conteúdo é fruto de experiências em tempo real.

3. **Levamos nossa experiência ainda mais longe, até sua comprovação.** A DDI ajudou centenas de clientes a usar nossas práticas e princípios de liderança para obter resultados significativos: habilidades mais sofisticadas, maior comprometimento, melhores registros de segurança e ganhos na produtividade. Nós provamos a eficácia do que dizemos.

Prefácio
(continua)

Leia este livro do começo ao fim ou se concentre nos capítulos que ache mais relevantes; de qualquer modo teremos alcançado nossa meta se você usar três ou quatro das recomendações que sugerimos. Sob vários pontos de vista, você pode considerar esta obra algo entre um livro de liderança e um livro de culinária. Fornecemos as receitas que foram testadas e aprovadas em nossa cozinha, mas agora cabe a você prepará-las e receber os aplausos dignos de um líder de sucesso.

Tracy e *Rich*

Primeira Parte:
Liderança catalisadora

Quer você seja novo no cargo ou já tenha alguma experiência, o caminho rumo à liderança eficaz abrange uma abundância de desafios e alegrias. Os líderes *catalisadores* representam o padrão ouro – são mentores dinâmicos, solidários e pioneiros progressistas, que levam outras pessoas à ação. A primeira parte deste livro apresenta uma imagem clara do que realmente consiste a liderança catalisadora. Dezenas de dicas tornarão sua jornada o mais suave possível.

Também introduzimos o conceito de *marca de liderança*. Assim como a marca de uma empresa a torna uma entidade definida, sua marca pode consolidar sua posição como líder eficiente. Além disso, o livro contém práticas que tornam claramente identificável a marca de liderança, distinguindo líderes competentes dos que são comuns ou até mesmo abaixo do padrão. Desse modo, nesta parte do livro, vamos ajudá-lo a criar uma mentalidade de liderança e obter resultados para você e sua equipe. Ofereceremos ainda uma orientação sobre como você pode ter um desempenho impecável diante de prioridades conflitantes.

Por fim, compartilharemos alguns segredos para tornar cada interação bem-sucedida. Na condição de líder, você tem dezenas de conversas com outras pessoas todos os dias. Sua capacidade de interagir com elas – de fazer as pessoas se sentirem valorizadas, motivadas, dignas de confiança e envolvidas no processo – ajudará muito a torná-lo um líder perfeito!

> A liderança extraordinária ocorre todos os dias, nos mais diminutos detalhes.

1 AGORA VOCÊ É UM LÍDER
Tem início a jornada

Então, agora você está no comando.

Quando aceitou seu primeiro cargo de liderança – ou chegou a considerar seriamente aceitar o desafio –, você deu um dos passos mais importantes e corajosos de sua carreira. Você é um chefe! Você é alguém bem-sucedido.

Como estão indo as coisas? Tem certeza disso? Como você sabe?

É bem provável que você esteja oscilando de um ponto a outro em uma escala emocional que vai de "deslumbramento desconfortável" a "terror profundo", sendo seu estado basal "estressado". Não é nenhuma surpresa; você tem que provar muita coisa. (Ou então, caso já esteja no cargo há algum tempo, talvez tenha muito para consertar.) Durante mais de 45 anos, nossa empresa, a DDI, tem sido inovadora na área de gerenciamento de talentos, o que é uma maneira sofisticada de dizer que ajudamos as empresas a transformar a maneira como contratam, promovem e desenvolvem líderes. Este livro se baseia no que aprendemos ao desenvolver mais de 8 milhões de líderes na linha de frente ao longo de quatro décadas, praticamente em todos os países e setores pelo mundo afora. Líderes iniciantes que fazem uma boa transição são mais capazes de causar impacto positivo e duradouro em sua equipe, na família e na carreira. Nossa abordagem ajuda as pessoas a se tornar engajadas e mais produtivas em um intervalo de tempo mais curto.

Por falar em estresse, nossas pesquisas mostram que a transição para um cargo de liderança é uma das adaptações mais desafiadoras da vida, ficando em algum lugar entre uma doença pessoal e lidar com adolescentes. Na realidade, apenas um em cada três líderes, em nosso primeiro estudo sobre esse momento de transição, sentiu ser eficaz ao lidar com os desafios.[1] Para os iniciantes o estresse pode ser particularmente agudo. Você não está apenas assumindo um novo tipo de função; está assumindo um tipo de função em um ambiente empresarial que tem por definição desafios vertiginosos: volatilidade, incerteza, complexidade e ambiguidade. E você se encontra em uma posição singular na qual seu desempenho – ou a ausência dele – determinará se sua equipe vicejará ou se estagnará (junto com sua carreira). Você é tão bom quanto necessário? Sabe o que significa obter o melhor trabalho possível dos membros de sua equipe? Eles vão odiá-lo logo de cara? Como você vai saber se está no caminho certo antes que seja tarde demais?

A transição pela qual você está passando é profunda o bastante para que façamos uma audaciosa afirmação: ninguém chega à sua primeira função de liderança sabendo tudo o que precisa saber para ser bem-sucedido. Ao penetrar em um território emocional verdadeiramente desconhecido, sua primeira reação poderá ser jogar as mãos para o alto e tentar resolver tudo você mesmo. Poderá chegar até a administrar sua equipe em um nível de microgestão, retirando atribuições cruciais de subordinados diretos quando os prazos finais se aproximarem ou deixar de fornecer o tipo de *feedback* que ajudaria os membros de sua equipe a fazer o trabalho deles.

Mas temos que fazer outra afirmação audaciosa: você vai encontrar pouca gratificação maior na carreira que a ofertada por essa jornada de liderança que está prestes a iniciar. O que você aprender vai causar uma transformação maravilhosa em todas as demais áreas da sua vida. Existem muitas razões para isso, e uma das mais importantes é o que você vai descobrir a respeito de sua capacidade de crescimento e eficácia no mundo. Acreditamos que, com o tempo, as habilidades que você vai aprender poderão ajudá-lo a se comunicar com mais clareza com quem você ama, a se tornar um membro mais ativo de sua comunidade e a fazer diferença nas causas com as quais você se importa. Esta é uma jornada que conduz a uma vida mais feliz.

Quando assumi o cargo pela primeira vez, houve muita pressão, disse-nos Karen. Ela se tornou líder de modo inesperado, por falta de outra opção, quando seu supervisor ficou doente e precisou tirar uma licença prolongada. Karen era engenheira de telecomunicação especializada, mas de repente se viu com trinta pessoas mais experientes que ela para administrar e um grande projeto para finalizar. *Pude perceber que havia um grande ceticismo a meu respeito. E o projeto já tinha sido pontuado por vários fracassos, como quando um empreiteiro deixou de cumprir a parte dele.* Mas Karen foi capaz de descobrir maneiras eficazes de executar o trabalho – no prazo! – por intermédio das pessoas à sua volta, e conquistou o respeito dos colegas. *Foi algo extremamente gratificante! Fui capaz de ajudá-los a trabalhar bem e mesmo assim continuei a me sentir eu mesma. E conseguimos mostrar bons resultados, levando o projeto a um novo patamar. E agora toda a empresa sabe quem é nossa equipe.* O melhor de tudo é que Karen agora olha para a própria vida de maneira diferente. *Aprendi que podia ser uma verdadeira líder. Posso dar essa contribuição em muitos lugares.*

Joe, um dos supervisores de uma empresa de paisagismo, aprendeu que ajudar os outros de maneira significativa a alcançar seu verdadeiro potencial gera uma profunda satisfação. *O que é mais gratificante para mim é observar meus subordinados crescerem,* disse ele. Joe não conseguia encontrar emprego como professor, por isso seguiu carreira em uma empresa de paisagismo que atuava no país inteiro. Muitos de seus subordinados diretos eram estrangeiros sem treinamento, cuja língua materna não era o inglês, e esse trabalho, para eles, podia ser uma via de acesso para conquistar algo melhor. Foi quando ele compreendeu que tinha um papel a desempenhar na vida dessas pessoas. *Eu observava os outros supervisores; tudo o que queriam era ir diariamente para o trabalho, cumprir suas tarefas e voltar para casa.* Mas Joe enxergou ali uma oportunidade para compartilhar o que sabia a respeito de liderança e negócios, e ajudou sua equipe a se desenvolver de modo mais profundo. *Eu me sujava com eles nas tarefas do dia a dia, trabalhava com eles lado a lado. Começaram a confiar em mim. E agora estou em posição de realmente observar o desenvolvimento deles. Percebo que a liderança converge para a mesma razão pela qual eu me interessei por ensinar a princípio.*

A verdadeira oportunidade de liderança, segundo a percebemos, tem caráter profundamente humano. Mas exatamente pelo fato de haver seres humanos envolvidos, muita coisa pode dar errado. Como exemplo do tipo de desafio que você pode encontrar em seu primeiro cargo de liderança, queremos que conheça John, de 42 anos, um urbanista. *Fui atocaiado!*, diz ele a respeito de sua subordinada direta mais problemática. John dirigia uma equipe pouco unida de oito pessoas, mas foi uma jovem engenheira que o sabotou. Ele não percebeu nada. *Ela não me deu nenhum tipo de feedback. E depois me chamou de pior chefe do mundo.* Era a primeira experiência de John na liderança de uma equipe – algo que ele sabia fazer muito bem. Ou, pelo menos, era o que achava. John tinha trabalhado bem como colaborador individual em equipes interdisciplinares e, como quase todas as pessoas, estava convencido de que sabia o que um líder deveria ou não fazer.

A princípio, ele adotou uma atitude de não interferência, imaginando que todos gostassem de trabalhar de maneira independente. *Não gosto de trabalhar para pessoas que ficam o tempo todo olhando por cima do meu ombro. Portanto, minha abordagem era: "Você vai fazer o que tiver que fazer, e vou até você se houver algum problema".* Quando sentia necessidade de fazer uma contribuição, *eu interferia e assumia o controle, o que parecia microgestão. Mas ninguém me dizia nada.* Até chegar a avaliação de desempenho de seis meses. *Fiquei totalmente em choque quando meu chefe me disse o que ela [a jovem engenheira] tinha dito.* Eis as queixas: John não estabelecia prioridades, não prestava atenção ao trabalho dela, tirava os projetos dela sem nenhuma explicação e só se concentrava no próprio trabalho. John compreendeu, tarde demais, que seu estilo de não interferência não havia surtido efeito. E quanto a esperar que ela lhe dissesse o que precisava de um chefe? *Fui informado de que, como eu tinha mais tempo de casa, deveria saber das coisas. E acho que está certo mesmo.*

De acordo com nossa experiência, um novo líder leva mais ou menos de seis a doze meses para entrar no ritmo ou começar a sucumbir. E foi exatamente isso o que aconteceu com John. Quando um problema grave surge, pode ser difícil encontrar os aliados de que você precisa para virar o jogo.

NÓS PERGUNTAMOS, E LÍDERES RESPONDERAM NO Twitter

P: Na primeira vez que você gerenciou pessoas (e não apenas um projeto), a emoção que você sentiu foi...? #leadership [#liderança]

@nilofer falta de jeito

@TonyTSheng pavor de que dissessem que eu não sabia o que estava fazendo. O que era verdade. rs

@Mallory_C nervosismo, receio de que eu fosse estragar tudo e ser aquele chefe incompetente – quero sempre ter uma experiência produtiva.

@BigM5678 Sobrecarga. Muitos anos se passaram antes que eu conseguisse delegar alguma coisa sem sentir que eu mesmo deveria fazê-la ou que não daria certo.

Este livro converge para o que acreditamos ser a função crucial em qualquer organização: o líder de linha de frente. Você é mais importante do que pode imaginar! E agora se encontra em uma posição singular, tendo que causar impacto positivo em toda a empresa, trabalhando produtivamente não apenas com sua equipe, mas também com outros supervisores, colegas de outros departamentos, clientes... todo mundo.

Podemos ajudá-lo a responder a perguntas fundamentais sobre sua capacidade de liderança, antes que você dê um passo em falso. Podemos ajudá-lo a sentir mais cedo a alegria da liderança na administração de emoções humanas reais e poderosas, que podem impedir seu sucesso. E vamos lhe mostrar como dominar as novas habilidades de que os líderes precisam para trabalhar de maneira eficaz, tais como dar *coaching* a outras pessoas, motivá-las ao engajamento, delegar tarefas, conectar-se com sua nova rede de contatos, fazer contratações e até mesmo conduzir uma reunião.

Escrevemos este livro para ajudá-lo a dominar com mais rapidez seu novo papel de liderança e, ao mesmo tempo, evitar algumas das dores de cabeça e atribulações que muitas pessoas vivenciam. No caso daqueles que já cometeram alguns erros cruciais, podemos ajudá-los a retomar o caminho correto.

> **"Linha de frente", "Iniciante" – o que um rótulo encerra?**
> Ao longo deste livro, usamos os termos líderes de *linha de frente* e líderes *iniciantes* alternadamente. Iniciante é relativamente óbvio, e se refere às pessoas que estão ocupando seu primeiro cargo de liderança ou às que estão pensando em assumir algum tipo de liderança. Linha de frente, no entanto, diz mais respeito ao nível de liderança. Um líder de linha de frente controla diretamente colaboradores individuais. Isso deixa de fora funcionários de nível mais elevado, como gerentes de nível médio ou altos executivos, que controlam outros líderes. Entre outros termos para líderes de linha de frente estão *supervisor, líder de equipe* ou *gerente*.

De que maneira este livro difere de outros livros de liderança?

Este livro não se baseia na teoria de uma única pessoa, em um conjunto de dados compilados rapidamente ou em uma história inspiradora e verdadeira sobre administrar uma campanha ou aterrissar um avião em circunstâncias difíceis. (Alguns desses livros são incríveis, e nós os adoramos. Só que não são o que você precisa neste momento.) Em vez disso, estamos lhe fornecendo informações específicas e úteis a respeito do que fazer, e de como fazê-lo, baseadas em uma mescla de experiência prática e décadas de pesquisas confiáveis.

Compartilhamos aqui o que aprendemos ao ajudar empresas a tomar anualmente milhares de decisões relacionadas a seleção e promoção de liderança de linha de frente. Descreveremos para você as competências e os atributos que conduzem a um desempenho de liderança de linha de frente bem-sucedido com base em amplas análises de funções que conduzimos ao lado de centenas de organizações – e também falaremos sobre como desenvolvê-los dentro de si mesmo, a partir de hoje. E, sobretudo, quando chamamos alguma coisa de "melhor prática", essa afirmação é respaldada por dezenas de estudos de pesquisa que demonstram o impacto dessa prática no desempenho organizacional.

Na DDI, acreditamos que a melhor liderança é muito mais ciência do que arte. No entanto, ela se baseia em um profundo respeito e entendimento do caráter pessoal da liderança. Acreditamos que as pessoas possam transformar seus relacionamentos no trabalho e na vida modificando seu comportamento de uma maneira simples, clara e mensurável. Treinamos e nos sentamos com centenas de novos líderes como você e compartilhamos com eles os conselhos contidos neste livro. Você encontrará algumas histórias sobre eles nestas páginas.

Embora você possa abrir este livro em qualquer ponto e encontrar soluções imediatas para os problemas pelos quais possa estar passando, esperamos que dedique primeiro um tempo valioso à primeira parte. Esses nove capítulos sintetizam o trabalho da DDI sobre a liderança que se inicia e oferecem a melhor base para você dar início à sua jornada de liderança.

A segunda parte é um mergulho mais profundo em algumas das principais habilidades que você precisará dominar a fim de ser bem-sucedido. Esses capítulos que tratam da proficiência e das habilidades de liderança podem ser lidos em sequência, ou você pode saltar para o capítulo que atenda melhor à sua necessidade atual. Você vai encontrar um conteúdo breve e especializado, que vai ajudá-lo a lidar com os aspectos práticos de sua nova posição. Vai também encontrar listas de verificação e guias de discussão que poderá usar de imediato em sua vida profissional. Consulte-os com frequência.

A terceira parte inclui uma prévia dos capítulos e ferramentas de bônus oferecidos no microsite "Your First Leadership Job" em inglês, no qual você encontrará *links* para capítulos adicionais, recursos *on-line*, conteúdo e comunidades que podem ajudá-lo a entrar em contato com outros líderes que estão em transição. É interessante que você salve o endereço desse site na sua lista de favoritos e recorra a ele com frequência:

www.YourFirstLeadershipJob.com

Todos os capítulos do livro também contêm exercícios, pequenos testes, diagnósticos e outras ferramentas interativas. Nós o encorajamos a explorá-las, já que foram desenvolvidas por psicólogos organizacionais e se revelaram eficazes ao longo dos anos. Use-as e você será mais bem-sucedido... além de tornar seu trabalho bem mais agradável.

Além do conteúdo teórico, você conhecerá pessoas de verdade que compartilharam suas experiências como líderes principiantes. Cada história transmite uma lição, uma descoberta, uma narrativa de sucesso ou um relato instrutivo. (Alteramos o nome das pessoas e das empresas para encorajar a sinceridade.) Também consultamos pessoas por meio do Facebook, do LinkedIn, do Twitter e do Quora, em busca de histórias e inspiração provenientes da jornada de liderança delas. Você encontrará os resultados de nossas perguntas e consultas ao longo desta obra.

A lição mais importante que você deve extrair deste livro é a seguinte: a excelência em liderança se dá todos os dias, por meio de pequenas manifestações. Sobretudo, ela está relacionada com a maneira como você interage com as pessoas em sua equipe e na rede de contatos. Mas o primeiro passo em sua jornada de liderança é pensar em si mesmo não como um chefe, mas como alguém que pode e deve despertar uma reação em cadeia de eficiência, que cause impacto positivo em seus subordinados diretos, clientes, fornecedores, colegas e supervisores. Sua jornada deve começar com um tipo de centelha muito específico.

O líder catalisador é alguém que faz os outros entrarem em ação.

2 CHEFE OU CATALISADOR?
O que torna alguém um grande líder?

Sua nova função: líder catalisador

O termo *chefe* tem sido crucificado tanto no setor profissional quanto na cultura popular. Nos filmes, o chefe tende a ser um gângster implacável ou um líder amoral. Nos jogos digitais, o chefe é o monstro final, o maior e mais terrível, em uma série de monstros que precisam ser derrotados. Mas, no local de trabalho, o chefe agora é você. E você tem em mãos um problema de imagem. Se fizer uma busca com "chefe ruim" no Google, vai encontrar mais de 800 mil ocorrências. Entre os títulos, há: "Dez coisas que somente os chefes ruins dizem", "O que torna um chefe ruim alguém mau", ou o nosso favorito: "Como sobreviver a 13 tipos de pequenos ditadores disfuncionais, desrespeitosos e desonestos".

Observemos o relato de Marian, especialista em marketing e mídia social, e redatora de um departamento de comunicação em uma universidade de porte médio. Ela tinha o clássico chefe ruim: ele não se comunicava, não definia metas para a equipe, deixava de cumprir prazos finais e interagia de maneira deficiente com os colegas de outros departamentos. Sua ineficiência conferia ao departamento má reputação em todo o *campus* da universidade.

Quando o chefe de Marian foi demitido de repente, a equipe ficou em choque. *Não tínhamos a menor ideia de que ele fosse tão impopular fora de nossa equipe*, disse ela. Mas quando Marian foi escolhida como sua substituta temporária, havia um porém: ele tinha negociado ficar no cargo por mais seis meses e se recusava a anunciar o novo cargo de Marian, e até mesmo treiná-la para assumi-lo.

E tudo isso permaneceu em segredo. *Ele me disse que não queria ser visto como incompetente, mas as coisas ficaram realmente complicadas.* À medida que os meses foram passando e nenhum substituto era anunciado, a equipe foi ficando cada vez mais ansiosa a respeito do futuro, e outros departamentos começaram a se revoltar abertamente. Para piorar ainda mais as coisas, o antigo chefe, que ainda não havia ido embora, tinha deixado projetos encalhados em toda a universidade e se indisposto consideravelmente com a alta liderança. Desagradáveis surpresas proliferavam. Marian, que era uma funcionária de meio período prestes a dirigir uma equipe de onze pessoas, não tinha a menor ideia do que fazer. *Esse foi o legado dele*, disse Marian. *E eu estava com medo de não ser capaz de reverter as coisas.* (Para mais informações sobre como Marian usou sua nova rede de contatos para revitalizar a equipe desmotivada, consulte o Capítulo 19.)

Quando treinamos líderes de linha de frente, usamos uma palavra peculiar, que retrata uma imagem bem mais positiva do que descrever um líder como um chefe irresponsável ou horrendo: **catalisador**. De maneira semelhante à do componente que induz uma reação química, o catalisador é alguém que faz os outros entrarem em ação. Esse estímulo pode desencadear uma mudança em um processo ineficaz, gerar uma nova ideia para um novo produto ou, o que é mais importante, causar uma mudança nos outros.

Tanto nossas pesquisas quanto nossas observações revelam diferenças impressionantes entre os líderes sofríveis e até mesmo os medianos, e aqueles que rotularíamos de líderes catalisadores. Estes últimos têm o dom de criar engajamento, envolver os demais e se beneficiar ativamente dos pontos fortes das pessoas e de diferentes pontos de vista. Além disso, raramente eles culpam os outros. Ao contrário, aceitam a responsabilidade de atender às expectativas.

A Figura 2.1 ilustra o que é ser um líder catalisador.

Figura 2.1   Líder catalisador.

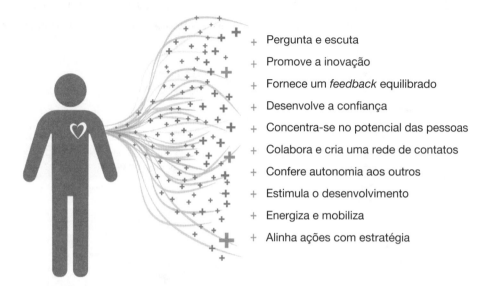

+ Pergunta e escuta
+ Promove a inovação
+ Fornece um *feedback* equilibrado
+ Desenvolve a confiança
+ Concentra-se no potencial das pessoas
+ Colabora e cria uma rede de contatos
+ Confere autonomia aos outros
+ Estimula o desenvolvimento
+ Energiza e mobiliza
+ Alinha ações com estratégia

Quer você seja um novo líder, quer já tenha alguns anos de experiência, tornar-se um líder catalisador envolve trabalho árduo. Além de não acontecer da noite para o dia. A característica comum dos grandes catalisadores é a paixão em se tornar um líder melhor, por isso estão constantemente desenvolvendo suas habilidades de liderança. Também são introspectivos – olham todos os dias para o espelho e perguntam o que podem fazer para se tornar um líder melhor.

A Ferramenta 2.1 é uma autoavaliação de sua atual competência como líder catalisador. Ela lhe possibilitará localizar com precisão os pontos fortes e as áreas que você talvez deseje melhorar.

Autoavaliação do líder catalisador

Líderes catalisadores encontram oportunidades de fazer os outros entrarem em ação. Você é um líder catalisador? Para descobrir, faça primeiro um círculo em volta do número de cada item que representa seu comportamento atual. Em seguida, some os números para determinar seu índice catalisador. Por fim, na coluna à direita, assinale (✓) os itens cujos comportamentos você deseja melhorar.

DEMONSTRA eventualmente:						DEMONSTRA sistematicamente:	
Informa e presume	1	2	3	4	5	Pergunta, escuta e aprende	☐
Indica e determina	1	2	3	4	5	Guia, facilita e orienta	☐
Identifica problemas e aplica soluções	1	2	3	4	5	Ajuda os outros a reconhecer e solucionar problemas	☐
Critica	1	2	3	4	5	Fornece um *feedback* equilibrado	☐
Tem todas as respostas	1	2	3	4	5	Solicita sugestões	☐
Retém informações e sentimentos	1	2	3	4	5	Compartilha pensamentos, sentimentos e justificativas	☐
Ameaça, intimida, paralisa	1	2	3	4	5	Confia, desenvolve o compromisso, mobiliza	☐
Concentra-se nas limitações das pessoas	1	2	3	4	5	Concentra-se no potencial das pessoas	☐
Encoraja a dependência dos outros	1	2	3	4	5	Promove a independência	☐
Mantém o *status quo*	1	2	3	4	5	Encoraja a criatividade e a inovação	☐
Faz tudo sozinho	1	2	3	4	5	Contribui para o desenvolvimento dos outros	☐
Tem mentalidade egocêntrica	1	2	3	4	5	Tem mentalidade centrada na equipe	☐
Assume o comando e controla	1	2	3	4	5	Oferece apoio sem se eximir de responsabilidade	☐

Seu índice catalisador: _____ **(total de pontos obtidos)** _____

50-65 Você já é um líder catalisador, mas ainda pode melhorar escolhendo certos comportamentos nos quais deseja se aprimorar.
30-49 É um bom começo. Escolha três itens nos quais deseje realmente se aprimorar.
13-29 Na condição de um líder inexperiente, você terá diversas oportunidades para melhorar.

O que possibilita o sucesso da liderança de linha de frente: um exame mais profundo

Ao longo das quatro últimas décadas, a DDI realizou centenas de análises de cargos em praticamente todos os setores e no mundo inteiro. Muitas dessas análises estavam voltadas para regras de liderança de linha de frente, envolvendo a realização de entrevistas com líderes e seus gerentes, para reunir informações sobre os fatores que diferenciam o desempenho mediano de um desempenho verdadeiramente bem-sucedido. Os dados, uma vez consolidados, são transformados no que chamamos de Perfil de Sucesso (PS). Nossos clientes usam portanto seus perfis de sucesso como parte da seleção, promoção, avaliação de desempenho e dos programas de desenvolvimento. Como é mostrado na Figura 2.2, o perfil de sucesso para um líder de linha de frente abrange quatro componentes.

Figura 2.2   Perfil de sucesso.

1. **Conhecimento organizacional** – O que a pessoa conhece.
(Por exemplo, produtos/serviços da empresa)

2. **Experiência** – O que a pessoa fez no passado.
(Por exemplo, atuou em um projeto com uma equipe especial)

3. **Competências** – O que a pessoa é capaz de fazer.
(Por exemplo, grupos de habilidades e comportamentos semelhantes como coaching ou tomada de decisões)

4. **Atributos pessoais** – Quem a pessoa é, ou sua personalidade.
(Por exemplo, características da personalidade como forte orientação para a aprendizagem)

Na Ferramenta 2.2, você encontrará muitos desses "fatores de sucesso" do líder de linha de frente. Encare essa ferramenta como uma bússola que irá conduzi-lo para a direção correta. Se estiver pensando em aceitar um cargo de liderança pela primeira vez, poderá perguntar a si mesmo como você se compararia com o perfil. Se já for um líder, pode usar a ferramenta para guiar seu crescimento e desenvolvimento. Escolha alguns elementos que poderão não ser tão fortes quanto você gostaria e incorpore-os a seus planos de desenvolvimento. Mas, tão importante quanto, é escolher também alguns pontos fortes e usá-los em seu benefício.

Eis um conselho de amigo: você pode adquirir conhecimento e buscar experiência. Pode ajustar alguns comportamentos. No entanto, é muito mais difícil modificar os elementos da personalidade. Por exemplo, é provável que um elevado grau de arrogância – outra maneira de denominar o excesso de confiança – venha a arruinar sua carreira. E você não vai encontrar um curso de treinamento que o faça ficar menos arrogante. No geral, líderes não tomam um rumo errado por carecer de habilidades. Na maioria das vezes, o que ocorre é uma incompatibilidade de personalidade. (Vamos discutir mais sobre esse assunto nos capítulos de proficiência sobre seleção e retenção.) Portanto, preste bastante atenção a esses fatores quando pensar em assumir um cargo de liderança, e seja sincero consigo mesmo. Muitos ex-líderes relataram ter voltado de bom grado a exercer a função de membro de uma equipe. Essa pode ser uma decisão inteligente para várias pessoas!

Perfil de sucesso de liderança de linha de frente

Escreva um "F" em cada quadradinho que represente um ponto forte. Escreva um "D" em cada quadradinho que represente uma necessidade de desenvolvimento para você.

CONHECIMENTO	COMPETÊNCIAS
❏ Profundo conhecimento de produtos, serviços e clientes de sua empresa	❏ Construir confiança
	❏ Delegar responsabilidades
❏ Conhecimento de como sua equipe se encaixa na organização como um todo	❏ Planejamento e organização
	❏ Selecionar talentos
❏ Familiaridade com várias políticas/ processos da empresa	❏ Facilitar a mudanças
	❏ Tomar decisões
❏ Perspicácia nos negócios, inclusive entendimento de estratégia, concorrência, cadeia de fornecimento e indicadores financeiros da empresa	❏ *Coaching*
	❏ Promover inovação
	❏ Construir uma equipe de sucesso
❏ Conhecimento do campo que você escolheu (*por exemplo, finanças, marketing, TI*)	❏ Criar redes de contato

EXPERIÊNCIA	ATRIBUTOS PESSOAIS
❏ Liderar uma equipe interfuncional ou especial ❏ Fornecer *feedback* a outras pessoas ❏ *Coaching*/aconselhamento ❏ Planejamento e gerenciamento de projetos complexos ❏ Trabalhar em estreito contato com clientes internos/externos ❏ Tomar decisões difíceis ❏ Ter experiência funcional em uma ou mais disciplinas (*por exemplo, vendas, TI, Pesquisa & Desenvolvimento – P&D*) ❏ Lidar com a política da organização	**Capacitadores** ❏ Gostar de trabalhar com outras pessoas ❏ Desejo de aprender continuamente ❏ Altamente orientado para a realização pessoal/voltado para resultados ❏ Sensível às necessidades/preocupações dos outros **Sabotadores** ❏ Sempre em busca de elogios e da aprovação dos outros ❏ Excessivamente autoconfiante, sem se interessar pelas ideias dos demais ❏ Incapacidade de captar intenções ❏ Indeciso, incapaz de tomar decisões ❏ Costuma microgerir/controlar os outros ❏ Dificuldade em controlar as emoções

Moral da história

A jornada que você vai empreender para se tornar um excelente líder é longa, e o caminho pode ser acidentado. No entanto, as recompensas ao longo do trajeto podem ser muito gratificantes se tiver optado por se tornar um líder pelas razões corretas. Há alguns anos, perguntamos a mais de 1.200 funcionários pelo mundo afora o que eles achavam de seus gerentes. Uma das perguntas que fizemos foi a seguinte: *O que diferencia o melhor chefe do pior chefe para quem você já trabalhou?* Tristemente, apenas 22% dos funcionários acham que estão trabalhando atualmente para o melhor chefe que já tiveram. Como seria de esperar, consideraram os melhores chefes como duas a três vezes mais propensos a usar comportamentos catalisadores. Quase 68% dos funcionários que trabalham atualmente para os piores gerentes que já tiveram estão pensando em deixar o emprego. E, ainda mais surpreendente, apenas 11% dos funcionários que trabalham para o pior chefe que já tiveram estão motivados a "se esforçar ao máximo". Compare esse percentual com o dos funcionários que trabalham para o melhor chefe. Ele salta para 98%![1]

Em outra pesquisa, perguntamos aos funcionários que patamar de produtividade poderiam atingir caso voltassem a trabalhar para o melhor chefe que já tinham tido. Um em cada quatro respondeu que seria entre 40% e 60% mais produtivo.[2]

Explicação dos pontos de reflexão

Ao longo do livro, vamos induzi-lo a pensar a respeito de onde você se encontra em sua jornada de liderança. Se mantiver algum tipo de diário – Moleskine®, Evernote, gravador digital ou qualquer outro –, pense na possibilidade de registrar seus pensamentos. Use essas reflexões para traçar seu progresso, tornar mais claros os passos seguintes e examinar as emoções que podem estar debilitando sua eficiência. Seus comentários poderão ajudá-lo a reunir *feedback* de fontes confiáveis e compartilhar informações com outras pessoas *on-line* e em tempo real de modo significativo. Os comentários também poderão ser um material estimulante para sua autobiografia quando se tornar um figurão.

Ponto de reflexão

O que o deixa mais ansioso quando você revê a Ferramenta 2.2? Examine os quadradinhos que você marcou com um "D" (necessidade de desenvolvimento). Suas preocupações são válidas? Escolha um ou dois itens como lista mensal de "coisas para aprender". Pense na possibilidade de se reunir com um membro de confiança da sua rede de contatos para obter conselhos e *feedback*. Em seguida, examine os quadradinhos que você marcou com um "F" (ponto forte). Quais deles você pode otimizar?

Já pensou em como será sua lista daqui a seis meses? E daqui a doze meses?

> Antes de ser um líder, seu sucesso envolve o desenvolvimento pessoal. Depois que você se torna um líder, o sucesso diz respeito ao desenvolvimento dos outros.
>
> – Jack Welch

3 COMO LIDAR COM A TRANSIÇÃO PARA A LIDERANÇA
A atitude mental que você precisa ter para ser bem-sucedido

Quando Mary descreveu como se sentia a respeito de seu primeiro cargo de liderança, ela usou repetidamente o mesmo termo: "fora de órbita".

Ocasionalmente, ajustou-o para "totalmente fora de órbita" ou "completamente fora de órbita". Mas o resultado era o mesmo. Os primeiros oito meses de Mary como líder fizeram-na perceber como estava despreparada. Tinha saído de uma função de produção para uma função de vendas, sem ter nenhuma experiência anterior em vendas, e gerenciava outras pessoas pela primeira vez. Uma equipe de doze homens! Uma líder era uma raridade na cultura da engenharia química dominada por homens, embora Mary não houvesse tido tempo para desfrutar o som do estilhaçamento do "teto de vidro". Em vez disso, viu-se diante de um rival magoado. Um dos novos membros de sua equipe fora preparado para o cargo que ela agora ocupava, e não estava nem um pouco satisfeito por ter perdido a disputa. Para tornar as coisas ainda piores, a equipe adorava o chefe anterior. Como Mary poderia substituí-lo? Aquela sensação de confusão, de falta de foco, era o chamado constante à realidade de estar em um cenário inteiramente desconhecido, sem as ferramentas necessárias para poder se orientar com clareza.

No Capítulo 1, mencionamos nossa pesquisa sobre estresse associado à transição para um cargo de liderança. Você se lembra? Os níveis de estresse estavam classificados em algum ponto entre uma doença pessoal e lidar com um adolescente. Alguns dos fatores de estresse mencionados por Mary soam familiares? Quase todos os líderes que entrevistamos acharam que seus primeiros meses no cargo foram repletos do que chamamos de desafios da transição. Quais são os seus?

Ponto de reflexão

Pense na primeira vez em que contou aos amigos que tinha conseguido (ou desejava conseguir) seu primeiro cargo de liderança. O que lhe pareceu agradável à época? O que você achou que isso significaria para sua carreira? Fez algum comentário a respeito de privilégios ou poder? De concorrência com outras pessoas? Sobre se afastar de pessoas ou funções de que não gostava? Seja sincero. O que realmente o havia motivado?

Mais adiante neste capítulo, vamos examinar com mais detalhes os desafios da transição, mas, em primeiro lugar, começaremos com sua decisão de se tornar um líder. Talvez a decisão tenha sido difícil. Será que valeria a pena desistir de uma função na qual era competente – e talvez até adorasse – por um cargo incerto repleto de novos riscos? De modo geral, duas circunstâncias estão relacionadas a essa decisão. A primeira é voluntária – você identificou uma oportunidade e foi atrás dela. Se isso descreve o que aconteceu, então o desafio é se certificar de que seu coração de líder está no lugar certo. Examine suas motivações. Você deu um salto em busca de mais poder, dinheiro ou vantagens? Se foi esse o caso, é provável que venha a se sentir infeliz. Embora possa haver recompensas materiais associadas a uma promoção, a liderança consiste em renunciar ao poder. Um bom líder se dedica ao crescimento de sua equipe e a fazer diferença para a organização. Se não estiver preparado para fazer o trabalho de um líder, nenhum dinheiro no mundo jamais será suficiente.

Há também um outro cenário. Talvez tenham lhe pedido que preenchesse uma lacuna na liderança. Progredir profissionalmente dessa maneira pode fazê-lo se sentir fora de órbita por razões inteiramente diferentes. Talvez você tenha se sentido pressionado, preocupado com a possibilidade de que uma recusa sinalizasse falta de ambição ou dedicação. Ou então, quem sabe, tenha tido medo de ser preterido em atribuições especiais ou futuras promoções se rejeitasse a oportunidade e mudasse de ideia depois. Todas essas preocupações são válidas.

No entanto, examine um simples fato antes de aceitar um cargo de liderança que tenha sido empurrado para você. Na pesquisa sobre transições de liderança,[1] perguntamos a mais de seiscentos participantes se tinham escolhido voluntariamente assumir um cargo de liderança ou se haviam sido pressionados a aceitá-lo. Em seguida perguntamos como as coisas se desenrolaram. As pessoas que cederam à pressão de fato tomaram uma decisão com o passar do tempo: a de se encaminhar para a porta de saída!

Nossa pesquisa mostrou que essas pessoas estavam três vezes mais propensas a se sentir insatisfeitas e duas vezes mais inclinadas a pedir demissão do que aquelas que voluntariamente haviam se interessado pela função. Essa é uma forte evidência de que você deve pensar mais a respeito de suas verdadeiras metas profissionais e menos na pressão social de sua empresa antes de assumir um cargo de liderança.

Qual é realmente a questão aqui?

E então, está pronto? Vamos analisar primeiro a pergunta. O que você realmente precisa perguntar a si mesmo agora é se você tem *atitude mental* ou *potencial* para liderar. Qual é a diferença? Como vimos no Capítulo 1, liderança é uma jornada profissional que pode levar anos. Ninguém que já conhecemos tinha todas as habilidades, experiência e conhecimento necessários quando assumiu o novo cargo. Os bons líderes aprendem a liderar todo dia.

> *Líderes não nascem líderes; eles são forjados. E forjados exatamente como qualquer outra coisa: por meio do trabalho árduo.*
>
> – **Vince Lombardi**, norte-americano, técnico profissional de futebol americano.

O que você precisa perguntar a si mesmo é o seguinte: *Tenho o potencial para me tornar um bom líder com o tempo?*

Vamos ver o caso de Jack, um excelente especialista técnico. Ele adorava trabalhar com os clientes e era extremamente bem-sucedido. Sua destacada reputação logo fez que a empresa lhe fizesse a proposta de liderar uma pequena equipe. Ele aceitou o cargo e, imediatamente, o detestou. Embora tenha se dedicado durante algum tempo à nova posição, cerca de um ano depois ele pediu para voltar à antiga função. Por reconhecer os talentos de Jack, a empresa o reintegrou com prazer na antiga posição, na qual ele continuou a trabalhar, feliz e dedicado, desde então.

Jack foi inteligente ao compreender seus pontos fortes e habilidades. E mais inteligente ainda ao manter suas habilidades em dia para conservar seu valor na empresa. Mas Jack também foi inteligente de outra maneira: ele sabia o que a liderança implica. Ser um líder apenas por ser não era um papel que lhe agradasse. Jack aprendeu que existe mais de uma maneira de crescer e ser bem-sucedido. Ele poderia ter se beneficiado da Ferramenta 3.1 para refletir sobre sua atitude mental de liderança.

Como avaliar sua atitude mental de liderança

No nosso trabalho com clientes, desenvolvemos um conjunto de fatores potenciais que nos dão um prognóstico sobre a probabilidade de sucesso de um líder. Condensamos esses fatores em sete grupos de perguntas que você deverá observar com atenção ao decidir assumir um cargo de liderança... ou não!

Use esta ferramenta para avaliar seus pontos fortes e suas motivações. Sugerimos que volte a essas perguntas com frequência à medida que sua jornada na liderança for avançando. Pense na possibilidade de usá-las para iniciar uma conversa com pessoas em sua rede de contatos.

1. Você está mesmo motivado para liderar? Tem a ambição de expandir sua esfera de influência na organização?
2. Quando você interage com pessoas, inspira o desempenho e a motivação delas? Você acredita nos pontos fortes dos outros? As pessoas o respeitam como líder, até mesmo informalmente?
3. Você é capaz de demonstrar confiança sem ser visto como dono da verdade? As pessoas confiam em você? Você está disposto a ser responsável por suas ações?
4. Você está aberto à crítica construtiva? Busca o *feedback* de outras pessoas? Tem discernimento com relação aos seus pontos fortes e às suas fraquezas?
5. Você aprende com seus erros e sucessos do passado? Deseja aprender coisas novas? Procura experiências diferentes?
6. Você tem um senso de urgência, o desejo de fazer as coisas acontecerem? Você se recupera rapidamente de um revés e continua a avançar rumo à meta que deseja alcançar?
7. Você é capaz de reagir com eficácia em situações obscuras e ambíguas? Consegue ver as coisas em tons cinzentos em vez de apenas preto no branco? É capaz de se ajustar com rapidez a novas situações e pessoas?

O que realmente queremos dizer com "transição"?

Uma transição, é claro, envolve deixar de fazer uma coisa para fazer outra, nova e diferente. No cenário profissional atual, as transições ocorrem de todas as maneiras possíveis e imagináveis. Pode significar uma mudança para outro país, a transferência para um nova unidade de negócios ou deixar uma empresa para trabalhar em outra. Todas essas transições são acompanhadas por uma abundância de novos desafios, agitação e ansiedade. Embora você possa ter vivenciado anteriormente muitas mudanças no ambiente de trabalho, despendemos aqui um tempo maior em sua decisão de assumir pela primeira vez um cargo de liderança de linha de frente porque se trata de algo muito específico e singular. E os desafios do momento de transição não desaparecem depois dos dois ou três primeiros meses. Você pode levar um ano ou mais para se acostumar à nova função.

A fim de oferecer um vislumbre do quadro global, muitas organizações estão usando um modelo que a DDI introduziu há mais de uma década, chamado Pipeline de Liderança. A analogia do pipeline é conveniente, porque o objetivo é garantir que um quadro de dirigentes preparados se desloque de um nível para o seguinte. A Figura 3.1 representa um pipeline comum de quatro níveis. Cada deslocamento de um nível para o seguinte é chamado de *transição* ou *mudança*. A maior parte dos leitores deste livro estará fazendo a transição de colaborador individual (membro de equipe) para líder de pessoas (linha de frente).

Figura 3.1   Pipeline de liderança.

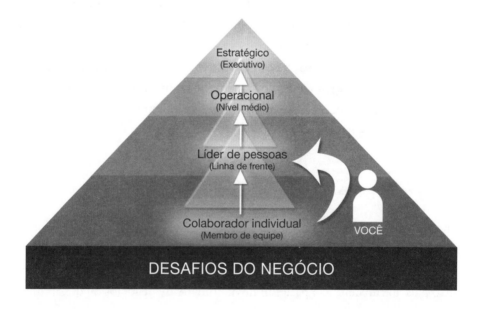

Dando o salto
Cada transição encerra um conjunto exclusivo de desafios, sendo diferente no que diz respeito a responsabilidade, decisões, número de subordinados diretos e assim por diante. Em nossa pesquisa, quando perguntamos aos líderes o que tinha sido mais difícil com relação à transição deles, lidar com a ambiguidade e a incerteza ficou em primeiro lugar na lista.[2] Os percentuais somaram mais de 100% quando os líderes selecionaram os itens mais difíceis.

41% Lidar com a ambiguidade e a incerteza
38% Fazer o trabalho por intermédio de outras pessoas
35% Lidar com a política organizacional
34% Mobilizar e inspirar funcionários
32% Criar uma nova rede de contatos

Na história que narramos no início do capítulo, Mary enfrentava uma transição estressante. Vamos observar com mais detalhes alguns dos desafios com que você deparará quando fizer uma transição para um cargo de linha de frente.

1. **Modificar a atitude mental de trabalhar como colaborador individual para ter o trabalho feito por intermédio de outras pessoas.** Na condição de líder, seu orgulho, paixão e engajamento devem ser provenientes do que sua equipe realiza, e não do que você executa pessoalmente. Esse desafio é particularmente difícil para pessoas com funções bastante complexas ou técnicas. Entrevistamos um assessor jurídico de nível sênior que já estava nessa função havia mais de quinze anos. Ele foi escolhido para liderar uma grande equipe responsável por questões legais, recursos humanos e uma série de outros procedimentos administrativos cruciais. Sua maior dificuldade, especialmente com a equipe jurídica, era combater a tendência

de ele próprio fazer o trabalho em vez de delegá-lo. Você não pode executar suas antigas funções e aprender a liderar ao mesmo tempo. Além disso, isso desestimula as pessoas que trabalham para você.

2. **Conquistar o direito de liderar.** Embora tenha sido escolhido porque a empresa percebeu em você competência para liderar, outras pessoas podem não ser da mesma opinião. Em muitos casos, haverá membros em sua equipe que eram colegas quando você exercia sua antiga função. Imagine a dificuldade de fornecer *feedback* sobre o desempenho de alguém de quem você era muito próximo no trabalho e, talvez, até mesmo fora do trabalho. (E, mesmo que não esteja liderando antigos colegas, algumas pessoas em sua equipe sentirão que foram preteridas quando você foi escolhido para o cargo e não tiveram outra opção a não ser aceitá-lo.)

3. **Desenvolver uma rede de contatos mais ampla.** Sua habilidade de ser um líder bem-sucedido se apoiará na habilidade não apenas de mobilizar e influenciar os membros de sua equipe, mas também de criar relacionamentos de trabalho positivos com pessoas hierarquicamente acima e abaixo de você, tanto dentro quanto fora da organização. A rede de contatos, que discutiremos mais detalhadamente na seção de proficiência, é fundamental para que você realize seu trabalho. Ela envolve a criação de relacionamentos benéficos e positivos com seu gerente e colegas de trabalho, bem como com seus fornecedores e clientes. A rede de contatos também proporciona uma maneira eficaz de aprender com os outros e obter o apoio deles. Curiosamente, quando perguntamos aos líderes quem tinha sido mais útil para eles no processo de transição de liderança, a importância de colegas e profissionais de mesmo nível foi ligeiramente superior ao dobro da do gerente deles.[3] A rede de contatos eficaz é um jogo de "toma lá dá cá". Sua influência se expandirá se estiver procurando maneiras de valorizar o trabalho alheio, e não apenas o seu.

Quando Dale assumiu a nova posição, a rede de contatos representou um desafio: sua equipe de distribuição tinha má reputação com a organização de vendas. Esta sempre procurava outras equipes de distribuição para que executassem seu próprio trabalho! Dale logo procurou os principais membros da organização de vendas para ouvir suas preocupações, necessidades e sugestões, o que ajudou a reverter a reputação de sua equipe. Ele permanece em contato com os líderes da organização de vendas, e sua equipe agora é altamente requisitada. No entanto, segundo ele nos disse, precisou de quase um ano para reverter a situação. E Dale só se sentiu de fato à vontade na nova função quando conseguiu fazer isso.

4. **Transformar estratégia em ação.** Embora seu novo cargo vá ter componentes estratégicos, você vai passar grande parte do tempo executando os principais objetivos de sua organização. No Capítulo 9, discutiremos seu papel nessa execução. Embora possa lhe ser solicitado que respalde um novo produto ou implemente um novo sistema de TI, pode ser que você não seja quem desenvolveu o produto ou escolheu o sistema. Sua função será introduzir e obter o compromisso com a mudança, estabelecer responsabilidades, e orientar e apoiar outras pessoas. É muito mais fácil fazer isso quando a nova orientação ou estratégia é encarada como a coisa certa a se fazer. É muito mais difícil executar uma medida impopular, que enfrentará resistência ou com a qual você não concorde.

Lembre-se de que agora você faz parte da equipe de liderança da organização. Caso não goste de uma decisão que está sendo tomada pela alta administração, você tem duas escolhas: conviver com ela ou tentar influenciá-la. Consulte o Capítulo 20 para aprender mais a respeito.

Essa não é uma questão trivial. E temos que ser sinceros com você: na qualidade de líder iniciante, talvez você tenha uma influência limitada nas decisões importantes. Mas, uma vez que o sinal fique verde com relação a uma decisão, você precisa demonstrar seu total apoio e compartilhar isso com a equipe sem vacilar. Nada pode ser mais prejudicial para sua credibilidade do que se dirigir à equipe e dizer o seguinte: *Preciso da ajuda de vocês para a execução de nossa nova iniciativa XYZ. Sei que vai ser difícil, e pessoalmente não sou a favor dela, mas...*

Você encontrará no próximo capítulo um conteúdo essencial que ensina como lidar com essa e outras situações problemáticas.

Preparação: acelerar seu progresso

Já estabelecemos que a transição para a liderança pode ser estressante. E que você está pronto para avançar ao próximo nível. Agora é hora de trabalhar arduamente para lidar com seus inúmeros novos desafios. Isso lhe proporcionará uma significativa vantagem inicial como novo líder.

O primeiro passo na aceleração de seu sucesso é se certificar de que a maneira como você interpreta sua função está em sintonia com as expectativas da organização – o que exigirá de você certo talento de detetive, pois vai precisar falar com outras pessoas. Essa tarefa pode parecer opressiva nos primeiros dias, em particular se você for alguém introvertido. Mas as conversas que você tiver agora não apenas lhe pouparão muita dor de cabeça mais tarde como também o ajudarão a formar sua importantíssima e nova rede de contatos. Não deixe de anotar tudo o que for relevante.

Nessas conversas você reunirá conhecimentos que o ajudarão a compreender a cultura da organização – como ela opera informal e formalmente. Para ser o mais receptivo possível, é preciso reduzir o ruído de solicitações, e-mails, reuniões redundantes e atividades aparentemente inúteis. Em outras palavras, aprenda a separar o que você "precisa ter" do que "seria agradável ter".

Mas existe uma oportunidade considerável para você nesse caso. Você será capaz de evitar o retrocesso a quaisquer hábitos potencialmente improdutivos ao lidar com problemas – como evitar dificuldades, microgestão, confrontos e

Sabe como eu descobri que não eram realizadas reuniões às sextas-feiras? Convoquei minha primeira reunião em uma sexta-feira pela manhã, e ninguém apareceu. Sabe como descobri que estava diante de um problema cultural? Quando ninguém se deu ao trabalho de me informar que não eram realizadas reuniões às sextas-feiras.

– Heidi

assim por diante – à medida que a jornada de liderança se tornar menos familiar e mais estressante. (Pense nisso como um seguro de personalidade.)

Moral da história: as conversas que tiver agora o ajudarão a encontrar as respostas de que você vai precisar quando transitar com dificuldade por um território pouco conhecido.

Entre em contato com os *stakeholders*

Para dar início às suas conversas, entre em contato com os três principais grupos de *stakeholders*. Apresentamos algumas perguntas como exemplo para ajudá-lo a começar, mas sinta-se à vontade para adicionar as suas:

Seu gerente. Ele poderá ajudá-lo a entender como seu grupo apoia as estratégias empresariais mais amplas. Ele também poderá explicar com clareza suas prioridades e as expectativas dele.

Exemplo: *Gostaria muito de saber sua opinião sobre o papel que minha equipe ocupa na empresa como um todo. O que funcionou no passado? O que está faltando agora? Quais lições posso extrair dos erros cometidos por antigos líderes?*

Outros líderes. Seus colegas gerentes podem ajudar em sua transição compartilhando com você práticas operacionais convencionais (documentadas ou não). Também podem fazer comentários com base no relacionamento de trabalho deles com seu gerente.

Exemplo: *Você pode me orientar com relação ao tipo de informação que recebe regularmente a respeito do nosso departamento? Por exemplo, o departamento financeiro costuma fornecer regularmente informações sobre quais indicadores? E que conselho você me daria a respeito do trabalho com meu novo chefe?*

Sua equipe. Seus subordinados diretos podem lhe fornecer informações a respeito das atuais regras operacionais informais deles (por exemplo, métodos preferidos de comunicação, tradições da equipe, quando costumam se reunir na hora do almoço para comer pizza, e assim por diante), as expectativas deles com relação a você e o que deu errado (ou certo) no passado.

Exemplo: *Vocês foram incríveis com relação a ouvir minhas ideias, mas agora adoraria ouvir a de vocês. No que diz respeito à maneira como a equipe trabalha, o que tem funcionado para vocês? O que gostariam que mudasse? O que devo trabalhar com vocês para ter certeza de que a equipe tem o que precisa?*

A Ferramenta 3.2 é uma *checklist* detalhada que fornecemos a milhares de líderes ao longo dos anos. Use-a para poder elaborar melhor as primeiras conversas que tiver com seus novos colegas. Mas não pare aí; durante os primeiros meses no cargo, mantenha uma lista contínua de coisas que perceber a respeito de si mesmo, da organização e das pessoas. Transforme essas observações em novas listas de perguntas e, periodicamente, leve-as para a sua nova rede de contatos: membros de equipe, gerentes, colegas e pessoal de recursos humanos.

O que eu preciso saber?

1. Leia as perguntas a seguir e marque aquelas que você não sabe responder.
2. Identifique os três itens mais importantes que você marcou, numerando-os em ordem de importância: 1, 2 e 3.
3. Procure respostas para as suas três perguntas consultando fontes como sua equipe, seu gerente, pessoal de recursos humanos e outros líderes.

Interação com outras pessoas

(Membros de minha equipe, colegas e gerente)

- ❏ Como as pessoas preferem que eu me comunique com elas (pessoalmente, por telefone, por e-mail etc.)?
- ❏ Que tipo de informações que não recebia antes vou passar a receber (informações mais elaboradas do pessoal de recursos humanos, outras listas de distribuição por e-mail etc.)?
- ❏ Que informações os membros de minha equipe, outros líderes e meu próprio líder vão precisar que eu lhes dê?
- ❏ Que apoio posso esperar do meu gerente, de colegas e da minha equipe?
- ❏ Quem pode me orientar sobre como enfrentar os desafios de ser um novo líder?
- ❏ Outros:

Minhas responsabilidades

Minhas prioridades devem ser:

- ❏ Administrativas?
- ❏ Gerenciar/liderar minha equipe?
- ❏ Executar trabalhos de projetos?
- ❏ *Coaching*/desenvolver outros?
- ❏ Planejar e organizar?
- ❏ Tomar decisões?
- ❏ Gerenciar/monitorar o orçamento?
- ❏ Compartilhar informações, tanto com meus superiores quanto com meus subordinados?
- ❏ Quais são os limites da minha autoridade?

- ❏ Que treinamento e recursos estão disponíveis para mim?
- ❏ Outros:

Expectativas do meu gerente

- ❏ Que resultados meu gerente precisa que eu lhe apresente nos próximos três meses? Seis meses? Doze meses?
- ❏ Quais são as minhas responsabilidades?
- ❏ Como deveríamos monitorar meu progresso?
- ❏ Que tipo de informações preciso fornecer ao meu gerente, e com que frequência?
- ❏ Considerando tudo o que eu preciso fazer, quais são as prioridades do meu gerente para mim?
- ❏ Outros:

Questões organizacionais

- ❏ Para onde a organização está se encaminhando (seu rumo estratégico)?
- ❏ Qual é o plano da organização para os próximos três anos? E para os próximos cinco?
- ❏ Como meu grupo contribui para esses planos?
- ❏ Que mudanças organizacionais recentes ou iminentes irão afetar meu grupo?
- ❏ O que preciso saber a respeito da cultura da organização ou do meu departamento?
- ❏ Outros:

Os primeiros seis meses

Esperamos que este capítulo o tenha ajudado a confirmar uma decisão a respeito da liderança que funcione para você e para as pessoas que lhe sejam importantes. Agora você pode mergulhar neste livro com novos olhos, procurando informações mais relevantes à medida que começa a assimilar o ritmo e passa a avançar mais rápido e com mais confiança. E se tiver concluído que a liderança não é para você? Parabenize-se por ter tomado uma boa decisão e dedique-se a desenvolver as habilidades de que vai precisar para continuar a crescer como colaborador individual. Mas faça um favor para nós: encontre um colega com potencial e curiosidade sobre liderança e dê este livro de presente para ele. Diga-lhe que você acredita nele. Sua rede de contatos ficará agradecida por sua generosidade. (E os autores do livro também.)

Ponto de reflexão

Quem acreditava em você antes de você acreditar em si mesmo?

Que pessoas na sua vida (ou na sua equipe) precisam da sua credibilidade?

> São necessárias vinte palavras de incentivo para superar um momento de desespero e desânimo. E, às vezes, nem mesmo isso ajuda.

4 SUA MARCA DE LIDERANÇA, PRIMEIRA PARTE
Seja autêntico

O grito foi ouvido no mundo inteiro. Ou, pelo menos, assim pareceu.

Tanya trabalhava na gestão da cadeia de fornecimento para um fabricante aeronáutico. Na condição de colaboradora individual, destacava-se em seu trabalho e tinha um verdadeiro dom para antever problemas. *Sentia que era capaz de enxergar "além da curva" e que podia realmente melhorar as coisas*, disse ela. Assim sendo, quando foi promovida para o primeiro cargo de liderança e transferida para a Flórida – uma vantagem adicional –, Tanya se sentiu orgulhosa e preparada. Tinha chegado sua hora.

Ela conheceu sua equipe no primeiro dia de trabalho – um grupo experiente de colaboradores, muitos dos quais eram mais velhos de casa que ela. Tanya abraçou aquele momento com confiança. Falou a respeito do quanto se sentia animada e privilegiada por liderá-los e reconheceu o papel exclusivo de cada um deles na organização. Até aí, tudo bem. Tinha vindo preparada, com novas ideias baseadas no que vira ser implementado em outras partes da empresa e que acreditava poder melhorar o funcionamento da equipe de imediato, promovendo eficiência, eliminando erros e, o que era mais importante, reduzindo o estresse de tarefas de última hora. *Eles sorriam e assentiam com a cabeça, fazendo excelentes perguntas*, recordou ela.

Em seguida, foi a vez dela de escutar.

Os membros da equipe se revezaram fornecendo informações sobre projetos, realizações e pontos de estrangulamento. Tudo transcorreu com a máxima suavidade. Mais tarde, um dos membros entregou a ela o relatório mensal de indicadores operacionais da equipe, um relatório comum que havia sido distribuído para a equipe de operações mais cedo naquele dia. Quando Tanya viu o relatório, entrou em pânico. *O QUE É ISSO?*

E, neste breve instante, Tanya estragou tudo o que tinha conseguido.

Seu grito dissipou toda a alegria de coletividade dos membros da equipe, levando-os a assumir uma postura defensiva. *Este relatório acaba de ser encaminhado para o MEU chefe? Quem mais na nossa equipe verificou este texto?*, ela exigiu saber.

Estava preocupada com a impressão que o departamento de operações iria ter a meu respeito. E disse isso para eles, declarou ela. *Reclamei da gramática, dos gráficos, da formatação e das informações. De tudo, enfim.* Ela gritou com o membro da equipe que havia permitido o envio do documento. O grupo ficou sentado em silêncio, em estado de choque, enquanto Tanya continuava a repreendê-los. Quando ela contou essa história em uma sessão de treinamento de liderança – entre alguns engasgos e com o rosto entre as mãos –, oito anos já tinham se passado. Mas a dor daquela sua atitude equivocada ainda era lancinante. *Fui rotulada de cabeça-quente e perfeccionista por todos os membros da equipe*, disse ela. É bem provável que tenham dito coisas ainda piores, ela pensou. Devia haver uma trilha sonora para acompanhar momentos como esse. *Foi um desastre monumental.* A mácula em sua reputação a acompanharia durante anos.

Cause uma boa primeira (ou segunda) impressão: sua marca de liderança

Quase todas as pessoas viverão momentos dos quais se arrependerão, seja por algo que disseram, fizeram ou deixaram de fazer. Faz parte da condição humana. Mas, no caso do líder iniciante, esses momentos de genuína humanidade podem se acumular com rapidez, causando um verdadeiro estrago se você não tomar cuidado. No Capítulo 3, apresentamos uma das muitas razões pelas quais isso acontece: é fácil subestimar a profundidade da transição de colaborador individual para líder. Assim como Tanya, é provável que você faça as primeiras interações com sua nova equipe sentindo certa ansiedade e expectativa, e munido de uma *checklist* mental do valor exclusivo que você sempre incorporou ao seu trabalho. Quando os membros da nova equipe o olharem pela primeira vez, vão estar, compreensivelmente, preocupados com relação a como esse valor vai tornar as coisas mais difíceis para *eles*.

As pessoas que hoje lhe prestam contas formarão uma opinião inicial a respeito de sua capacidade de liderança, podendo definir assim sua reputação de maneiras que não lhe sejam interessantes, particularmente se você ainda estiver aprendendo a dominar a abrangência total do seu novo cargo. Pense na realidade pura e simples que os consumidores enfrentam: se a experiência deles com um produto não for boa, não o usarão de novo. E é bastante provável que se queixem dele para outras pessoas. A nuvem obscura gerada pelo boca a boca pode conter as perspectivas de um produto no mercado por um longo tempo. Em consequência, quer você esteja há trinta segundos no seu cargo de liderança ou já o ocupe há algum tempo e deseje uma segunda chance para reconstruir sua reputação, vai precisar desenvolver e atuar de modo sistemático em um panorama mais amplo do que pensa sobre sua nova função. Este capítulo o ajudará a fazer exatamente isso. Vamos lhe apresentar três atributos que o auxiliarão a criar uma *marca de liderança* positiva – uma marca que cultive confiança e reflita verdadeiramente seu autêntico eu.

> As pessoas que hoje lhe prestam contas formarão uma opinião inicial a respeito de sua capacidade de liderança, podendo definir assim sua reputação de maneiras que não lhe sejam interessantes.

O que uma marca de liderança encerra?

Embora não haja uma receita perfeita para ser um líder, existem práticas bastante identificáveis que diferenciam os líderes verdadeiramente eficazes dos medianos ou fracos. Segundo pesquisas, líderes bem-sucedidos exibem três principais atributos – nós os chamamos de *diferenciadores de liderança* – que os ajudam a adquirir confiança e habilidade para liderar um grupo. Adote esses atributos e terá sucesso desde o início. São eles:

- Ser autêntico.
- Trazer à tona o que há de melhor nas pessoas.
- Ser receptivo a *feedback*.

É claro que esses atributos são recomendáveis a todas as pessoas, seja qual for o trabalho delas. Os bons líderes percebem com o tempo o verdadeiro valor deles em sua carreira – alguns desde o início, outros um pouco mais adiante. Pesquisas mostram claramente que esses diferenciadores são prognósticos de futuro sucesso. Essa informação será importante para você em duas outras situações. Embora, como líder, você vá orientar outras pessoas, talvez se encontre na posição de ajudar a selecionar futuros colegas e membros da equipe. Procure esses atributos nos outros. (Falaremos sobre esse assunto com mais detalhes nos capítulos de proficiência sobre seleção e *coaching*.) Mesmo que você ainda não seja um líder, essas habilidades o ajudarão a se distinguir como alguém que deixa sua marca, caracterizando-se assim como forte candidato a uma eventual promoção. Além disso, as pessoas vão desejar trabalhar mais com você. O que é excelente!

Todos nós já entramos em contato, alguma vez na vida, com a boa liderança e a liderança não tão brilhante, seja dos pais, dos professores ou no trabalho. Por causa dessas experiências, a maioria das pessoas tem uma ideia do que faria – ou evitaria fazer – se viesse a se tornar um líder. Use a Ferramenta 4.1 para observar alguns exemplos de liderança que você poderia imitar ou evitar, com base em sua experiência pessoal. Explorar essas experiências o ajudará a revelar a si mesmo o que você valoriza, possibilitando-lhe aprimorar a autenticidade de seu estilo.

Nunca faria/Faria sempre

Quando pensei em me tornar um líder, jurei que eu:

NUNCA FARIA...	FARIA SEMPRE...

Pense no seguinte:
Por que você disse que nunca faria isso?
Essas ações foram prejudiciais? Elas afetaram sua motivação ou produtividade?
Por que você disse que faria isso sempre?
Como isso faz outras pessoas se sentirem? Quais são os efeitos positivos para o grupo?
Alerta: é necessário refletir sobre esta ferramenta para completar o último exercício do próximo capítulo. Não o salte! Ele é importante.

Seja autêntico

Se você é como a maioria dos novos líderes, talvez tenha certo trabalho para convencer as pessoas. Nancy tinha começado a participar há pouco tempo de um curso da DDI para novos gerentes quando nos apresentou um problema relativamente comum. Havia se concentrado tanto em adquirir as habilidades técnicas de que precisava para liderar uma equipe de analistas de TI, que ficou surpresa – e um pouco magoada – quando eles pareceram não estar nem um pouco empolgados por vê-la no comando. *Nunca avaliei como seria difícil gerenciar pessoas*, ela nos contou.

Nancy fez a transição de colaboradora individual, posição na qual tudo o que precisava fazer era administrar a si mesma, para líder de uma equipe direta de seis pessoas, estendida até trinta. Para aumentar o desafio, muitos membros da equipe estendida tinham uma posição hierárquica mais elevada que a dela no organograma. *Eles são diretores, e eu sou apenas uma engenheira sem um cargo de verdade*, explicou ela. Além disso, era a única mulher na equipe. *Não conseguia fazê-los comparecer às reuniões, nem sequer retornar minhas ligações. Eu pensava o tempo todo: "Por que eles se recusam a me ouvir? Será que um dia vão colaborar comigo?" Aquilo me assustava.* Não era nada pessoal; acontece que ela era uma incógnita em um ambiente altamente competitivo. *Compreendi que precisava aprender a falar com as pessoas, a conquistar a confiança delas. Mas me dei conta de que não sabia como.*

O que Nancy vivenciou com seu novo grupo não era uma coisa incomum no caso de novos líderes. Os membros da equipe na verdade não a conheciam – ela precisava conquistar a confiança deles, e grande parte dessa tarefa envolve demonstrar autenticidade. E o que é autenticidade, você pode estar se perguntando.

Ser autêntico significa que *suas ações refletirão aquilo em que você acredita e o que sente, não existindo, portanto, contradição entre o que você faz e o que você diz*.

Você demonstra autenticidade quando:

- Faz o que é certo, mesmo em situações difíceis.
- Trata as pessoas com respeito.

- Promove confiança entre outras pessoas.
- Cumpre promessas e compromissos.
- Admite seus erros.
- Reconhece o mérito quando devido.
- Expõe-se compartilhando seus pensamentos, sentimentos e argumentos, quando apropriado.
- Exibe confiança, mas evita a arrogância.

Ao contrário, líderes que não são autênticos podem causar um efeito debilitante nas equipes que lideram. Esses líderes tendem a:

- Reter informações.
- Provocar rivalidade entre os membros da equipe ou ter "protegidos".
- Desprezar os membros da equipe que não concordam com eles.
- Desconsiderar tensões e conflitos no local de trabalho.
- Culpar outras pessoas pelos passos que eles dão em falso.
- Assumir todo o mérito.
- Mudar radicalmente seu comportamento para se parecer mais com um líder.
- Fingir que sabem tudo.

Tendo em mente esses comportamentos, não deve causar surpresa tomar conhecimento de que, nos nossos numerosos grupos de discussão com altos executivos, a importância da autenticidade em líderes tenha recebido algumas das mais retumbantes ratificações – por meio de culturas, setores e áreas profissionais. Os executivos se preocupam com a imagem de seus líderes, e você também deveria se preocupar. Por quê? A autenticidade é alimentada pela integridade, que por sua vez promove confiança – o catalisador fundamental em locais de trabalho mais admirados. Esses locais de trabalho têm funcionários mais felizes, engajados, produtivos e criativos. O fato de as pessoas confiarem em você não é bom apenas para sua reputação; também é bom para os negócios.

Uma das coisas mais difíceis que tive de fazer foi dizer às pessoas que não estávamos apenas eliminando o emprego delas, e sim sua vida inteira. O setor de fabricação? Extinto. E eu precisava que continuassem a trabalhar tão arduamente quanto antes até que a transição fosse concluída. Elas fizeram isso porque confiavam em mim. Somos uma família. Eu escuto. Eu digo a verdade para as pessoas. E elas me veem lutar por elas.

– **Ursula Burns**, hoje CEO da Xerox, sobre a decisão de evitar que a Xerox fosse à falência em 2001, eliminando a unidade de fabricação da empresa. Cerca de 40% da força de trabalho foi demitida.[2]

Como cultivar um eu autêntico

Assim como Nancy e Tanya, você herdou um grupo de pessoas cujo futuro está agora atado ao seu. E elas ainda não confiam de fato em você. Só existe uma maneira de superar isso: interagindo com elas de forma segura, sincera e direta. Você demonstrará integridade por meio de conversas e comportamentos coerentes, sinceros e éticos. E permanecerá verdadeiro, sem divulgar informações inapropriadas, com o objetivo de construir um ambiente de confiança. É isso que *autenticidade* quer dizer. Mas a elaboração de sua marca de liderança vai além do seu eu autêntico. No Capítulo 5, vamos explorar os outros dois diferenciadores: trazer à tona o que há de melhor nas pessoas e ser receptivo ao *feedback*.

> **Você prefere um ego forte ou grande?**
> **Pese direito na balança**
> Na condição de novo líder, uma atitude inteligente é olhar para o futuro. As medidas que você tomou vão ajudar seu ego a ficar grande ou forte? Líderes autênticos com um ego forte exibem coragem e também humildade em admitir os erros que cometem. Na realidade, o simples fato de reconhecer um erro conquista a credibilidade dos funcionários. Pessoas que emanam autenticidade não têm medo de demonstrar seus sentimentos, sendo consideradas confiantes, e não arrogantes. E esse tipo de pessoa tende a não atrair atenção. Em *Good to Great* (2001),[3] Jim Collins traça o perfil

de onze líderes seniores altamente bem-sucedidos, com um ego forte, que não são nomes conhecidos. Não obstante, a empresa deles teve um retorno médio 6,9 vezes maior do que o do mercado – mais que o dobro da taxa de desempenho da General Electric quando era dirigida pelo lendário Jack Welch. Em contrapartida, egos grandes procuram ficar em evidência, assumem o mérito das realizações e costumam se vangloriar. Muitas pessoas consideram Donald Trump, cujas empresas entraram quatro vezes com pedido de falência, um líder de ego grande.

Ponto de reflexão

Tendo em mente o grito de Tanya na história do início do capítulo, observe os três pontos seguintes:

1. O que Tanya deveria ter dito para sua equipe a respeito do erro que cometeu?

2. Você já passou (ou viu alguém passar) por algo semelhante? O que deu certo na maneira como você (ou ele) lidou com a situação? O que não deu certo?

3. Em sua opinião, onde deve se estabelecer o limite entre autenticidade e divulgação excessiva de informações?

> Os grandes líderes sabem que seu sucesso depende do sucesso das pessoas que eles lideram.

5 SUA MARCA DE LIDERANÇA, SEGUNDA PARTE
Traga à tona o que há de melhor nas pessoas e seja receptivo ao *feedback*

Como você deve se lembrar do Capítulo 4, líderes bem-sucedidos demonstram autenticidade. Neste capítulo, vamos discutir os outros dois principais diferenciadores:

- Trazer à tona o que há de melhor nas pessoas.
- Ser receptivo ao *feedback*.

Traga à tona o que há de melhor nas pessoas

Descobrimos que os melhores líderes têm a habilidade inata de fazer com que todos ao redor se tornem melhores também. Como você é novo na função de liderança, recomendamos que adicione à sua lista de leitura o clássico da administração de Douglas McGregor, de 1960: *The Human Side of Enterprise* [*O Lado Humano da Empresa*].[1] Ele descreve dois tipos de líderes: os da Teoria X e os da Teoria Y. Os líderes da Teoria X são conhecidos como "microgerentes", pessoas que praticam a microgestão, que comandam e controlam. Em contrapartida, os líderes da Teoria Y acreditam que as pessoas merecem ser tratadas com dignidade e respeito, que são sinceras e dignas de confiança. Os chefes da Teoria Y são aqueles para os quais todo mundo deseja trabalhar, e também os que conseguem mais promoções para seu pessoal. Em tempos de crise, as pessoas tendem a gravitar ao redor desses líderes. É fácil falar com eles, são receptivos ao *feedback* e se importam com as pessoas pelas quais são responsáveis. E demonstram isso.

Quase no final do século XX, o fundador da DDI, Bill Byham, escreveu uma história humorística a respeito da liderança da Teoria X *versus* a liderança da Teoria Y, intitulada *Zapp! The Lightning of Empowerment*. A obra se tornou um dos dez principais livros de negócios da década de 1990,[2] e seus conceitos a respeito de dar autonomia aos funcionários continuam bastante válidos no ambiente de trabalho desafiador dos dias de hoje. Byham escreveu que os líderes que "zapeiam!" outras pessoas "proporcionam responsabilidade, espírito de participação, satisfação nas realizações, poder sobre o que e como as coisas são feitas, reconhecimento pelas suas ideias e o reconhecimento de que são importantes para a organização".[3] É importante compreender que esse envolvimento com o aprimoramento constante não pode ser imposto aos funcionários (no livro, isso é chamado de ser "sugado"); ele só é plenamente alcançado conferindo-lhes autonomia.

Sendo assim, percebe-se que tanto as observações de McGregor quanto as de Byham sobreviveram ao teste do tempo. Tratados de administração e revistas de negócios elogiam, com razão, a época atual como a era de colaboração – uma era otimista na qual soluções são encontradas por meio do *crowsourcing*; oportunidades são criadas; e equipes geograficamente espalhadas, oriundas de todos os cantos do planeta, trabalham criativamente e em conjunto, todas as horas do dia. Embora seja verdade que as novas tecnologias possibilitem maneiras inovadoras de se trabalhar em conjunto, também é verdade que o tipo de líder que viceja nesse ambiente – aquele que resiste à estrutura tradicional de comando e controle – sempre existiu. E é precisamente esse tipo de pessoa que se destacará como líder nos tempos atuais. Não se preocupe se isso não lhe for instintivo; você pode aprender. Uma solução é fazer perguntas inteligentes e prestar atenção às respostas.

Nos Capítulos 6 e 7, apresentaremos cinco princípios-chave para ajudá-lo a "zapear!" seus funcionários, tal como um líder catalisador.

Quando era um gerente iniciante em uma fábrica de ferramentas no Reino Unido, Carey de repente se viu sobrecarregado. Ele, que era responsável por uma pequena equipe de projetistas, *passou a ser responsável por um grupo de pessoas na sala de ferramentas – cerca de 22 fabricantes de ferramentas. Era um total de aproximadamente trinta pessoas.* Mas ele tinha nas mãos um problema muito maior do que demonstrar sua capacidade para a equipe: as ferramentas em si. O sistema de reconhecimento e correção de problemas quando o trabalho era passado da área de projetos para a fabricação, e dali para além dela, não estava funcionando. O índice de erros era grande demais. *O processo inteiro, desde o conceito do produto até a chegada dele à produção, teria que ser completamente examinado e replanejado*, disse Carey. *Assim sendo, eliminei todo o processo.*

Carey tomou então a decisão de recorrer à sua equipe para encontrar a solução. Qualquer pessoa que tocasse em uma ferramenta em qualquer estágio estaria envolvida em todo o processo de replanejamento. *Reuni todos os membros da equipe, para que examinassem cada produto e percorressem seu ciclo de vida.* Eles discutiram várias hipóteses em conjunto. As mudanças que teriam que fazer nessa transição de trabalhar separadamente e em conjunto eram significativas o bastante para provocar resistência caso ele não tomasse cuidado. *Criamos um processo com uma* checklist *[...] e, para cada projeto de ferramenta, havia uma* checklist *a ser aplicada em cada fase. E tudo funcionou muito bem.* Carey, que havia vencido um concurso nacional de aprendizes quando adolescente, e feito um curso noturno de CAD para obter seu primeiro emprego na fabricação de ferramentas, compreendia que as pessoas que projetavam os componentes eram sua maior esperança de criar uma nova maneira de trabalhar em conjunto. *Não quero que isso passe a impressão de que desejo manipular as pessoas, mas, se as envolvermos desde cedo no processo, e elas tomarem parte na maioria das decisões relativas às mudanças*

> *Tudo o que fazemos envolve motivar as pessoas a serem mais abertas, criativas e corajosas. O fato de nos pedirem que examinemos algo, para observar o que é possível ser feito, é muito mais animador do que simplesmente nos mandarem fazer uma coisa.*
>
> – **Jack Dorsey**, cofundador da Twitter and Square

que terão de efetuar, teremos uma sequência de trabalho bem-sucedida. Elas realmente contribuem para a imagem efetiva de como será o resultado. É como se elas se tornassem coproprietárias.

É preciso que o modo de pensar esteja voltado para o benefício geral, a fim de ajudar o outro a ser o melhor que ele pode ser. Líderes assim sabem que seu sucesso depende do sucesso das pessoas que eles lideram, e que uma de suas principais responsabilidades é promover habilidades, capacidades, interesses e esforços dos membros de sua equipe. Nunca é cedo demais para estabelecer essa filosofia positiva e colocá-la em ação.

Para trazer à tona o que há de melhor nas pessoas:

- Incentive sua equipe a tentar coisas novas.
- Cultive e otimize os talentos e a capacidade deles.
- Dedique tempo a descobrir o que motiva sua equipe e atribua tarefas de acordo com as habilidades e interesses das pessoas.
- Cumprimente as pessoas pelo esforço delas.
- Forneça às pessoas informações sobre coisas que as afetem.
- Confie nos pontos fortes dos outros.
- Deixe que sua equipe aprenda por meio do fracasso (embora de modo seguro), para que possa assumir riscos adequados.
- Reúna todos em prol de metas comuns.

Agende uma reunião individual com cada membro da equipe

Para poder trazer à tona o que há de melhor nos membros de sua equipe, você precisa se aproximar deles e entender suas habilidades, capacidades e motivações. Essas conversas são diferentes daquelas que pedimos que tivesse no Capítulo 3. Aquelas eram a *seu* respeito. Nestas, o foco é sua *equipe*. A Ferramenta 5.1 será útil durante essas discussões.

Trata-se de uma simples *checklist* que fornecemos a milhares de novos líderes, para ajudá-los a elaborar a primeira conversa a fim de conhecer melhor seus subordinados diretos. Informe de antemão a cada membro da equipe o propósito da reunião. Escolha uma das perguntas listadas aqui para começar a conversa. Não engane ninguém e inclua ainda uma troca de ideias específica sobre trabalho! Sobretudo, sinalize que você está receptivo a perguntas.

- O que você mais gosta de fazer no seu trabalho? Por quê?
- De quais aspectos das funções anteriores você mais sente falta? Por quê?
- Quais as coisas de que você menos gosta no seu trabalho atual? Por quê?
- Como você reduz o nível de estresse ou lida com ele?
- Para ajudá-lo a executar suas tarefas, o que eu poderia mudar com relação a:
    - ... seu ambiente de trabalho?
    - ... o conteúdo do trabalho?
    - ... como você faz seu trabalho?
- Que forma de reconhecimento você prefere? Qual não lhe agrada?

Essas conversas para conhecer melhor sua equipe são inacreditavelmente proveitosas. Elas demonstram seu compromisso em escutar e ajudar as pessoas a se sentir valorizadas. E você ainda pode aprender algumas coisas! Porém, o que é mais provável, elas o ajudarão a construir um parâmetro de bem-estar e familiaridade que tornará seus primeiros meses como líder mais felizes para todos a seu redor. Com certeza você vai descobrir que algum membro da equipe considera suas responsabilidades insípidas e nada estimulantes. Quanto mais compreender as pessoas com quem você trabalha, mais fácil será ajudá-las a ser bem-sucedidas.

E não há como saber se você não perguntar.

Seja receptivo ao *feedback*

Nossos dois primeiros diferenciadores se concentraram na melhor maneira de você interagir com as pessoas à sua volta – sendo autêntico e trazendo à tona o que há de melhor nelas. Você vai ajudá-las a ser bem-sucedidas e vai *oferecer* um *feedback* – tanto o positivo quanto o que conduz ao desenvolvimento. Mas e quando o *feedback* é para você?

No caso deste último diferenciador, vamos examinar como os membros de sua equipe e outros colegas no local de trabalho podem apresentar um comportamento correspondente e trazer à tona o que há de melhor em você ao *lhe oferecer* um *feedback*.

Carolyn é gerente de logística em um banco de alimentos e organização de serviços sociais sem fins lucrativos. Embora tivesse experiência na área de alimentação e boa experiência em administração como voluntária, Carolyn não estava preparada para a natureza mais árdua de sua nova função, que exigia amplo planejamento logístico e tomada de decisões baseadas em informações. Ela pulou da frigideira direto para o fogo com bastante rapidez. *Não tenho muito conhecimento de planilhas,* disse ela. *Gosto mais de interagir com as pessoas.* Seu supervisor, que tinha ocupado o cargo atual dela durante cinco anos, era tanto do Tipo A (você conhece esse tipo: extremamente ambicioso, competitivo e com predisposição ao estresse) quanto simpatizante da não interferência. Ele apenas a atirou às feras para que ela se virasse. *Senti que nunca iria aprender como fazer aquilo. Sentia uma grande responsabilidade por saber que haveria pessoas idosas esperando na fila, no frio, do lado de fora. Estava preocupada com os erros que poderia cometer.* Quando ela, de fato, cometeu um erro – deixando de fazer uma entrega em um novo local no prazo –, o caos tomou conta de sua equipe durante cerca de meia hora. *Acho que algumas pessoas chegaram a ficar um pouco confusas ou um tanto aborrecidas, mas praticamente não dormi por três dias.*

Em vez de desistir, no entanto, Carolyn pediu *feedback*, a seu chefe e a alguns de seus subordinados diretos, com relação ao incidente. *Conversamos extensamente sobre o assunto,* disse ela, *e obtive conselhos bons e específicos. [Meu chefe] me pediu que colocasse minhas observações por escrito – em que eu havia errado e o que faria para modificar a situação,* um exercício que a ajudou a se sentir mais conectada à opinião dele com relação à função dela. Mas sua natureza sociável a ajudou também de maneira inesperada.

Sentia-me muito abatida [...] um dos meus funcionários estava saindo comigo e se virou para mim, dizendo: "Sabe do que mais? Você vai conseguir! É muita coisa para aprender, mas você vai conseguir. Você tem o que é importante". O investimento que ela fizera sendo franca e autêntica tinha sido recompensador. *O fato de ele me dizer algo tão solidário realmente me ajudou muito na ocasião.*

Carolyn exibiu uma poderosa combinação de características que a ajudaram nos seus difíceis primeiros dias na função: resiliência, obstinação mental, humildade e capacidade de enfrentar o fracasso com eficácia e elegância. Ela estava muito bem servida. Consta que a técnica de ginástica olímpica dos Estados Unidos, Mary Lee Tracy, teria dito que havia uma característica diferencial em suas atletas de elite: *atletas não são diferentes das demais pessoas; eles também cometem erros. O que é importante, e o que procuro nas futuras atletas de elite, é a maneira como reagem ao insucesso. O mais importante não é que deixem de cometer erros, e sim que os cometam de modo produtivo.*[4]

Pesquisas na área de liderança também confirmam esse ponto. Uma das variáveis que, com o tempo, demonstrou ser a premissa do sucesso na liderança é a "receptividade ao *feedback*".[5] Aqueles que geralmente buscam e utilizam o *feedback* dos outros, encarando seus erros como uma oportunidade de aprendizado, tendem a ter mais sucesso em funções de liderança. O conceito de *cometer erros de modo produtivo* deveria ser adotado por todos os líderes. Mas ele só funciona se você estiver disposto a buscar e aceitar o *feedback* de pessoas que estejam em posição de avaliar seu trabalho.

Cometer erros de modo produtivo consiste em continuar a experimentar novas abordagens e soluções para resolver um problema. Você pode não ter alcançado ainda os resultados desejados, mas está a caminho, aprendendo e avançando rumo à resolução do problema. O insucesso, por outro lado, ocorre quando você não obtém os resultados desejados porque parou de tentar ou continua a fazer repetidamente a mesma coisa.[6]

– Mary Lee Tracy
  Técnica de ginástica olímpica dos Estados Unidos

Primeiro, pergunte...

Sabemos por experiência própria que o que pedimos a você aqui é mais difícil do que parece. A maioria dos líderes considera muito difícil pedir *feedback*. Ninguém deseja que suas fraquezas sejam expostas, em particular no setor empresarial. Parte disso se baseia na personalidade da pessoa: a receptividade ao *feedback* é adquirida cedo na vida, podendo ser difícil desenvolvê-la na idade adulta se não fizer um certo esforço. Mas o desejo de crescimento não é demonstração de fraqueza. Os líderes que nunca admitem estar errados comumente sofrem os efeitos propagadores da baixa motivação profissional e de uma elevada rotatividade de pessoal (o que é, *sem dúvida*, ruim para os negócios). E continuam a cometer, repetidamente, os mesmos erros, o que pode causar problemas efetivos para a organização.

Mas qualquer pessoa pode dominar a prática de buscar e usar o *feedback*. Naturalmente, cabe a você dar os primeiros passos.

Para demonstrar sua receptividade ao *feedback*:

- Peça e use o *feedback* proveniente de múltiplas fontes a respeito de sua liderança.
- Aceite o *feedback* favorável a seu desenvolvimento e aja motivado por ele.
- Reconheça suas deficiências.
- Demonstre humildade.
- Imponha a si mesmo expectativas elevadas.

... depois, expanda o círculo

No caso do *feedback*, "menos" não é "mais", e sim uma oportunidade do tipo "mais é mais". Quanto mais perspectivas você reunir, tanto mais provável será que receba a verdadeira mensagem que as pessoas estão enviando.

Pense na possibilidade de consultar:

- **Seu gerente**, para obter uma perspectiva a respeito de como está liderando a equipe; de como tem transmitido informações para ela; e de como vai a comunicação com os colegas.

- **Seus colegas**, para obter uma perspectiva sobre sua colaboração interdepartamental e observações dos clientes.
- **Seus subordinados**, que poderão lhe dizer se está transmitindo suas expectativas com clareza e pedindo apropriadamente informações a eles ao tomar suas decisões.
- **Seus clientes**, para que informem a perspectiva deles sobre você e o desempenho de sua equipe.

Por fim, receba com gratidão

Dizer que você está aberto a receber *feedback* é uma coisa. Efetivamente acolhê-lo de maneira positiva é outra questão, especialmente se o *feedback* o pegar de surpresa. Você pode ter a impressão de que está recebendo uma notícia ruim. Mas pode treinar a si mesmo para encarar o *feedback* como a dádiva que de fato ele é.

Vamos descrever uma situação para você. Imagine um de seus colegas dando um tapinha no seu ombro e dizendo: *Preciso lhe dizer uma coisa: parece que você nem sempre enxerga o que está acontecendo na equipe. Ou talvez você enxergue, mas não faz nada a respeito.* Não é divertido ouvir isso. No entanto, a maneira como você reage é escolha sua. Poderia lhe ser natural ficar na defensiva e responder algo como: *Sei muito bem o que está acontecendo na minha equipe. Como você ousa dizer que não?* Qual seria sua linguagem corporal? Cruzaria os braços e se afastaria do colega? Será que você iria fazer cara feia?

Líderes que se mostram receptivos ao feedback começam agradecendo a quem o forneceu, e depois fazem perguntas para levantar os pormenores. São esses os líderes que serão bem-sucedidos.

Esperamos que não! A melhor reação seria aceitar o *feedback* e tentar obter mais informações da pessoa para de fato compreender o que ela quer dizer. *Obrigado por me dizer isso* é uma boa maneira de começar. Tenha consciência de que nem todo mundo é perito em fornecer *feedback*, e muitas pessoas deixam de fora os detalhes que descrevem a situação como um todo, tornando mais fácil aceitá-la. Cabe a você fazer perguntas esclarecedoras para obter mais informações que possam ajudá-lo a usar a dádiva que acaba de receber. Líderes que se mostram receptivos ao *feedback* começam agradecendo a quem o forneceu, e depois fazem perguntas para levantar os pormenores. São esses líderes que serão bem-sucedidos.

Você não gosta de surpresas no *feedback*? Experimente pedi-lo aos membros da equipe como parte regular das reuniões individuais ou com a equipe. Essa atitude indica que você está tentando criar um ambiente de confiança e aprimoramento constante. E agir movido pelo *feedback* é ainda melhor: demonstra que você pode melhorar, o que o torna mais acessível e humano.

Peça feedback para liderar

Os pesquisadores Jack Zenger e Joseph Folkman analisaram o comportamento relacionado a pedidos de *feedback* de 51.896 líderes ao longo de três anos.[7] Eles descobriram que:

- **Líderes que pedem mais *feedback* são considerados mais fortes.** Líderes que pediram ativamente *feedback* e procuraram oportunidades para melhorar foram considerados eficientes em 86% dos casos. Líderes que obtiveram a pior classificação em termos de receptividade ao *feedback* foram considerados eficientes em apenas 15% dos casos.
- **Comportamentos relacionados a pedir *feedback* declinam com a idade.** A maioria das pessoas pede *feedback* no início da carreira, mas essa tendência diminui com o tempo.
- **Líderes seniores apresentam menor probabilidade de pedir *feedback*.** Supervisores pedirão *feedback* visando aprimoramento em 64% dos casos, ao passo que os líderes seniores pedirão *feedback* em apenas 43% dos casos.

Em resumo, o *feedback* é importante! Ignorar sistematicamente o pedido de *feedback* com relação à sua marca pode causar um impacto negativo em sua carreira. Em uma pesquisa realizada com 462 líderes em uma companhia da *Fortune 500*, 77 líderes, com idade média de 50 anos, foram convidados a deixar suas organizações depois de

> terem permanecido no cargo durante dezoito anos. Uma análise de *feedback* 360 graus de informações reunidas ao longo de dois anos antes de eles serem demitidos encontrou uma diferença significativa ao avaliar até que ponto os líderes se esforçavam de modo construtivo rumo a uma mudança, com base no *feedback* de outras pessoas.[8]

Sua marca de liderança = seu legado de liderança

No Capítulo 4, pedimos a você que refletisse sobre "coisas que você disse que nunca faria" e "coisas que você disse que faria sempre" quando se tornou um líder. Uma vez que as escolhas que você faz diariamente moldam sua marca de liderança pessoal, é fundamental refletir se você não está se limitando antes mesmo de começar. No entanto, ao mesmo tempo, você está construindo um legado de liderança. E tem interesse em se certificar de que poderá realmente sentir orgulho dele.

Uma visão mais tradicional do legado é que se trata de algo que você deixa para trás quando *parte*. Nós pensamos sobre ele de maneira um pouco diferente: seu legado é algo que você molda ativamente no *presente*, para que você, sua equipe e a organização possam tirar proveito dos benefícios *agora*. Pense nele como uma marca vital em evolução. Se soar muito poético, não era nossa intenção. Esta é a verdadeira arte da liderança, em que você revela o que há de melhor em você e nos outros com o passar do tempo, ao dominar profundamente suas interações com os outros.

Vi o anjo no mármore e o esculpi até libertá-lo.
– atribuído a **Michelangelo**

Use a Ferramenta 5.2 antes de seguir para o próximo capítulo. O que você vai aprender com ela amplia o trabalho que fez aqui – especificamente, a valiosa série de conversas que vai ter com todos aqueles que fazem parte de sua vida profissional. Traçar primeiro seu legado em linhas gerais o ajudará a tornar essas conversas mais gratificantes, poderosas e autênticas.

Meu legado, minha marca

Pense a respeito do legado que você deseja construir e como os diferenciadores poderão ajudá-lo a forjar a reputação dessa marca. Sua tarefa nesta atividade é criar uma declaração do que deseja realizar para ajudá-lo a ser um líder mais proativo. O que você gostaria que os membros de sua equipe dissessem a seu respeito? Para fazer isso:

- Pense em como os três diferenciadores de liderança vão desempenhar seu papel no legado.
- Lembre-se de que, embora os resultados comerciais sejam importantes, a única maneira de obtê-los é por intermédio de outras pessoas.

Eis alguns exemplos do que poderia ser abordado em uma declaração de legado:

- Criar um ambiente no qual o *feedback* seja aceito e valorizado.
- Fazer as pessoas sentirem que a opinião e as observações delas contribuíram para o sucesso da equipe.
- Estar disposto a ouvir; fazer as pessoas se sentirem valorizadas.
- Acreditar que as pessoas são capazes de tomar decisões; tratar as pessoas com respeito.

E agora, como inspiração, eis alguns exemplos de declarações de legado de líderes internacionais com quem interagimos nos últimos anos. Como você poderá perceber, alguns deles escreveram uma frase ou duas, enquanto outros escreveram um parágrafo inteiro:

1º exemplo: *Sou um líder voltado para resultados que exige das pessoas e de mim mesmo, de modo sistemático, um padrão elevado. Procuro oportunidades para levar os outros a pensar de maneira independente e depois valorizo o esforço realizado e celebro o sucesso deles.*

2º exemplo: *Sou um líder que inspira confiança por meio da liderança motivada por valores e que exibe caráter de comprometimento, espírito de participação, humildade e integridade. Alcançarei isso:*

- *Demonstrando coerência e imparcialidade nas ações.*
- *Praticando o que prego.*
- *Estando disponível.*
- *Compartilhando... compartilhando... compartilhando.*

3º exemplo: *Gostaria de descrever minha marca de liderança como sendo a de alguém autêntico, um agente de talentos, e que também está ativamente envolvido no negócio. Na condição de líder autêntico, gosto de ser considerado uma pessoa sincera, genuína e, sobretudo, apaixonada e interessada pela liderança. Na qualidade de agente de talentos, busco constantemente bons talentos, tentando descobrir como atraí-los e desenvolvê-los, mas, sobretudo, como ajudá-los a ter sucesso na carreira. Para estar ativamente envolvido na atividade, costumo sempre estar inteirado sobre nosso cenário competitivo aqui na China. Faço isso para poder conhecer bem o setor, porém, mais para aprender a administrar uma organização sustentável e lucrativa. Em consequência, a liderança, para mim, é uma jornada de aprendizado contínuo. Com isso em mente, espero receber constantemente seu feedback sobre como estou me saindo nessas três áreas fundamentais. Muito obrigado.*

Agora é sua vez

Escreva aqui sua declaração de legado: _____
_____
_____
_____
_____
_____
_____
_____
_____
_____

> As melhores conversas – frequentes, claras, autênticas e ocasionalmente difíceis – ajudam os colegas de trabalho a se sentirem compreendidos, valorizados, confiantes e motivados.

6 LIDERANÇA É CONVERSA, PRIMEIRA PARTE
Como fazer as pessoas se sentirem ouvidas, valorizadas e motivadas

Eis o pequeno e belo segredo da liderança: ela diz respeito à conexão com outros seres humanos.

Para alguns de vocês – os tímidos, os introvertidos, os impacientes ou os que apenas se sentem sobrecarregados –, essa pode ser uma surpresa indesejável. Mas, na verdade, é uma das melhores ideias que podemos lhes oferecer. Além disso, como comentamos ao longo deste livro, existe uma verdadeira ciência por trás de conversas eficazes que o conectam às pessoas, em qualquer âmbito de sua vida. Na realidade, seu sucesso, tanto na liderança quanto na vida, dependerá das conversas que você tem com as pessoas a seu redor. De verdade.

Como ser bem-sucedido tornando-se um capitalista de relacionamentos

Em 2010, a McKinsey & Company publicou uma importante pesquisa que chamou nossa atenção. Os autores acreditavam que a

> capacidade de ser perito em interações entre pessoas – o que aqui chamamos de *conversas* – tinha o potencial de gerar uma real vantagem competitiva para pessoas e empresas.[1] Na verdade, em homenagem a isso, os autores criaram, apropriadamente, uma nova expressão – *capital de relacionamentos* – para descrever a habilidade dos profissionais, em qualquer nível, em potencializar suas conversas.

Para ilustrar o capital de relacionamentos em ação, eis um retrato de um dia comum para Tacy:

- Bater um papo informal com um vizinho a respeito da construção mais adiante na rua.
- Começar a trabalhar na reunião semanal das "três grandes questões" com o pessoal administrativo.
- Pedir conselho a seu chefe a respeito da fixação de preço para uma proposta incomum.
- Comunicar a um líder de prática suas preocupações com relação a um prazo final próximo.
- Participar de uma teleconferência (na hora do almoço!) com o comitê de campanha para uma companhia teatral sem fins lucrativos com a qual ela está ativamente envolvida.
- Encontrar e fornecer orientação sobre um evento inovador conduzido por equipes de tecnologia e consultoria.
- Parar no corredor para orientar um dos membros da equipe que estava em busca de recomendações para sua iminente viagem a Nova York.
- Voltar para casa e sutilmente (quem você quer enganar?) lembrar a seu filho adolescente a programação do dia seguinte e verificar a lição de casa dele – enquanto prepara o jantar, é claro.

- Conversar com o irmão, Carter, a respeito da criação dos filhos, das amizades e dos desafios profissionais enquanto levam os cachorros para passear depois do jantar.
- Todas essas conversas são importantes para as pessoas que participam delas. Algumas são programadas; outras acontecem de modo espontâneo. E a habilidade de lidar sem esforço com cada uma pode ser responsável pelo seu sucesso ou fracasso como líder, pai, mãe ou amigo.

A DDI realizou centenas de pesquisas sobre o que significa uma liderança bem-sucedida. Viemos a compreender o que os bons líderes fazem: eles promovem a inovação, treinam as pessoas para o sucesso, colocam as necessidades dos clientes em primeiro plano, tomam boas decisões e desenvolvem futuros talentos.

Se essas são as características dos bons líderes, quais são os meios para obtê-las? Ao longo de todas essas pesquisas, um tema se destaca: os líderes fazem pouquíssimas coisas sozinhos. É por esse motivo que acreditamos com tanta veemência no conceito de líder como catalisador. Não estando mais no papel de principal executante, tomador de decisões e solucionador de problemas, o líder catalisador desloca seu foco para ser *coach*, colaborador e orientador. Para realizar isso, envolve-se em dezenas de conversas todos os dias – com funcionários, acionistas, colegas, chefes e clientes.

E as melhores conversas – frequentes, claras, autênticas e ocasionalmente difíceis – ajudam os colegas de trabalho a se sentir compreendidos, valorizados, confiáveis e motivados. Não é por acaso que essas conversas são a chave para uma equipe realmente engajada e, nos atrevemos a dizer, a chave para uma vida verdadeiramente feliz, tanto no trabalho quanto fora dele.

E não tenha dúvida de que as interações que hoje ocorrem com tanta frequência em outros formatos – e-mail, mensagens de texto, telefone, *chat* e redes de contato internas – são, em essência, uma conversa com um ser humano de verdade do outro lado.

Este capítulo apresenta as habilidades de que você vai precisar para aproveitar ao máximo cada oportunidade de conexão com outras pessoas em sua vida. Daqui a algum tempo, essas habilidades se tornarão quase instintivas. E garantimos que as recompensas serão igualmente gratificantes – e até mesmo surpreendentes –, como a que segue:

> *Estou escrevendo para que você tome conhecimento de algo que aconteceu depois da aula da qual participei. Tenho um filho de 15 anos com diversos problemas de comportamento com os quais não fomos capazes de lidar. Estávamos nos preparando para fazer uma intervenção a fim de preservá-lo de suas tendências destrutivas. Na noite em que cheguei em casa depois da aula, minha esposa e eu começamos a discutir os passos da intervenção com o coração apertado. Quando abri minha pasta, percebi que o formulário que tínhamos usado como exercício na aula de liderança estava em cima dos outros papéis. Eu o peguei e segui cada parte como se conversasse com meu filho. Concentrei-me em ouvir primeiro e em perguntar o que ele sentia. Reconheci que não fizera isso muitas vezes no passado. Fui até o quarto do meu filho e iniciei o diálogo. Nas últimas duas semanas, tivemos mais conversas do que havíamos tido até agora em todo o nosso relacionamento. Sei que fui um aluno difícil, mas queria que você soubesse que esse comportamento o modificou completamente. Tenho um novo filho, e não foi preciso nenhuma intervenção. Acredito sinceramente que isso funcione.*
>
> *– Participante do curso da DDI*

Necessidades práticas e pessoais

As recomendações contidas nos próximos dois capítulos baseiam-se na experiência de mais de 45 anos da DDI em avaliar pessoas, realizar pesquisas no local de trabalho e elaborar programas de desenvolvimento. Identificamos comportamentos e habilidades que levam a conversas eficazes e à formação de relacionamentos.

Descobrimos que existe um núcleo de habilidades essenciais que todos precisam dominar para construir relacionamentos de modo eficaz e fazer o trabalho ser executado. Constatamos que o processo através do qual as pessoas se envolvem com essas habilidades transforma a vida delas. Muitos se tornam líderes porque esse era o passo lógico na sequência de sua carreira – mais dinheiro, mais prestígio, mais elogios entusiasmados nos jantares em família. Muitos sabem o que desejam obter da liderança, mas não o que querem *ofertar* a ela. As habilidades descritas nos próximos dois capítulos vão lhe possibilitar *obter* mais da função como líder, mas também o levarão a *ofertar* mais para os outros.

Tudo começa com uma simples verdade: as pessoas trabalham com necessidades práticas (executar o trabalho) e necessidades pessoais (ser respeitadas e valorizadas). Sua equipe não será diferente. E, se você já estiver no cargo há pouco mais de alguns dias, provavelmente já deve ter notado que seus subordinados diretos vêm lhe apresentando um fluxo constante de problemas – muitos deles envolvendo outras pessoas – para que você os "corrija". É tentador intervir e lidar com os aspectos práticos dessas questões. Na verdade, parece exatamente o que um verdadeiro líder faria. Nada de emoções; apenas resolva o problema! No entanto, na realidade, você precisa sempre observar as necessidades pessoais em conjunto com as necessidades práticas.

> As pessoas trabalham com necessidades práticas (executar o trabalho) e necessidades pessoais (ser respeitadas e valorizadas).

Pense nisso da seguinte maneira: as *necessidades práticas* são o "caminho" que você precisa seguir para garantir que sua interação com as pessoas atenda ao destino que elas conceberam. As *necessidades pessoais* podem surgir a qualquer momento durante o trajeto. Lidar com elas de modo eficaz vai ajudá-lo a superar os obstáculos do caminho.

Abordamos o lado prático no Capítulo 8, com as *Diretrizes de Interação*. E, para atender às necessidades pessoais dos outros, apresentamos aqui os *Princípios-chave*. No começo, eles podem passar a impressão de serem muito básicos – como o bom conselho que um pai, uma mãe ou um professor lhe daria. Mas eles fazem coisas maravilhosas!

Os cinco Princípios-chave não se destinam a ser usados em sequência; na verdade, você os utilizará quando precisar – a qualquer momento de uma conversa. E, à medida que nos aprofundarmos um pouco mais, você vai perceber que os Princípios-chave são um recurso crucial para revelar o que há de melhor nos outros e em você.

Princípios-chave

Finalidade: ajudar a satisfazer as necessidades pessoais das pessoas.

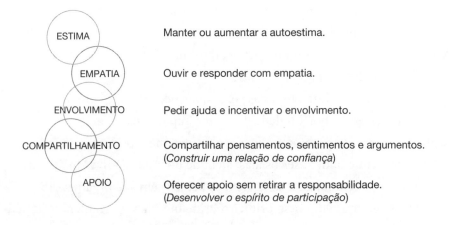

ESTIMA — Manter ou aumentar a autoestima.

EMPATIA — Ouvir e responder com empatia.

ENVOLVIMENTO — Pedir ajuda e incentivar o envolvimento.

COMPARTILHAMENTO — Compartilhar pensamentos, sentimentos e argumentos. (*Construir uma relação de confiança*)

APOIO — Oferecer apoio sem retirar a responsabilidade. (*Desenvolver o espírito de participação*)

Manter ou aumentar a autoestima

Quando minha gerente me disse que as pessoas de nossa equipe não gostavam de trabalhar comigo, fiquei chocada. Perguntei por que, e ela respondeu que eu era arredia e não parecia querer trabalhar com outras pessoas. "Achávamos que você era diferente", disse-me ela. "Você não é uma pessoa generosa." Diferente? Não generosa? O que isso significava? Fiquei pensando: sou realmente assim? Sou, de fato, essa pessoa? Essa pessoa antipática e sem um pingo de generosidade? Como posso continuar a trabalhar com essas pessoas? Senti que minha vida tinha acabado.

– Amy

A autoestima adquiriu uma péssima reputação nos últimos tempos – eis uma piada recorrente vinda de uma geração que protege excessivamente os filhos (pelo menos em algumas partes do mundo). Em um ambiente no qual todos recebem troféus por fazer parte de uma equipe, ao contrário de receber louros por se distinguir, a autoestima representa agora o elogio inexpressivo e a falta de disciplina. Na realidade, esse é um dos conceitos mais importantes para se ter em mente quando for trabalhar com outras pessoas.

No exemplo anterior, Amy descreve um cruel *feedback* que esmagou sua autoestima, fazendo-a entrar em um ciclo descendente no trabalho durante meses. Não se tratava apenas de seus memorandos carecerem de informações ou de suas habilidades de apresentação necessitarem de um aprimoramento; a questão era que sua personalidade era problemática. Porém, esse *feedback* penoso poderia ter sido evitado.

A autoestima refere-se apenas à maneira como você pensa sobre si mesmo. Você é bom o bastante? É alguém de valor? Os outros o respeitam? Você faz contribuições importantes para o mundo? Suas qualidades essenciais têm visibilidade para os outros?

Na condição de líder, todas as vezes que você interage com uma pessoa, tem uma excelente oportunidade de causar impacto na maneira como ela se sente a respeito de si mesma. Essa é uma das mais poderosas habilidades interpessoais que podem ser usadas, além de uma das dádivas mais extraordinárias que você pode ofertar às demais pessoas em sua organização.

Repare no "ou" em nosso primeiro Princípio-chave: "Manter *ou* aumentar a autoestima". Quando você interage com as pessoas, tem duas escolhas: manter a maneira como as pessoas se sentem com relação a si mesmas (em outras palavras, não deixá-las em pior estado) ou melhorar esse sentimento. Muitas interações lhe possibilitarão reconhecer as boas ideias que foram trocadas ou dar valor aos esforços realizados – aumentando, desse modo, a autoestima de alguém.

Em outras interações, o desempenho pode ficar aquém das expectativas. Nesse caso, a situação não demanda um elogio ou reconhecimento, e sim uma correção de trajetória. Quando uma pessoa se despedir de você, ela não deve se sentir pior a respeito de si mesma do que quando começaram a conversar. Rebaixar uma pessoa, menosprezando-a ou fazendo-a sentir que, de alguma maneira, é inadequada para o cargo que ocupa – como a gerente de Amy fez com ela –, pode ser prejudicial e tornar a recuperação um processo difícil. Além de desnecessário. Mesmo nesses momentos delicados você pode – e deve, no mínimo – manter a autoestima da outra pessoa.

Como se constatou mais tarde, a pouco generosa Amy era uma pessoa inteligente – da Geração Y, tendo acabado de sair da faculdade. Ela passara a vida se comunicando atrás de um *smartphone* e tinha dificuldade com as interações no ambiente do escritório. Assim sendo, tomou providências. Buscou um *feedback* proveitoso com colegas nos quais confiava sobre como se comunicar com os demais membros da equipe. Mas levou quase um ano para se sentir realmente melhor, e outros quatro para obter a promoção seguinte. E nunca mais voltou a confiar em sua gerente. Agora que ela própria tornou-se gerente, Amy diz o que muitas pessoas dizem: *jamais vou tratar alguém da maneira como fui tratada.* Mas esse é um jeito difícil de aprender a lição.

> **Entusiasme-se**
>
> Você conhece esse conceito de alguma aula de psicologia? A autoestima é a segunda necessidade mais elevada na hierarquia de Maslow.* E ela pode ser afetada por qualquer interação (ou todas) que você tiver com outras pessoas. A popularidade do conceito de autoestima aumentou no final da década de 1960, por meio dos pioneiros Nathaniel Branden, psicoterapeuta, e Stanley Coopersmith, psicólogo. Até hoje, aproximadamente 536 pesquisas, 769 artigos e 80 livros foram escritos sobre o impacto da autoestima no desempenho no trabalho.
>
> Alguns dos resultados de autoestima elevada observados incluem níveis elevados de satisfação na carreira e no emprego, aumento de motivação e engajamento, trabalho de alta qualidade, relacionamentos pessoais e profissionais mais agradáveis e mais inovação no trabalho. As pessoas que mantêm ou aumentam a

---

* Abraham Maslow criou, em 1943, uma hierarquia de necessidades para a motivação humana. Cada necessidade básica/de nível inferior precisa ser satisfeita antes que as pessoas avancem para a seguinte. A hierarquia de Maslow começa com as necessidades fisiológicas (comida, água, sono), avançando para as necessidades de segurança, depois para as de amor/integração e, enfim, para a autorrealização (a plena realização do potencial) em nível mais elevado.

autoestima dos outros tendem a ser consideradas bastante eficazes e a desfrutar de melhor comunicação com a equipe e menos tensão no local de trabalho. Também estão propensas a liderar funcionários mais satisfeitos e com melhor desempenho no trabalho, com mais lealdade e confiança interpessoal.

NÓS PERGUNTAMOS, VOCÊ RESPONDEU no Facebook

Dave Kipp – Tive um chefe que certa vez me disse o seguinte: *"Kipp, você nunca vai chegar a lugar nenhum, porque não é FDP o bastante"*. O resto da minha carreira tem sido refutar a premissa desse cara.

Como manter a autoestima dos outros

- **Concentre-se nos fatos, não na pessoa.** O senso de autoestima das pessoas pode ser prejudicado se elas se sentirem pessoalmente ofendidas ou se tiverem que adivinhar o que você realmente quer dizer. Dizer "Habitualmente, você é uma das pessoas mais pontuais na nossa equipe, mas no último mês andou se atrasando para as reuniões!" apresenta maior probabilidade de manter a autoestima do que fazer o seguinte comentário em uma reunião de equipe: "Você tem algum problema com pontualidade?" Com esse segundo comentário, fica evidente que estará eliminando várias possibilidades de colaboração no futuro.
- **Respeite e apoie os outros sem rotulá-los.** Rótulos podem ferir – "ela é rude", "ele é insensível" ou "aquele grupo não é nem um pouco cooperativo". Os rótulos podem passar a sensação de que a reputação de uma pessoa está em jogo e que ela ficará marcada para

sempre, não importando o que faça. Uma habilidade crucial de liderança é demonstrar respeito e evitar rótulos.
- **Esclareça os motivos fazendo perguntas inteligentes.** Adivinhar o que pode ter causado um problema ou dificuldade é exatamente isto: adivinhar. Perguntas francas o ajudarão a esclarecer os motivos. Perguntar, por exemplo: "O que você acha que causou o atraso?" é muito melhor que: "Você está tentando sabotar o projeto de propósito?" – o que, não resta dúvida, vai colocar a outra pessoa na defensiva.

Então, se manter a autoestima dos outros é o mínimo que você pode fazer, e quanto a aumentá-la? Uma vez mais, a resposta é razoavelmente óbvia: faça um elogio autêntico. Embora as pessoas tendam a resistir a agir assim.

Quando perguntamos a líderes principiantes que frequentaram nossos cursos por que eles relutavam em elogiar seus subordinados diretos, de modo geral eles apareciam com uma lista bastante satisfatória de desculpas (veja a próxima seção "Nós perguntamos, você respondeu" para ter uma ideia). Qual é a sua?

- "Estou ocupado demais."
- "Porque estou sempre pensando nos problemas que tenho para resolver, andando de um lado para o outro para tentar descobrir o que está errado, o que precisa ser corrigido."
- "Porque não quero que as pessoas pensem que tenho protegidos."
- "Nunca recebo de ninguém um *feedback* positivo!"
- "Se der um *feedback* positivo para uma pessoa quando ela fizer algo, ela vai fazer corpo mole e achar que esse é o nível de desempenho requerido."
- "Esperamos um elevado nível de excelência em nossa empresa, de modo que elogios são desnecessários."

Entendemos todos esses argumentos! Mas também descobrimos que a maioria dos líderes que resiste a fazer elogios apenas não sabe como, por que e quando fazer um elogio. E têm receio de que, se não o fizerem do modo correto, passarão a impressão de ser fracos ou pouco autênticos, ou perderão sua autoridade. Nada disso precisa ser verdade.

Específico e sincero

A técnica para fazer elogios ou, como dizemos, aumentar a autoestima é razoavelmente simples. O elogio precisa ser sincero – algo efetivamente verdadeiro e que você realmente queira dizer – e específico. E tanto as pesquisas quanto nossa experiência confirmam que um elogio não tornará ninguém preguiçoso. Muito pelo contrário. Um *feedback* positivo vindo de um chefe é motivador. Por quê? Porque lembra às pessoas que elas têm verdadeiro valor e que suas contribuições são relevantes. Que elas são consideradas pelo que efetivamente são, e que são importantes. E eis a maior surpresa de todas: quando você faz um elogio sincero, também se sente bem. (Na verdade, temos dados empíricos que sugerem que é melhor fazer do que receber um elogio.[3]) Isso o tornará um líder melhor, mais calmo e mais otimista. E quem não desejaria trabalhar para uma pessoa assim?

Ponto de reflexão

Que pessoa na sua equipe precisa saber o que você realmente pensa dela? E na sua vida? Que *feedback* ou elogio você poderia lhe oferecer para fazer a diferença, algo que mantivesse ou aumentasse sua autoestima?

Assim sendo, quando se deve elogiar alguém? Naturalmente, quando essa pessoa tiver melhorado consideravelmente, atingido uma meta, resolvido um problema difícil ou feito uma contribuição acima do esperado, em uma ocasião de grande pressão. Mas às vezes – e isso requer prática – você pode tecer um elogio depois de observar algo a respeito de uma pessoa que a deixaria encantada. Pode ser algo casual, mas precisa ser verdadeiro. Eis a maravilha desse tipo de elogio: o elogiado sente que você sabe quem ele é realmente em um nível mais profundo.

NÓS PERGUNTAMOS, VOCÊ RESPONDEU no Twitter e no Facebook

Qual o maior elogio que você já recebeu do seu chefe?

FB Jennifer Fader Scott Você nos faz rir mesmo quando as coisas não estão indo bem.

@mrshanebennett um muito obrigado genuíno.

FB Lori Wurm Weitzman O pessoal adora você. Eles confiam e contam com você. Temos sorte por estar conosco.

FB Domitry Elias Leger Eu o subestimei no início.

@kevinmercuri Um e-mail curto e sucinto com as seguintes palavras: "Estou realmente feliz com seu desempenho [...] Você está ajudando esta agência a crescer."

FB Robin Beers Não há ninguém melhor no que você faz.

@iROKOHope Ele me disse o seguinte: "Seu trabalho é inacreditável. Faz com que eu me sinta um verdadeiro ser humano...".

FB Chris Allieri Você é destemido em uma sala repleta de desconhecidos. Isso é bom.

@davidcuddy [Um executivo] passou por aqui e perguntou quem tinha escrito "aquilo". Achei que ele tivesse detestado, então não contei que foi você. Mas ele gostou. Há, há, há.

FB Justin Holland Você dá a impressão de pegar a coisa no ar.

FB Hugh Weber Você faz excelentes perguntas.

Não é uma lista interessante? É claro que o desafio no caso do Twitter é estarmos limitados a 144 caracteres, sem poder obter, portanto, o contexto completo por trás dos elogios. A verdade é que aumentar a autoestima é muito mais que essas breves e amáveis declarações.

É bom receber breves comentários elogiosos, mas nem sempre eles geram o impacto pretendido, por duas razões. Primeiro, podem parecer triviais. Ellen, por exemplo, nos disse que a palavra predileta do seu gerente era "incrível". Ele a dizia para todo mundo, todos os dias, toda semana, a respeito de qualquer coisa. Portanto, mesmo quando ele tinha a intenção de fazer um elogio, essa palavra específica não parecia soar com sinceridade. Segundo, elogios breves e amáveis carecem de pormenores. Ser específico incentiva as pessoas a continuar apresentando boas ideias; informa a elas exatamente o que fizeram para contribuir com o sucesso do grupo; e as estimula a repetir essas ações específicas, quando apropriado.

DICAS IMPORTANTES

Manter ou aumentar a autoestima

Para *manter* a autoestima:

- Concentre-se nos fatos.
- Respeite e apoie os outros.
- Esclareça os motivos.

Para *aumentar* a autoestima:

- Reconheça um raciocínio proveitoso e boas ideias.
- Reconheça as realizações alheias.
- Expresse e demonstre confiança.
- Seja específico e sincero.

 Bom ou excelente?

Leia os pares de declarações de líderes. Escolha aquela em cada par que represente a utilização *mais eficaz* do Princípio-chave da Estima.

P1. A. Obrigado por ter me informado a respeito disso. A informação me ajudará muito a corrigir o problema.

B. Como você mencionou o problema e trabalhou comigo para corrigi-lo, conseguimos evitar que outras pessoas ficassem confusas a respeito do assunto. Obrigado por ter se manifestado.

P2. A. Quando você se ofereceu para conduzir a reunião de segunda-feira, pude levar minha avó para a consulta médica que ela havia marcado.

B. Estou feliz por tê-lo encontrado. Queria lhe contar o quanto sua ajuda na segunda-feira foi importante. Obrigado!

RESPOSTAS: **P1**. A resposta correta é a declaração B. Ela fornece razões específicas do motivo pelo qual a medida tomada ajudou a resolver o problema. **P2**. A resposta correta é a declaração A. Ela expressa de modo específico por que o apoio foi importante.

Ouvir e responder com empatia

Pense a respeito da última vez em que esteve realmente aborrecido e contou toda a história para um chefe, gerente ou colega – com todos os gloriosos e emocionantes detalhes (ou não!). Quando você terminou, a pessoa provavelmente fez uma pausa e disse: *Entendo exatamente como está se sentindo.* Qual foi sua primeira reação? Ela foi: *Não. Você não entende!* O erro mais comum que as pessoas cometem é usar frases como *Entendo como você está se sentindo*, que pretende soar empática, mas na verdade não significa nada. Muitas pessoas complicam ainda mais adicionando a própria história trágica – algo vagamente semelhante –, como se para provar que elas *realmente entendem*.

Mas, em vez de fazer com que se sinta melhor, elas demonstraram apenas que não ouviram o que você disse. Pior: é bem provável que o tenham feito se sentir manipulado.

Ouvir e responder com empatia, quando aplicados em conjunto, são as duas habilidades mais poderosas que você pode pensar em dominar.

De uma só vez, desperdiçaram um tempo valioso conduzindo a conversa para longe de você, e depois o empurraram para ainda mais longe delas e de uma possível solução. Isso soa familiar?

Ouvir e responder com empatia, quando aplicados em conjunto, são as duas habilidades mais poderosas que você pode pensar em dominar. Por quê? Quando você lida com uma situação emocional, esses comportamentos reduzem de imediato a tensão, e o ambiente fica mais ameno. E, até que as coisas fiquem mais calmas, nada produtivo vai acontecer. Mas essas também são as duas habilidades mais difíceis de aprender. Emoções – de qualquer tipo – no local de trabalho tendem a deixar as pessoas pouco à vontade. *Intensidade? É preciso interrompê-la!* Na condição de líder, você pode se sentir tentado a lidar às pressas com a situação do momento, dizendo às pessoas 1) que você entende o que está acontecendo, 2) que não se sintam da maneira como estão se sentindo e 3) o que fazer para corrigir o problema o mais rápido possível. (Talvez você já tenha notado em sua vida pessoal que dizer a alguém transtornado que deixe a reação emocional de lado tampouco surte efeito.) Para ser bem-sucedido, você vai precisar administrar o próprio mal-estar e resistir à tentação, porque, caso contrário, as coisas não vão dar certo e não haverá melhora nenhuma nesse relacionamento.

Eis como elaborar uma conversa empática que dê resultado:

1. Demonstre reconhecer o que a pessoa está sentindo ao descrever a emoção que está sendo exibida diante de você.
2. Demonstre um pouco de empatia.
3. Faça uma pergunta a respeito da situação.

Tacy compartilha sua experiência pessoal
Quando Spencer, meu filho de 14 anos, começou a andar deprimido pela casa, pude perceber que não era apenas por causa dos hormônios. Ele estava prestes a fazer os exames finais pela primeira vez na vida, e a preparação para a importante semana não estava indo bem. Mas ele se esquivava das minhas tentativas de animá-lo ou ajudá-lo a se preparar. Tentei de tudo: *Querido, o que está acontecendo?* (Silêncio.) *O que está se passando na sua cabeça?* (Silêncio.) *Em que você está pensando?* (Mais silêncio.)

> *Como posso ajudar?* Recebi outro prolongado silêncio, seguido... enfim... de um monótono: *Está tudo uma loucura.*
>
> Limitada a uma única porta de entrada, eu o incentivei: *Conte-me o que está acontecendo*, e ele contou. Olhando para baixo e ainda deprimido, resmungou sobre ter uma prova atrás da outra, algo que nunca tinha acontecido em sua vida antes. E acrescentou: *"Mamãe, não sei como fazer tudo isso ao mesmo tempo".*
>
> Então falei o seguinte: *Acho que você está assustado e sob muita pressão. Você nunca prestou exames finais antes. É isso o que está acontecendo?* Eureca! Grande avanço! Os olhos dele se encontraram com os meus, e ele continuou a se abrir, dizendo que se sentia derrotado e que os colegas dele na turma pareciam estar muito à frente. O simples fato de eu ter usado a empatia para reconhecer e descrever o que ele vivenciava possibilitou que ele se abrisse e examinasse o problema de uma maneira mais racional. Isso também nos possibilitou quebrar o gelo e nos dedicarmos, juntos, à resolução do problema.

A empatia funciona tão bem no trabalho quanto em casa. Desenvolvemos roteiros em vídeo para muitos dos nossos cursos, a fim de demonstrar a arte do reconhecimento, da empatia e da conexão. Eis o fragmento da história de um deles que envolve Steve, um líder que dirige uma equipe de projeto incumbida de atualizar o sistema obsoleto da organização. Com a proximidade do prazo final, a urgência e a tensão se intensificaram em um projeto que vinha transcorrendo com suavidade, desgastando assim a colaboração entre os membros da equipe. Alex, que é diretamente subordinado a Steve, está tendo dificuldade em equilibrar sua carga de trabalho.

Alex: *Tive que ficar até mais tarde naquela noite. Depois, na última sexta-feira, Marcia me procurou pela vigésima vez naquele dia, interrompendo-me bem no meio de um cálculo complicado. Àquela altura, Steve, acredite, eu poderia bem ter...*

Steve: *Alex, sei que você está sob pressão, especialmente nas últimas semanas* [empatia]. *As pessoas estão começando a sentir isso também. Na realidade, alguns nem estão procurando você para fazer perguntas ou sugestões exatamente por causa disso. E esse foi o motivo pelo qual eu quis falar com você hoje.*

Alex: *Você quer falar sobre o quê? Sobre o fato de eu estar estressado, ou de as pessoas terem um problema com relação a isso?*

Steve: *Bem, na verdade, a respeito das duas coisas. Você está realmente ocupado – eu sei disso* [empatia]. *Sei também que estamos em um estágio crucial do projeto. Se não pudermos usar sua experiência quando precisarmos dela; se não estiver disponível para nós, não poderemos cumprir os prazos finais, e toda a programação irá por água abaixo. E isso poderá afetar toda a organização.*

As pesquisas mostram: líderes que demonstram empatia pelos funcionários são considerados os melhores *coaches*.[4] Funcionários que acreditam ter líderes empáticos tendem a se dedicar mais ao trabalho e a ficar menos fatigados, deprimidos e ansiosos.

Identifique fatos e sentimentos

Existe uma maneira de dizer *Entendo exatamente como você está se sentindo* que as pessoas não apenas aceitarão como sincera, mas também se sentirão mais à vontade com você exatamente por causa dela. Duas palavras o lembrarão de fazer isso: "fatos" e "sentimentos". Ao tratar alguém com empatia, o primeiro passo é repetir, brevemente, os fatos de seu conhecimento, para que a pessoa saiba que você realmente estava prestando atenção nela. Desse modo, no exemplo do roteiro anterior, o fato de Steve ter dito *Alex, sei que você está sob pressão, especialmente nas últimas semanas* demonstra que ele estava prestando atenção e compreende a situação desagradável de Alex. Steve teria cometido um erro se começasse com *Eu sei como você se sente* ou *Tenho sofrido pressão semelhante*, pois isso teria afastado de Alex o foco da conversa.

Uma declaração empática demonstra que você entende o que a pessoa está dizendo, embora não concorde necessariamente com a opinião dela.

Um ponto importante a ser lembrado é que empatia não é a mesma coisa que anuência. Uma declaração empática demonstra que você entende o que a pessoa está dizendo, embora não concorde necessariamente com a opinião dela.

Eis outro exemplo. Imagine que um dos membros de sua equipe se sente excluído do grupo. Uma reação empática inicial poderia ser a seguinte: *Deve ser desagradável achar que as pessoas não estão incluindo sua equipe no processo de tomada de decisão.* Com isso, você deu à pessoa a chance de compartilhar o que sente. Segundo nossa experiência, uma vez que as pessoas têm a oportunidade de extravasar suas emoções e se sentem seguras de que você as compreende, elas conseguem se concentrar mais facilmente no assunto em questão. Podem começar então a desenvolver ideias, soluções e medidas, porque acreditam que você entende como a situação as vem afetando.

Em seguida, é interessante você demonstrar que entende a emoção que a pessoa está expressando – e por quê. Para isso, deve continuar a escutar com cuidado, para depois descrever esse sentimento. Steve descreveu a emoção de Alex ao comentar que ele estava sob pressão e ocupado.

É importante observar que a empatia não se limita a ocasiões emocionais de carga negativa. Quando as pessoas se sentem orgulhosas de uma realização ou felizes por terem concluído uma tarefa difícil, a declaração empática de um líder vai lhes possibilitar aproveitar o momento. Uma vez mais, identificar fatos e sentimentos mostra que você está escutando e que entende! E é isso que constrói relacionamentos. Assim sendo, você pode ser apenas uma das muitas pessoas a parabenizar um colega. Ou então pode se destacar dizendo algo como *Sua expressão me diz que esses cumprimentos têm razão de ser. Você deve estar contente* [sentimento] *com a maneira como as coisas transcorreram na apresentação de vendas* [fato]. *Tenho certeza de que vamos conseguir fechar o negócio!* [autoestima]. Uma declaração desse tipo ajudaria muito a solidificar um relacionamento profissional.

Você pode me ouvir agora?

Escutar pode fazer a diferença entre conseguir ou perder um emprego, cumprir ou perder um importante prazo final ou se sentir parte de uma equipe em vez de um peixe fora d´água. No entanto, apesar de saber escutar ser

Escutar pode fazer a diferença entre conseguir ou perder um emprego, cumprir ou perder um importante prazo final ou se sentir parte de uma equipe em vez de um peixe fora d'água.

uma das mais importantes habilidades de comunicação, nem sempre seu mérito será reconhecido. As pessoas parecem dar mais valor a falar!

Uma armadilha na qual os líderes caem com frequência é ouvir apenas o suficiente. Em outras palavras, ouvimos até obtermos a resposta, e em seguida interrompemos o discurso e passamos a falar. Ou então, às vezes, escutamos e discordamos do que está sendo dito, de modo que manifestamos nossa falta de anuência de imediato. Isso é ouvir para refutar. Em outras ocasiões, ficamos tão empolgados com o assunto que interrompemos a outra pessoa antes que consiga terminar a frase e apresente todas as suas ideias.

Quando você se sintoniza com o que alguém diz, passa realmente a escutar os sentimentos implícitos nas palavras. Você ouve com *empatia – compreende e é sensível aos pensamentos, sentimentos e experiências alheios.*

A capacidade de *ouvir e responder com empatia* é uma habilidade de comunicação que pode aprimorar suas conversas pessoais e no local de trabalho. Ela pode ajudá-lo a descobrir como os outros se sentem e informar-lhes que você os entende, embora talvez não concorde necessariamente com eles. A empatia é a chave para o diálogo franco e uma conversa eficaz.

DICAS IMPORTANTES

Ouça e responda com empatia

- Responda tanto aos fatos quanto aos sentimentos.
- Neutralize as emoções negativas.
- Manifeste empatia diante de situações positivas também.

Escute com a intensidade que a maioria das pessoas reserva para falar.

– **Lily Tomlin**, atriz, comediante, escritora, produtora

Isso é empatia?

Leia os pares de declarações seguintes e decida se eles são exemplos eficazes ou ineficazes do Princípio-chave da Empatia.

P1. Todos vocês parecem confusos com relação ao rumo que estamos seguindo neste projeto.
        A. Eficaz   **B.** Ineficaz

P2. Isso é péssimo, mas estou certo de que você descobrirá como estabelecer novas prioridades em sua programação.
        A. Eficaz   **B.** Ineficaz

P3. Você me parece bem relaxado. Suas férias devem ter sido maravilhosas.
        A. Eficaz   **B.** Ineficaz

RESPOSTAS: **P1.** A. Eficaz, com um fato e um sentimento claros. **P2.** B. Ineficaz, porque o sentimento não foi descrito. **P3.** A. Exemplo eficaz de empatia para descrever uma emoção positiva.

Pedir ajuda e incentivar o envolvimento

Decore estas frases: *Sem dúvida. Fico feliz em ajudar. Diga-me o que pensou até o momento.* Essas frases, ou uma variação delas, são uma das maneiras mais rápidas de fazer as pessoas se envolverem na resolução dos problemas do dia a dia que vocês enfrentam juntos. As pessoas têm expectativas com relação ao emprego que vão além do pagamento no final do mês. Elas desejam:

- Ter voz ativa na maneira como fazem seu trabalho.
- Envolver-se nas decisões que as afetam.
- Informações a respeito das mudanças que terão que implementar.
- Participar das soluções dos próprios problemas.

Como detalhamos no Capítulo 2, sua função como novo líder é fazer o trabalho ser executado por intermédio dos outros. A maneira mais eficaz de fazer isso é passar menos tempo comentando suas ideias e o que *você* acha que deveria ser feito (e esperar que a equipe o faça), e mais tempo solicitando ideias dos membros *da sua equipe* para saber o que eles pensam. Essa abordagem encerra vários benefícios tangíveis. Em primeiro lugar, é bem provável que eles já tenham descoberto pelo menos parte da resposta. Segundo, quando você pede uma contribuição às pessoas, essa é uma maneira de deixá-las saber que você dá valor à opinião, ao conhecimento e às habilidades delas. Terceiro, você poderá descobrir o quanto elas são inteligentes e descobrir como a mente delas funciona. E quarto: os seres humanos quase sempre confiam mais nas próprias ideias.

Este Princípio-chave o ajudará a obter *know-how* e originalidade com base nos mais importantes recursos. Envolver os outros pode criar um espírito de colaboração inspirador que leve as pessoas a se empenhar ao máximo no trabalho.

Buscar mais do que você determina

Consta que Epíteto, filósofo grego da Antiguidade, teria dito que *Temos dois ouvidos e uma boca, de modo que deveríamos ouvir duas vezes mais do que falamos.* Na realidade, segundo pesquisas, existe um nível de referência real e mensurável que devemos almejar em nossas conversas do dia a dia. Como um verdadeiro profissional, seu papel é reunir informações, não transmiti-las. Algo que não seja devidamente ouvido pode paralisar a colaboração entre unidades, afundar carreiras e causar problemas com a produtividade, a confiança e o envolvimento.

Em vez de ser mais um líder que *diz* às pessoas o que elas devem fazer em 70% do tempo e busca obter informações em apenas 30% dele, almeje ser como os líderes mais bem-sucedidos, que buscam informações em 70% do tempo e dizem às pessoas o que devem fazer em apenas 30% dele. [6]

Embora isso possa parecer absurdo a princípio, velhos hábitos podem ser o maior obstáculo para obtermos o envolvimento dos outros. Muitos de nós fomos moldados para *não* pedir ajuda por uma série de razões: porque achamos que isso nos faz parecer fracos ou temos que ser super-heróis. Porque achamos que as pessoas não vão querer nos ajudar ou porque temos que fazer tudo sozinhos. Seja qual for a razão, empenhe-se em modificar a maneira como você aborda as pessoas – peça primeiro a contribuição dos outros e transforme um discurso em uma busca. Perguntas envolventes são francas e se parecem com estas:

- Tendo em vista sua experiência, por onde você acha que devemos começar?
- Quais são suas ideias?
- Como podemos fazer isto melhor?
- O que podemos fazer?
- Como você acha que o plano vai funcionar para você?

Aprenda agora ou pague a conta mais tarde
A DDI avaliou centenas de milhares de líderes pelo mundo afora com relação à utilização dos cinco Princípios-chave em situações interativas comuns. É crucial ressaltar que as informações não se baseiam em respostas fornecidas em entrevistas, e sim na *observação do comportamento efetivo de liderança*.

Uma análise dessas avaliações em níveis de linha de frente e sênior revela uma série de erros comuns que as pessoas cometem durante as interações. Embora as pessoas possam demonstrar um verdadeiro ponto forte em determinada área, é a *combinação* de elementos que faz a diferença. Comportamentos usados em conjunto conduzem a interações eficazes e produtivas no local de trabalho. E essas informações sugerem bastante espaço para melhoria.

Uma tendência comum que pode enfraquecer uma conversa eficaz é os líderes se apoiarem excessivamente nas próprias ideias. Você mesmo talvez já tenha trabalhado com alguém desse tipo. Não é muito divertido! Dos líderes de linha de frente que avaliamos, 25% eram menos do que eficazes em solicitar ideias aos outros.[7]

E, mesmo que encorajassem outras pessoas a participar de discussões e decisões, podiam perder a oportunidade seguinte de realmente conseguir que elas ficassem de acordo com as ideias discutidas. Chamamos isso de ganhar aceitação. Obter o comprometimento das pessoas com quem você trabalha é parte essencial do seu trabalho como novo líder.

A habilidade de manter conversas eficazes é crucial em todos os níveis de liderança. Portanto, todos podemos ser perdoados por partir do princípio de que os líderes seniores deveriam ter dominado tal habilidade enquanto galgávamos degraus de sua carreira. Afinal de contas, já estão nela há tempos, certo? Nada poderia estar mais longe da verdade. As informações que obtivemos em nossa avaliação constataram que os executivos são na realidade piores em fazer perguntas e promover o envolvimento dos outros (36% são menos do que eficazes).[8] Os riscos são reais. Quanto mais sênior o líder, mais danos as interações de má qualidade causarão a toda a organização – e será menos provável que ele encontre alguém que o ajude a melhorar.

Ponto de reflexão

Recorde sua última interação com um dos membros da equipe. Qual foi seu coeficiente de buscar/determinar? Lembre-se de voltar a verificar esse ponto daqui a duas semanas. Qual é seu coeficiente então? Tem passado mais tempo pedindo informações e fazendo perguntas do que determinando o que os outros devem fazer? Pense na possibilidade de pedir à sua equipe que o avalie nesse período para verificar suas suposições.

O Princípio-chave do Envolvimento vai além de quebrar o hábito natural como líderes de resolver *versus* pedir informações aos outros. Ele diz respeito a reformular a maneira de realizar as coisas. Pedir ajuda é um sinal de força, não de fraqueza. Abre espaço para você e libera seu tempo e energia. Pedir ajuda consiste em aproveitar recursos valiosos para obter o melhor resultado, o mais rápido possível, com o menor número de recursos despendidos. Informe às pessoas que você está pedindo ajuda porque dá valor ao tempo e ao talento delas, e não porque se sente perdido.

Pense no que vai ganhar perguntando: a chance de se conectar, de valorizar um colega, de conseguir que algo seja feito mais rápido ou melhor, de otimizar o próprio tempo e seus talentos.

No entanto, existem armadilhas a ser evitadas. Pedir ajuda e incentivar o envolvimento não significa solicitar informações a todo mundo a respeito de tudo. Algumas pessoas não estão em posição de contribuir, e sabemos que pedir coisas a todo mundo torna o processo mais lento. Sem mencionar que você não vai conseguir usar todas as ideias que solicitar. Em vez disso, sua função é envolver a pessoa (ou pessoas) certa para a tarefa em particular, sem se apoiar excessivamente nas mesmas pessoas. Quanto mais souber a respeito dos membros de sua equipe, com mais eficácia poderá explorar a sabedoria coletiva, e mais forte ficará sua equipe.

Embora possa ser tentador compartilhar seu fardo, conscientize-se de como você formula o que pede. Torne sua solicitação parte de um ganho compartilhado. Por exemplo: *Jim, tendo em vista sua ampla experiência de trabalho no mesmo tipo de equipamento, que problemas técnicos deveríamos abordar no manual de procedimentos?* Ou então: *Esta mudança afetará o processo do seu grupo, por isso queremos conhecer suas ideias. Sandy, o que você acha do Plano A?* Ou ainda: *Mark, fiquei impressionado com a maneira como liderou a equipe na última transição. Você consideraria presidir este comitê?*

Um último comentário sobre esse Princípio-chave, que pode ser difícil para um novo líder: as pessoas às vezes sugerem ideias e soluções que, por alguma razão, não são viáveis. Você pode manter a autoestima delas explicando por que uma ideia não é viável. Melhor ainda, explore os prós e contras junto com elas para ajudá-las a compreender os riscos ou inconvenientes. Sempre que possível, estenda-se na parte aproveitável das ideias.

DICAS IMPORTANTES

Pedir ajuda e incentivar o envolvimento

- Faça do envolvimento sua primeira escolha.
- Desencadeie as ideias de todo mundo com perguntas.
- Incentive a responsabilidade por meio do envolvimento.

No caso dos novos líderes de linha de frente, os Princípios-chave da Estima, Empatia e Envolvimento estão entre as habilidades mais poderosas a serem dominadas. Se considerá-los com seriedade, será sempre um bom líder.

 Identifique o Princípio-chave

Até agora apresentamos três Princípios-chave e mostramos como eles preparam o terreno para interações eficazes. Neste próximo teste, você verá os três em ação. Leia a situação a seguir e circule o Princípio-chave refletido na declaração do líder.

Sinto muito que tenha tido de faltar à reunião. Sei que a estava aguardando com ansiedade, animado porque ia compartilhar as informações que você reuniu [**P1.** Estima/Empatia/Envolvimento]. *Seus gráficos foram úteis. Todos disseram isso. Você destacou várias informações complexas e fez que a reunião transcorresse rapidamente* [**P2.** Estima/Empatia/Envolvimento]. *Na realidade, algumas pessoas perguntaram se poderiam ter uma análise semelhante para o departamento delas. Queria verificar com você qual a melhor maneira de atender a esse pedido* [**P3.** Estima/Empatia/Envolvimento].

Sei que no momento você está sobrecarregado com outros projetos [**P4**. Estima/Empatia/Envolvimento], *por isso gostaria de saber que ideias você tem para fazer isso acontecer* [**P5**. Estima/Empatia/Envolvimento].

RESPOSTAS: **P1**. Empatia. **P2**. Estima. **P3**. Envolvimento. **P4**. Empatia. **P5**. Envolvimento.

No próximo capítulo apresentaremos os dois últimos Princípios-chave, observando como você pode usá-los em suas conversas para desenvolver a confiança e o espírito de participação em sua equipe.

> Sua função é garantir que todo o seu pessoal seja produtivo, engajado, e que trabalhe em sua máxima capacidade.

7 LIDERANÇA É CONVERSA, SEGUNDA PARTE
Como desenvolver confiança e espírito de participação

No capítulo anterior, você aprendeu que usar os três Princípios-chave em suas conversas fará que os membros de sua equipe se sintam valorizados, ouvidos e envolvidos. Os dois Princípios-chave explorados neste capítulo lhe possibilitarão cultivar a confiança dos funcionários e ajudá-los a assumir a responsabilidade pelo sucesso deles mesmos.

Compartilhe pensamentos, sentimentos e razões
(para desenvolver a confiança)

Esta é uma história sobre confiança.

Rhea aprendeu da maneira mais difícil que confiança requer trabalho. Quando assumiu a diretoria de vendas de uma firma de engenharia, ela esperava perder, de imediato, algumas pessoas. *Isso acontece,* pensou ela. Mas, quando ela estava havia alguns meses no cargo, Aaron, um de seus mais talentosos profissionais de vendas, decidiu se juntar a outra equipe dentro da empresa. Essa foi uma questão bastante complicada, pois Rhea sabia que teria de fazer um planejamento cuidadoso para a saída dele. As negociações nas quais Aaron trabalhava eram complexas e tinham atingido um estágio crucial. Para tornar as coisas ainda mais incertas, ele tinha os melhores clientes do departamento. *Pedi a ele que não dissesse aos clientes que estava de saída*, disse Rhea. *Precisava de tempo para encontrar um substituto, e isso poderia levar uns dois meses.*

Um mês depois, Rhea recebeu um e-mail urgente do maior cliente de Aaron – um dos que ela mais receava contrariar – no qual ele perguntava o que aconteceria com a conta deles agora que Aaron estava de saída. Rhea ficou muito aborrecida. É preciso que seja dito a seu favor que ela tentou entender a atitude de Aaron depois desse fato. *As vendas dele envolvem intensamente os relacionamentos; ele é amigo de muitos dos seus clientes*, revelou-nos Rhea. *Pensando agora, devia ter sabido que era impossível pedir a Aaron que não revelasse aos clientes sua mudança na empresa.* Mas ela o confrontou zangada, e ele se colocou bastante na defensiva. *Ele disse coisas como: "Eu tenho amizade com essas pessoas. Você não entende. Não trabalhou com vendas antes, por isso não sabe o tipo de relacionamento que podemos desenvolver com esses caras"*, disse Rhea. Ela optou por fazer uma avaliação negativa do desempenho de Aaron porque ele havia colocado os próprios relacionamentos antes das necessidades da empresa. *Espero que ele pense duas vezes antes de fazer uma coisa dessas de novo*, declarou Rhea. Mas ela tinha suas dúvidas. *Ele sentia que estava ocultando algo muito importante dos clientes.*

No local de trabalho, compartilhar pensamentos, sentimentos e argumentos implícitos em decisões cria um ambiente de mais confiança. Quando líderes e membros de equipe se abrem, eles encorajam outras pessoas (subordinados diretos, colegas e até mesmo clientes) a fazer o mesmo. Além de tornar todos mais produtivos, isso ajuda o gerente a evitar situações difíceis como aquela com que Rhea se deparou. Ela pressupôs que Aaron iria fazer o que tinha sido combinado. No entanto, ao deixar de lhe explicar as razões mais complexas do motivo pelo qual precisava de sua cooperação, ela perdeu a oportunidade de obter o entendimento dele e, sem isso, Aaron interpretou o pedido dela de permanecer em silêncio por determinado período como uma recomendação, e não uma expectativa.

Talvez o que tenha sido ainda mais crucial: ao deixar de pedir a Aaron que falasse a respeito de seu relacionamento com os clientes – especificamente, como ele havia desenvolvido uma relação de confiança com eles –, ela possibilitou que uma surpresa desagradável ocorresse, surpresa essa que poderia ter custado dinheiro à empresa e levado pessoas a perder o emprego. Se houvesse compartilhado os argumentos de suas decisões, talvez tivesse sido capaz de forjar uma solução, em conjunto com Aaron, que teria atendido às necessidades de todos.

Compartilhar pensamentos, sentimentos e razões de uma decisão deixa claro às pessoas que você confia nelas o bastante para que vejam o que existe dentro de você. Você pode demonstrar sua confiança e respeito pelas pessoas confiando suficientemente nelas para discutir essas questões. Isso as ajudará a compreendê-lo e irá encorajá-las a se abrir com você. E, à medida que a confiança e o entendimento aumentam, as pessoas se comunicam de maneira mais franca e eficaz.

Para entender como esse Princípio-chave funciona, imagine que você é um *iceberg* – uma parte sua está acima da superfície e pode ser vista pelas outras pessoas. Essa é a parte que você se sente mais à vontade em deixar aparente para que os outros a conheçam. No entanto, tal como ocorre com o *iceberg*, uma parte bem maior sua – seus motivos, convicções, emoções, pensamentos e razões – permanece imersa. Esse é o seu eu mais profundo. Deixar que as pessoas venham a conhecer essa parte mais profunda é no que consiste o Princípio-chave de Compartilhar.

Revele seus argumentos

O fato de você *revelar seus argumentos* ajuda as pessoas a entender e aceitar novas ideias ou decisões. Quando as pessoas sabem por que uma coisa foi feita, elas trabalham melhor, pois não precisam adivinhar nada – elas sabem de fato o que está acontecendo. Esse contexto ajuda todos a trabalhar melhor. É simples assim.

Andrew trabalhava para uma empresa de tecnologia como projetista. Na terceira vez em um único mês que chegou ao trabalho e foi informado de que os projetos de sua equipe tinham sido sumariamente redistribuídos para outras equipes, ficou zangado. O trabalho dele não prestava? Era esse o procedimento padrão? *Além de ninguém nos falar o que estava acontecendo, ou quando ou por que estava acontecendo, meu supervisor ainda me disse que me limitasse a executar o novo trabalho que estavam nos dando e parasse de ser tão "dramático"*, disse ele. Mas a impressão era de que todos mentiam para eles. *Tínhamos visto* [o nosso supervisor] *participando de reuniões antes que isso acontecesse, e era claro que ele não estava gostando nada da situação.*

E se o supervisor de Andrew tivesse dito: *Sei que estão frustrados com a maneira como estamos redistribuindo os projetos. E isso pode parecer aleatório ou dar a impressão de que não confiamos em vocês. Mas não é isso que está acontecendo. Vou contar a vocês o que estamos fazendo e por quê.* Esse argumento teria feito diferença? Temos certeza que sim.

Compartilhe pensamentos

Seu grupo se favorece quando você compartilha sua abordagem sobre tarefas, problemas ou situações, ou apenas seu conhecimento e opiniões a respeito de uma situação ou questão. No entanto, como você deve se lembrar de nossa discussão sobre o Princípio-chave do Envolvimento, é preciso buscar mais que determinar – por isso, compartilhe apenas ideias, opiniões e experiências que as pessoas possam expandir. Seja judicioso e tome cuidado para não passar por cima da ideia de outras pessoas ou monopolizar conversas.

Aproveite as chances de compartilhar sua experiência, particularmente quando isso incluir erros que você cometeu bem como o que aprendeu com eles. Se a experiência lhe ensinou uma lição que vai ajudar os outros, sem dúvida você deve trazê-la à tona. Revelações desse tipo são uma maneira poderosa de desenvolver confiança. O líder terá dificuldade em fazer os membros de sua equipe concluírem suas tarefas se não confiarem nele.

Eis alguns exemplos do compartilhamento de pensamentos:

- **Compartilhe uma experiência**: *Na primeira vez em que liderei uma reunião da equipe, passei muito tempo me preparando. Mas não me ocorreu pedir ideias a ninguém, por isso deixei escapar tópicos importantes.*
- **Compartilhe uma ideia**: *De modo geral, este é um plano sólido. No entanto, uma coisa que talvez seja interessante você levar em consideração é programar um intervalo entre os dois testes para fazer ajustes, e depois voltar a testar o produto melhorado.*

Compartilhe adequadamente seus sentimentos

A confiança é como o ar que respiramos. Quando ela está presente, ninguém se dá conta realmente. Mas, quando está ausente, todo mundo repara.

– Warren Buffett, presidente do conselho administrativo e CEO da Berkshire Hathaway Inc.

A maneira como você se sente com relação a um membro da equipe ou questão não raro vai estar imersa, lá no fundo do *iceberg*. E às vezes é muito difícil deixar que esses profundos sentimentos venham à tona.

No entanto, compartilhar sentimentos é uma excelente técnica para transmitir e construir confiança. Quando as pessoas percebem que você confia nelas o bastante para compartilhar seus sentimentos, ficam mais propensas a se abrir com você. Essa confiança mútua respalda o entendimento e bons relacionamentos de trabalho. Um exemplo: *Francamente, estou preocupado com relação ao fato de não usarmos o* feedback *que recebemos de nossos parceiros. Se não fizermos algumas das mudanças que sugeriram, eles podem deixar de nos apoiar no futuro.*

Como isso pode ser bastante desafiador para um novo líder, oferecemos aqui duas dicas: primeiro, quando compartilhar sentimentos, pense na possibilidade de começar por um aspecto realmente pessoal, como as emoções que está sentindo, decisões equivocadas que tomou no passado e as consequências imprevistas decorrentes, ou mesmo por alguma vulnerabilidade ou imperfeição sua. Revelações pessoais como essas ajudarão os membros da equipe e outras pessoas a compreendê-lo melhor. Elas também aprofundarão seu relacionamento com eles, ao mesmo tempo que ensinarão uma lição importante. Entretanto, assim como com relação a qualquer outra coisa, fique atento para não revelar nada inapropriado. Compartilhe apenas sentimentos verdadeiros que estejam *diretamente* relacionados com a situação e que causarão algum benefício às pessoas que escutem o que tem a dizer. Por exemplo, se todas as outras pessoas da equipe estiverem se queixando do novo processo de auditoria em toda a empresa, externar frustrações em um discurso pomposo de meia hora em uma reunião da companhia não será nem proveitoso nem apropriado a um líder. Em vez disso, reconheça a situação e seja solidário com os membros da equipe enquanto os ajuda a superar o problema.

Quer construir confiança? Faça algumas revelações

Novamente, temos que agradecer a Neil Rackham[1] por sua fundamental pesquisa sobre eficácia de vendas em empresas multinacionais. A pesquisa de Rackham concentrou-se no impacto do treinamento de habilidades de interação e na importância da motivação e de expor emoções durante conversas. Ele demonstrou

> que, para construir confiança, os líderes precisam revelar seus pensamentos e sentimentos. De acordo com sua pesquisa, confiar na liderança é requisito crucial para os funcionários, e o grau de confiança deles afeta a eficácia da organização e dos grupos de trabalho, a satisfação dos funcionários com a liderança e o nível geral de inovação. Mas tome cuidado. Você não pode se expor a pessoas que usarão as informações reveladas contra você, podendo até mesmo retirá-las do contexto adequado, nem fazer revelações quando for antiético. Se estiver em dúvida, repasse suas ideias com seu supervisor ou com o representante de recursos humanos.

Torne o ato de compartilhar uma parte ativa e contínua de sua vida bem como sua marca de liderança. As revelações feitas não devem se dar apenas como resposta a um incidente isolado. E, embora você possa se expor para um grupo, isso é mais eficaz quando feito individualmente. À medida que for interagindo com sua equipe ao longo do tempo, você encontrará cada vez mais oportunidades de compartilhar seus sentimentos e *insights* de maneira natural e autêntica.

Ponto de reflexão

Reflita sobre uma ocasião em que foi surpreendido por um acontecimento importante no trabalho. O que aconteceu? Como você se sentiu? O que seu chefe poderia ter compartilhado com você de antemão, que teria sido proveitoso? Como isso afetou seu relacionamento com ele daí em diante? E com seus colegas?

DICAS IMPORTANTES

Compartilhe pensamentos, sentimentos e argumentos *(para desenvolver confiança)*

- Revele apropriadamente sentimentos e *insights*.
- Apresente os motivos implícitos em uma decisão, ideia ou mudança.
- Certifique-se de que suas ideias, opiniões e experiências complementam – e não substituem – as dos outros.
- Seja sincero – revelar sentimentos verdadeiros desenvolve relacionamentos baseados em confiança e pode ajudar outras pessoas a encarar os problemas com base em uma nova perspectiva.

 Evitando armadilhas ao compartilhar coisas

Leia as seguintes declarações e escolha a melhor resposta.

P1. Nada que você revele a respeito de si mesmo será demais, porque compartilhar seus sentimentos é muito proveitoso para o desenvolvimento da confiança.

    A. Verdadeiro   **B.** Falso

P2. Se você deixar de apresentar os argumentos implícitos em uma decisão, ou até mesmo como se sente em relação a ela, você *(escolha a melhor resposta):*

    A. Corre o risco de aumentar a preocupação das pessoas, especialmente se a decisão for impopular.

    B. Deixa de fornecer às pessoas o conhecimento que elas precisam ter para implementar com sucesso a decisão.

C. Limita sua eficiência como líder.
D. Todas as respostas anteriores.

RESPOSTAS: **P1.** A resposta correta é B. É possível compartilhar além do que se deve. Sendo assim, tome cuidado para não se expor de modo inapropriado. **P2.** A resposta correta é D. Compartilhar a justificação por trás de uma decisão, opinião ou mudança oferece uma ideia àqueles que são afetados ou têm que implementá-la. Quando as pessoas sabem por que uma coisa foi feita, elas podem atuar com base em algo além de suposições ou, o que é pior, rumores. Isso aumenta a sua eficiência como líder.

Ofereça apoio sem retirar a responsabilidade
(para desenvolver o espírito de participação)

Este é o Princípio-chave mais objetivo do grupo. Na condição de líder, você precisa atribuir tarefas a diferentes pessoas, certificando-se de que elas estão executando o que foi solicitado. E você precisa também oferecer o apoio de que elas necessitam para serem bem-sucedidas. Sua função é garantir que todo o seu pessoal seja produtivo, engajado e trabalhe com sua capacidade máxima. Não é interessante retirar uma tarefa de alguém e transferi-la a outra pessoa, tampouco que você mesmo a execute. Isso não só diminuirá a autoestima da pessoa, desgastando o elo de confiança entre vocês, como também o deixará esgotado.

Este Princípio-chave diz respeito ao espírito de participação – ajudar os membros de sua equipe a realizar um trabalho significativo e ao mesmo tempo manter o senso de responsabilidade deles. Como você deve se lembrar de ter visto no Capítulo 2, líderes catalisadores levam outras pessoas à ação. Este Princípio-chave é uma tática crucial de liderança a ser implementada em sua jornada rumo a se tornar um catalisador que ajuda os outros a crescer e ser bem-sucedidos.

Um artigo clássico da *Harvard Business Review* intitulado "Who's Got the Monkey?" ["Que Tem o Macaco?"][2] ilustra muito bem esse assunto. O artigo conta a envolvente história de um gerente sobrecarregado que, involuntariamente, assumia todos os problemas dos subordinados diretos. Se, por exemplo, um funcionário tem um problema e o gerente diz: *Vou pensar a respeito e mais tarde falo com você*, o macaco acaba de saltar das costas do funcionário para as costas do gerente. O resultado final é um monte de macacos nas costas do gerente. Em vez de apoiar o desenvolvimento dos funcionários, ele assumiu toda a responsabilidade deles. Por quê? Provavelmente, porque pensou o seguinte:

- Vai ser mais rápido eu mesmo fazer.
- Bom, ele está mesmo ocupado demais para isso.
- Detesto deixar isso para trás. Adoro fazer esse trabalho. Mas vai ser só desta vez...

Quando um *grupo assume* uma tarefa, ele é responsável não apenas pela execução dela como também pelo raciocínio implícito nessa tarefa. Para cultivar esse senso de espírito de participação, uma declaração como a seguinte funcionaria às mil maravilhas: *Você já está trabalhando há meses com esse cliente e está extremamente qualificado para lidar com o problema. Sei que está preocupado com o atendimento de ligações enquanto trabalha com esse cliente. O que posso fazer para ajudar nesse ponto? Vamos achar alguém que possa cobrir o atendimento telefônico enquanto você realiza esse trabalho.*

Você pode evitar a tentação de assumir o controle se:

- Incentivar a pessoa ou membros de um grupo a identificar o tipo de apoio de que necessitam e até que ponto ele deve chegar. Não tente adivinhar nem aceitar como natural o fato de eles saberem aonde ir para pedir ajuda.
- Não partir do princípio de que *você* sabe qual a melhor maneira de abordar uma questão. A maneira como lidou com ela no passado talvez não seja apropriada neste momento.
- Não disser sim automaticamente quando alguém lhe pedir que assuma a responsabilidade. Embora você possa (e até mesmo o faça se sentir necessário e importante) assumi-la, esse talvez não seja o melhor caminho. Explore outras maneiras de oferecer ajuda que possibilitem às pessoas serem mais autossuficientes.

Você vai aprender muito mais a respeito dos aspectos práticos deste princípio nos capítulos de proficiência, onde apresentamos recomendações mais específicas a respeito da delegação, do *coaching* de outras pessoas e de reuniões de liderança.

DICAS IMPORTANTES

Ofereça apoio sem retirar a responsabilidade *(para desenvolver o espírito de participação)*

- Ajude os outros a pensar e a realizar coisas.
- Seja realista a respeito do que você pode fazer e cumpra seus compromissos.
- Resista à tentação de assumir o controle – mantenha a responsabilidade no devido lugar.

 Bom ou excelente?

Leia os seguintes pares de declarações. Em cada par, escolha a declaração que representa a utilização *mais eficaz* do Princípio-chave do Apoio.

P1. **A.** Como posso ajudá-lo a resolver seus problemas com John? Essa ideia de fazer os testes desde o início me parece boa.

B. Parece que você está tendo problemas com John. Posso tentar falar com ele se você achar que isso ajudaria.

P2. **A.** Sabe como lidamos com um problema semelhante na Tacar Corporation? Talvez seja interessante dar uma olhada nisso.

B. Vou verificar e ver se tenho algumas ideias.

RESPOSTAS: **P1.** A declaração A está correta. **P2.** A declaração A está correta.

Ao longo dos dois últimos capítulos, apresentamos os cinco Princípios-chave. Esperamos que você já esteja percebendo como eles podem ser uma ferramenta eficaz para atender às necessidades pessoais das pessoas durante as importantes conversas que você vai ter. Sobretudo, claro, seu objetivo é ser lembrado como o melhor chefe do mundo. Quando perguntamos a colaboradores o que os melhores líderes têm feito, eles nos contaram (veja a Figura 7.1). Não é de causar surpresa que os mais versados em usar os Princípios-chave tenham obtido classificação mais elevada.[3]

Figura 7.1   O que os melhores líderes têm feito?

Você se lembra quando lhe apresentamos antes as habilidades de que vai precisar para ser um catalisador e levar outras pessoas à ação? No próximo capítulo, veremos as Diretrizes de Interação, que apresentam maiores detalhes sobre como lidar com o lado prático do trabalho com outras pessoas para desenvolver planos de ação eficazes – algo crucial para qualquer líder.

O que estamos dizendo pode parecer um contrassenso, mas, para ter conversas mais rápidas e produtivas, você precisa desacelerar.

8 SEU ROTEIRO DE CONVERSAS DE CINCO PASSOS
Adote uma abordagem prática para obter resultados

Não que não estivéssemos tentando. Mas estávamos sempre pelo menos uma semana atrasados, não importava a tarefa.

John trabalhava em uma empresa de desenvolvimento de *software* que criava aplicativos para telefones celulares e outros equipamentos. Era uma empresa pequena, com menos de cinquenta funcionários. E John acabara de herdar uma equipe de projetos incrivelmente talentosa, embora os membros dela não fossem capazes de cumprir um prazo final nem mesmo para salvar a própria vida. Se trabalhar a noite inteira e xícaras com resíduo de café no fundo fossem medidas eficazes para o atraso, então o esforço se fazia claramente presente. *Sabia que parte do meu trabalho era reverter essa situação*, disse-nos ele. *Seria avaliado em função disso. Mas, além de fazer muitos discursos de estímulo e pedir às pessoas que trabalhassem até tarde, eu realmente não tinha a menor ideia de por onde começar.*

Nos dois capítulos anteriores, apresentamos os cinco Princípios-chave concebidos para ajudá-lo a compreender as *necessidades pessoais* das pessoas e como se dirigir a elas. Não tenha dúvida de que essas são habilidades de relacionamento fundamentais, que desenvolvem confiança e entusiasmo, despertando nas pessoas o desejo de apoiá-lo e endossar suas ideias. Mas essa conexão pessoal não é suficiente; existe a questão prática da realização do trabalho. Para conseguir isso, você precisa garantir que todas as pessoas entendam exatamente o que se espera delas, o que é mais difícil do que parece. Para que isso ocorra sistematicamente, é necessário um roteiro claro para as conversas que você tiver com os membros de sua equipe a respeito do trabalho que eles fazem – um roteiro que minimize erros de comunicação e expectativas não atendidas, e faça todos avançarem rumo à meta comum. Em outras palavras: você tem que satisfazer as *necessidades práticas* da equipe. Chamamos esse roteiro de *Diretrizes de Interação*.

As Diretrizes de Interação são um recurso para conceber conversas de maneira rápida, lógica e abrangente – do começo ao fim –, abarcando todas as informações específicas de que as pessoas precisam para executar suas tarefas. As Diretrizes também o ajudarão a confirmar que as pessoas compreenderam o que se espera delas. Usar esse recurso não precisa ser um bicho de sete cabeças; não é necessário seguir um texto ou fingir ser alguém que você não é. Essas técnicas são simples o bastante para serem incorporadas com facilidade na maioria das conversas. E, como as conversas que as empregam tendem a se manter no rumo, todos os envolvidos obtêm um claro plano de ação. O resultado é uma equipe mais feliz, bem-sucedida e participativa. Com tempo e dedicação, usar as Diretrizes de Interação se tornará algo quase instintivo para você.

Para atender a necessidades práticas, recorra às cinco etapas

Imagine que você está no lugar de John. É preciso ter uma série de conversas com os membros da nova equipe a respeito do trabalho que realizam e do que precisam para ser bem-sucedidos, mas também sobre o motivo que os leva a estar sempre atrasados. Para garantir que essa conversa transcorra com suavidade, nós o incentivamos a se preparar para ela concentrando-se em cinco etapas: *Iniciar, Esclarecer, Desenvolver, Concordar* e *Encerrar*. Para ter sucesso, é preciso abordar sistematicamente cada uma dessas etapas.

Mas espere um pouco, você pode dizer. Você mesmo está tão ocupado tentando compreender o que está acontecendo que, assim como John, nem sequer pensou sobre a reunião com antecedência. Não é algo incomum. Em vez de usar as cinco Diretrizes de Interação, muitos líderes tendem a minimizar, sabotar ou mesmo pular etapas. Vejamos como essa atitude pode se dar por meio de três cenários hipotéticos.

1º cenário (Saltar logo para uma solução): John poderia dizer: *Preciso conversar com vocês a respeito do projeto XYZ. Estamos com uma semana de atraso. O que faremos para retomar o rumo certo?* Apostamos como você reparou que ele pulou a etapa Esclarecer e saltou logo para a etapa Desenvolver. Ou, então, John poderia dizer: *Estamos com cerca de uma semana de atraso no projeto XYZ, e quero falar com vocês a respeito disso.* Um dos membros da equipe, por sua vez, poderia retrucar: *Eis o que vou fazer. Tenho tudo programado.* Nesse caso, o membro da equipe de John saltou logo para a etapa Desenvolver, pulando a etapa Esclarecer.

Repito que esse comportamento não é algo incomum. Em nossas avaliações de um dia na vida,[1] constatamos que os líderes de linha de frente pulavam essa etapa 50% das vezes. Quando os líderes saltam logo para soluções, deixam de entender o contexto da situação e perdem oportunidades de envolver outras pessoas. Além disso, as soluções ficam mais propensas a ignorar a causa básica do problema.

2º cenário (Não dar atenção às boas ideias alheias): John poderia dizer o seguinte: *Para podermos cumprir o prazo final no projeto XYZ, acho que precisamos pensar em obter certa eficiência no processo. Uma das ideias que tenho é...* Em outras palavras, as iniciativas de John deixaram de dar atenção (ou de aproveitar) as boas ideias de sua equipe, porque ele não se deu ao trabalho de identificar problemas e causas potenciais. Apenas seguiu em frente, apresentando as próprias soluções. Nesse caso, ele também não está sozinho; líderes de linha de frente, segundo nossas avaliações, recorreram às próprias ideias e saltaram a etapa Desenvolver em 54% das vezes. Ao fazer isso, os líderes privam sua equipe do espírito de participação, da aceitação e do empenho em encontrar uma solução. E, sem aceitação, a energia e o entusiasmo de uma equipe se enfraqueçam. Além disso, e o que é mais importante: ocorre uma reação em cadeia quando os líderes se apoiam excessivamente nas próprias ideias. Isso pode reprimir atividades empresariais que são cruciais, como inovação e melhoria contínua. Também pode inibir iniciativas mais seguras. Em resumo, se só uma pessoa (neste caso, John, o líder) apresenta ideias para a melhoria, alcança-se apenas um progresso limitado.

3º cenário (Encerrar rápido demais): quando líderes desenvolvem ideias com outras pessoas, não raro eles pulam a etapa Concordar e avançam logo para a etapa Encerrar. E, uma vez mais, as coisas dão errado. Por exemplo, dois dias depois da reunião, John pergunta a um dos membros da equipe: *E então, onde estão as informações?* E a pessoa, por sua vez, pergunta: *Que informações?* John faz uma pausa e lentamente responde: *As informações que você ficou de obter para mim.* Parecendo confuso, o membro da equipe retruca da seguinte maneira: *Não, John, eu disse que obteria as informações para você depois que falasse com Sergio.* Como se pode ver, John, que é mais voltado para a ação, tentou pegar um atalho, e sua conversa se deu em um processo de três etapas pouco eficaz. A título de informação, os líderes de linha de frente, na avaliação, saltaram a etapa Concordar em 43% das vezes.

O que estamos dizendo pode parecer um contrassenso, mas, para ter conversas mais rápidas e produtivas, você precisa *desacelerar*. Invista certo tempo no planejamento de suas conversas, para que possa estar realmente atento à sua equipe quando for conversar. Desse modo, você também se sentirá menos tentado a sabotar o processo, o que lhe possibilitará um entendimento completo da situação. Apenas você será capaz de adotar um verdadeiro plano de ação que surta efeito.

A Figura 8.1 mostra o Roteiro de Discussão, que representa as Diretrizes de Interação em um círculo. *Por quê?*, você pode estar se perguntando. Porque, para discussões com diversos assuntos, depois de Iniciar, você percorreria a sequência Esclarecer-Desenvolver-Concordar em cada questão a ser tratada, até ter abordado todas elas. Em seguida, você Encerraria. No caso de discussões com um único tema, você as percorreria em sequência, abordando cada diretriz uma única vez.

Figura 8.1   Roteiro de Conversas.

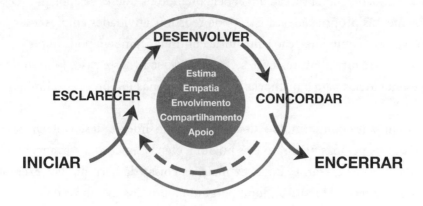

Agora, imaginemos que John fosse incorporar todas as Diretrizes de Interação em uma conversa com sua equipe.

Iniciar: o primeiro passo a ser dado por John é informar o assunto da reunião e por que ele é importante: *Bom dia. Quero falar a respeito do projeto XYZ, que está com uma semana de atraso. Precisamos retomar o rumo por dois motivos: o projeto é para um de nossos maiores clientes, e, se atrasarmos de novo, não cumpriremos o cronograma dos outros projetos. Quero falar com vocês a respeito disso e também do motivo pelo qual parecemos sempre estar atrasados.*

Esclarecer: o passo seguinte a ser dado por John é entender o que está acontecendo. Para isso, ele precisa ser ao mesmo tempo parceiro e detetive: *Por que vocês acham que estamos com uma semana de atraso? Podem me contar alguma coisa que está impedindo o cumprimento das metas?* John faz essas perguntas sem demonstrar grandes emoções nem culpar ninguém. Depois, ele faz uma coisa que muitos outros gerentes deixam de fazer: escuta. Com base no que escutar, poderá fazer mais perguntas sobre como o trabalho está sendo realizado e outras preocupações que as pessoas possam ter, que não foram abordadas. Ele poderá fornecer informações com base em sua experiência pessoal. E depois vai escutar mais um pouco. Se descobrir os obstáculos que vêm atrapalhando o sucesso da equipe – como falta de apoio de outros setores da organização –, ele presta atenção a esse detalhe. Essa etapa fundamental de Esclarecer ajuda John a entender bem melhor como é o trabalho para a equipe de maneira bastante prática.

Desenvolver: *ok, entendi. Há atraso devido a transferências de tarefas na equipe e também um pouco por controle de versão. O que podemos fazer a respeito? Como podemos voltar a ficar em dia com os projetos?* Mais uma vez, o segredo é escutar. Uma vez que John esteja certo de que entende o que está acontecendo e por quê, é hora de criar um plano para avançar no projeto. A tarefa de John é incentivar a equipe a compartilhar ideias e delinear os passos seguintes como grupo, com base na situação que foi esclarecida. Isso deve acontecer por meio de conversas. Ele também deve reunir um elenco de ações, que serão anotadas em um calendário.

Concordar: é nesta etapa que todos assumem um compromisso. *Então, o plano é o seguinte: Jane vai lidar com a formatação e Jason vai gerar os relatórios. E concordamos que minha tarefa é encontrar alguém no departamento de marketing que possa nos dar* feedback *quanto à parte escrita – esse foi um grande problema no passado. Tudo isso precisa ser feito até sexta-feira, certo?* Essa etapa é fundamental para a execução do novo plano de ação; o que for estipulado precisa estar claro, ser vinculado a uma data e constar por escrito. Se você não fizer isso, pode ter certeza de que muita gente estará coçando a cabeça com um olhar apático na próxima reunião, quando a equipe não tiver cumprido o combinado.

Encerramento: John precisa encerrar a conversa com um breve resumo. Uma medida inteligente é pedir a um dos membros da equipe que faça isso: *Alison, você é chefe do projeto. Pode resumir para nós os próximos passos, para termos certeza de que estamos realmente prontos para seguir em frente?* Enfim, John precisa verificar o estado de espírito da equipe: *Como vocês estão se sentindo? Será que nos esquecemos de alguma coisa? Podemos mesmo, daqui em diante, colocar as coisas de novo nos eixos?*

Necessidades pessoais e práticas – juntando tudo

Você vai encontrar os Princípios-chave no núcleo de nosso Roteiro de Conversas (Figura 8.1), porque o lugar deles é no centro de todas as conversas práticas de negócios. E não existe nenhuma maneira de prever quando eles serão necessários. Assim sendo, enquanto você conduz uma conversa apresentando itens práticos, esteja sempre preparado para abordar as necessidades pessoais de alguém quando apropriado. Caberá a você descobrir como adaptar suas conversas de modo a se afinarem com determinada pessoa. Para algumas, fatos serão suficientes. Para outras, talvez seja necessário empregar mais empatia a fim de garantir que se sintam valorizadas e compreendidas. As constantes conversas que você tiver com sua equipe vão prepará-lo para avaliar cada vez melhor o que cada pessoa precisa de você para realizar o melhor trabalho possível.

Juntos, os Princípios-chave e as Diretrizes de Interação o munirão das habilidades necessárias para uma eficaz condução de uma discussão. E esses recursos realmente fazem a diferença! Consulte a Figura 8.2 para verificar o resultado que vemos em líderes quando estes demonstram sistematicamente as essenciais habilidades de interação na administração de necessidades pessoais, fazendo perguntas eficazes e escutando com muita atenção o que outras pessoas têm a dizer.

Estilos comuns de interação de liderança

A DDI observou dezenas de milhares de líderes em situações comuns de interação. Com base em nossas observações e avaliações dos principais comportamentos de interação, identificamos uma série de estilos comuns de interação de liderança. Embora esses estilos sejam circunstanciais, muitos líderes exibem uma preferência por um ou dois deles.

Cada um desses estilos comuns de interação tem pontos fortes e fracos que lhe são inerentes. Por meio de um melhor entendimento do *seu estilo*, *você estará* mais bem munido para otimizar seus pontos fortes e administrar possíveis riscos.

Figura 8.2 Habilidades de interação fazem a diferença.

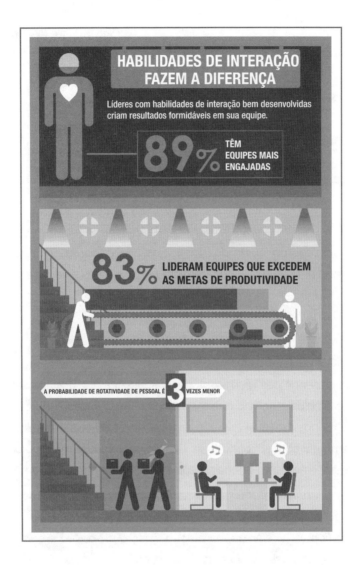

Com quais dos seguintes estilos você se identifica?

O SOLUCIONADOR DE PROBLEMAS sente a necessidade de resolver problemas em prol da outra parte. Ele poderá saltar logo para a apresentação da solução ou esclarecer a situação apenas para ajudar a identificar uma solução.

Dica: concentre-se em usar as etapas Esclarecer e Desenvolver das Diretrizes de Interação para entender melhor a perspectiva e as ideias da outra parte. Não deixe de incluí-las em sua avaliação da situação e no desenvolvimento das ideias. Concentre-se no envolvimento e ofereça apoio, ao mesmo tempo que toma cuidado para não retirar a responsabilidade.

O INTERROGADOR faz muitas perguntas (não raro utilizando em excesso perguntas fechadas). Ele se concentra geralmente em extrair fatos de uma situação, preocupando-se menos com os sentimentos. A outra parte pode se sentir ameaçada e relutar em revelar perspectivas ou ideias.

Dica: é preciso atribuir maior ênfase às necessidades pessoais da discussão por meio dos Princípios-chave, como aumentar e manter a autoestima, e compartilhar pensamentos e sentimentos, para evidenciar o envolvimento. Não deixe de pedir feedback e opiniões sobre suas ideias.

O FORMADOR DE RELACIONAMENTOS tende a se concentrar mais no relacionamento e menos nos resultados das discussões. Ele é muito sensível aos sentimentos alheios e talvez deixe de abordar as necessidades práticas da conversa. É menos provável que lide com questões difíceis. Não raro, ele pode confundir empatia com solidariedade. Depois da conversa, as pessoas podem se sentir "bem", mas com poucas resoluções ou orientações em mãos.

Dica: é preciso atribuir maior ênfase às necessidades práticas da discussão por meio das Diretrizes de Interação. Não deixe de especificar com clareza, na etapa Iniciar, o propósito e a importância da discussão. No estágio Concordar, certifique-se de que as ações estejam claras e verifique o entendimento.

O QUE FALA SEM RODEIOS acredita que o desejo de todos é colocar as coisas em discussão para serem tratadas de imediato. Ele não está muito interessado em necessidades pessoais e descartará com rapidez quaisquer reações ou referências emocionais. Ele acredita que uma abordagem franca e "brutalmente" honesta seja a ideal. Recorre à apresentação de fatos e a argumentos comerciais para obter apoio para uma perspectiva ou ideia.

> **Dica:** *é preciso atribuir maior ênfase à utilização dos Princípios- -chave, em particular empatia e autoestima. É necessário reconhecer que os outros poderão não ser receptivos a uma abordagem direta e, em decorrência, vão precisar de um esclarecimento (etapa Esclarecer) dos fatos e sentimentos associados a um problema. Pense na possibilidade de usar essas habilidades essenciais em conversas individuais para discutir questões potencialmente sensíveis antes de ir para uma discussão aberta em grupo.*

O CÉTICO, seja consciente ou inconscientemente, parece questionar as intenções da outra parte. Tende a favorecer o que foi testado e aprovado, e ficará menos aberto a explorar abordagens criativas ou alternativas. O cético tem propensão a usar muito as perguntas do tipo *por quê*. Não é incomum a outra parte considerá-lo desafiador demais, excessivamente pessimista e pouco receptivo a novas ideias.

> **Dica:** *é preciso envolver mais a outra pessoa por meio de perguntas abertas. Concentre-se em manter a autoestima da outra parte em resposta a ideias e opiniões oferecidas bem como manter-se aberto ao desenvolvimento de ideias de forma colaborativa. Pode-se usar o Princípio-chave de compartilhar pensamentos e sentimentos para desenvolver a confiança.*

O MOTIVADOR enfatiza aspectos positivos e oportunidades. Embora as pessoas possam se sentir motivadas e engajadas, não raro esse tipo de líder deixa as discussões carecendo de clareza com relação a medidas a serem tomadas e os passos seguintes. Além disso, perspectivas e ideias não são questionadas nem contestadas abertamente. A natureza positiva da conversa pode dissimular falhas inerentes de habilidade e confiança.

> **Dica:** *é preciso se concentrar nas etapas Esclarecer e Concordar das Diretrizes de Interação. A etapa Esclarecer ajudará a*

levantar todas as perspectivas (tanto positivas quanto negativas). A etapa Concordar garantirá clareza e responsabilidade para as etapas seguintes. Envolva a outra parte, ofereça apoio quando necessário e verifique continuamente o entendimento.

O IMPARCIAL evita se envolver emocionalmente nas discussões. Embora permaneça bastante neutro, é comum parecer distraído ou até mesmo desmotivado. Além disso, pode ser muito difícil compreendê-lo. Como resultado, os outros podem interpretar erroneamente suas intenções ou ações e chegar à conclusão de que ele parece não dar a mínima para o que está acontecendo.

Dica: *ouça com atenção, reconheça o que foi escutado e responda às emoções da outra pessoa por meio da empatia. Use declarações que estimulem a autoestima, para mostrar que você dá valor à perspectiva e às ideias da outra pessoa. Exponha as próprias ideias, para que a outra parte possa entender sua perspectiva. Desenvolva soluções de forma colaborativa e verifique a concordância com relação a ações e os passos seguintes na etapa Concordar.*

O "MARIA VAI COM AS OUTRAS" comumente espera que a outra parte assuma a liderança das conversas. Embora possa ser considerado agradável e aberto a novas perspectivas, em geral esse tipo de líder carece de autoconfiança e pode não estar disposto a compartilhar suas perspectivas ou ideias. Como resultado, com frequência deixará escapar a oportunidade de expressar seu ponto de vista, o que evitaria problemas difíceis, deixando as questões sem resolução.

Dica: *seja claro com relação à finalidade e à importância da reunião durante a etapa Iniciar. Nas etapas Esclarecer e Desenvolver, revele sua perspectiva e use o Princípio-chave de compartilhamento para ajudar os outros a entender sua perspectiva. Procure não usar envolvimento em excesso, e não deixe de encerrar a discussão informando ações e resultados com clareza.*

Planejamento de conversas

Você se lembra do líder que precisou ter uma conversa difícil com o filho de 15 anos? Para se preparar, ele usou um formulário, o Plano de Discussão, para poder refletir melhor sobre aquela conversa crucial. Você encontrará esta ferramenta essencial ao final deste capítulo. A Ferramenta 8.1 é uma das mais importantes para se usar no intuito de desenvolver conversas mais produtivas. Assim como os grandes oradores redigem seus discursos com antecedência (com frases completas ou apenas em tópicos, de acordo com a preferência pessoal), grandes líderes também planejam desse modo suas discussões. O Plano de Discussão precisa apenas de poucos minutos para ser completado, embora você obtenha com ele resultados impressionantes (nós garantimos). Ele o ajudará a planejar o que vai dizer em cada Diretriz de Interação (para atender às necessidades práticas) bem como a definir quando será necessário valer-se dos Princípios-chave. Esperamos que esse formulário se torne parte de sua prática regular de planejamento de conversas.

Em conjunto, os Princípios-chave, as Diretrizes de Integração e o Plano de Discussão desmistificam o que os grandes líderes fazem, ajudando-o a tornar tais tarefas parte de sua prática diária. Não estamos dizendo que você vai precisar planejar tudo o que vai dizer pelo resto da vida! Com o tempo, você desenvolverá o "músculo" da memória de conversação, usando com naturalidade as habilidades, sem precisar se concentrar nelas. No entanto, até mesmo executivos nos dizem que recorrem a seus Planos de Discussão quando precisam refletir sobre uma conversa difícil, por exemplo, quando precisam dialogar com um funcionário que venha tendo mau desempenho. O planejamento ajuda a garantir que eles de fato lidarão com o problema, transmitirão as mensagens difíceis, pedirão opiniões, reagirão de maneira apropriada e resolverão os principais problemas. Isso representa um ganho mútuo para as necessidades pessoais e práticas nas conversas!

É preciso praticar

Como Malcolm Gladwell comentou no livro *Fora de Série*, são necessárias 10 mil horas para dominar uma habilidade.[2] Você não levará tanto tempo para dominar as habilidades de conversação, mas vai adquiri-las com a prática. O autor comenta também que as *soft skills* são as *hard skills*.* (Também são as habilidades essenciais no trabalho, na família e na vida.) E dominar essas *soft skills*, às vezes chamadas de inteligência emocional, é, em última análise, *a coisa mais importante que você pode fazer para ter sucesso como líder*. Sim, o que acabo de dizer é verdade! Embora a inteligência seja importante, ela não é *a causa efetiva* que resulta em sucesso. De acordo com Daniel Goleman,[3] pai da inteligência emocional, o sucesso é composto por 33% de QI e 66% de QE (referente a inteligência emocional) para todos os cargos e níveis. Mas, se considerarmos apenas os líderes, esses percentuais sobem vertiginosamente. O sucesso para os líderes é composto por 15% de QI e 85% de QE.

À medida que for avançando em sua carreira de liderança, você terá diversas oportunidades de praticar conversas utilizando as Diretrizes de Interação e os Princípios-chave. Algumas fluirão melhor que outras. Mas pare um pouco para pensar no impacto dessas inúmeras conversas ao longo do tempo e como elas vão influenciar o que as pessoas dirão a respeito de sua capacidade de liderança. O que você gostaria que elas dissessem a seu respeito? Talvez algo assim:

EU, O LÍDER
Peça sobre você com duração de um minuto
Cenário: sala de descanso da empresa.
Um entrevistador entra e se dirige a um dos seus subordinados diretos.

Entrevistador: *O que você pode me dizer a respeito do seu chefe? Ele é um desses gerentes que fazem microgestão? Ao menos sabe seu nome?*

Subordinado direto: *Meu chefe nunca despeja um trabalho em cima de mim e depois simplesmente vai embora – mesmo que seja um projeto contínuo. Ele sempre verifica que tipo de apoio eu preciso e pergunta o que, na minha opinião, poderia melhorar as coisas. Ele realmente me compreende, a maneira como trabalho, as coisas que me interessam.*

---

* As *soft skills* são as habilidades interpessoais, enquanto as *hard skills* são as habilidades técnicas. A tradução literal de *hard skills* seria "habilidades difíceis", de modo que os autores fazem um trocadilho ao sugerir que as habilidades interpessoais, e não as técnicas, é que são difíceis. (N. dos T.)

        Embora ele não se guie por todas as minhas ideias, sempre pede minha opinião. E me diz a verdade – de maneira bem agradável. Quando ele toma decisões que me afetam, ele as explica. Posso nem sempre estar de acordo, mas pelo menos entendo por que ele as tomou. Mas, sobretudo, ele me faz sentir valorizado, com verdadeiras chances de crescer profissionalmente.

Entrevistador: *Ele parece ser um excelente chefe!*
Subordinado direto: *Com certeza!*

FIM

Plano de Discussão

Discussão com _____ Data _____
Assunto/Problema a ser discutido _____
_____

Princípios-chave (*para atender a necessidades pessoais*)

- ☐ **Estima**　　　　　　　　　　　　　　**MINHA ABORDAGEM**
  - Seja específico e sincero
- ☐ **Empatia**
  - Descreva fatos e sentimentos　　　Quais são os meus objetivos para esta discussão?
- ☐ **Envolvimento**
  - Suscite ideias por meio de perguntas
- ☐ **Compartilhamento**　　　　　　　　Como vou saber se atingi esses objetivos?
  - Exponha sentimentos e constatações para desenvolver confiança
- ☐ **Apoio**　　　　　　　　　　　　Que necessidades pessoais da pessoa/ equipe preciso levar em consideração?
  - Especifique o nível de apoio que você vai oferecer

Diretrizes de Interação (*para atender a necessidades práticas*)

Tempo
❏ 1. INICIAR
- Descrever a finalidade da discussão
- Identificar sua importância

❏ Sugerir procedimentos
❏ Verificar a compreensão

❏ 2. ESCLARECER
- Buscar e compartilhar informações a respeito da situação
- Tentar descobrir problemas e preocupações

❏ Sugerir procedimentos
❏ Verificar a compreensão

❏ 3. DESENVOLVER
- Buscar e discutir ideias
- Explorar recursos/apoio necessários

❏ Sugerir procedimentos
❏ Verificar a compreensão

❏ 4. CONCORDAR
- Especificar ações, inclusive planos de contingência
- Confirmar como acompanhar o progresso da situação e avaliar resultados

❏ Sugerir procedimentos
❏ Verificar a compreensão

❏ 5. ENCERRAR
- Destacar as características mais relevantes dos planos
- Fortalecer a confiança e o comprometimento

❏ Sugerir procedimentos
❏ Verificar a compreensão

Anotações pós-discussão

- O que eu disse ou fiz para usar as habilidades com eficácia?

- O que eu poderia dizer ou fazer para usar as habilidades com ainda mais eficácia da próxima vez?

Mas o primeiro passo para uma boa execução é começar a pensar de maneira diferente sobre sua definição de sucesso.

9 NADA MAIS IMPORTA SE VOCÊ NÃO OBTIVER RESULTADOS
Como executar com foco, mensuração e atribuição de responsabilidade

Kelly tinha a impressão de que era a décima quinta vez naquele dia que sua chefe entrava em crise.

O nome dela é Joan, mas nós a chamávamos de Rolo Compressor Estressado, nos disse Kelly. *Ela estava sempre mudando as coisas no último minuto, era completamente desorganizada e não tinha planejamento para nada. E tudo era igualmente importante e sempre uma prioridade. Sucesso? "Saberei quando me deparar com ele." Era isso que ela nos dizia!*

Joan tinha ideias incríveis, porém não era capaz de aplicá-las com eficácia no trabalho. Em sua defesa, é preciso dizer que o problema, em parte, vinha de cima. O chefe de Joan, um gerente do tipo "cada um por si", não dava a ela nenhuma orientação ou treinamento. Assim sendo, Joan cometia um erro comum entre líderes ansiosos e despreparados: ela evitava depender do apoio do chefe e dos colegas e, em vez disso, fazia uso da microgestão para administrar sua equipe. E, como se não bastasse, os piores hábitos de Joan floresciam exponencialmente quando ela estava sob pressão.

Essa crise em particular eclodiu por causa da preparação para uma apresentação interna que Joan faria a seu gerente e aos colegas dele, a respeito de possíveis novos ramos de negócios. Era evidente que se tratava de algo muito importante. No entanto, apenas poucos dias antes da data, Joan pediu à equipe que organizasse a apresentação em *slides*. Em seguida, na véspera da grande reunião, a "Rolo Compressor Estressado" veio à tona, assumindo o comando. *Ela começou a mudar os slides, reunindo palavras e conceitos que não faziam o menor sentido*, recordou Kelly. *Os membros da equipe não queriam que o nome deles fosse associado àquilo. Ela ia se dar muito mal.*

Depois de Kelly e seus colegas passarem uma noite inteira se digladiando com a chefe, que estava em pânico, e acertando os *slides*, Joan tomou uma decisão de última hora: eliminar todos os recursos visuais. Ela fez a apresentação com os membros de sua equipe, que estavam exaustos e fervilhando de raiva, do lado de fora da reunião a portas fechadas. Na primeira chance que teve, Kelly deixou o grupo. *Aquilo não ia melhorar nunca.*

O engraçado a respeito da liderança é que ela parece um assunto muito mais fácil quando falamos dela em uma entrevista de emprego, a examinamos em uma aula de treinamento ou até mesmo quando lemos a respeito dela em um livro. Mas os frequentes colapsos de Joan – e o dano subsequente à sua equipe – são uma ocorrência relativamente comum entre os novos líderes. A pressão de ter que entregar o trabalho – dentro do prazo final e do orçamento – pode ativar em um novo líder o modo de pânico. Quando se vir diante de seu primeiro teste de execução – ou seja, fazer que as coisas sejam realmente executadas –, também ficará tentado a ficar muito focado nas tarefas, descartando grande parte do treinamento e os bons conselhos que recebeu. Mas o primeiro passo para uma boa execução – em benefício próprio, da equipe, do gerente e da empresa – é começar a pensar de maneira diferente sobre sua definição de sucesso.

> Ponto de reflexão
>
>
> **Você é um Rolo Compressor Estressado?**
> Trabalhamos em um mundo global que está sempre conectado. É fácil equiparar "atividade frenética" a trabalho árduo. Mas na verdade não são a mesma coisa. Pense a respeito do que o faz ficar mais estressado no trabalho. Como lidar com essa situação antes que ela se torne um problema para os demais?

Não existe um "eu" nos "resultados": a equipe vem em primeiro lugar

Quando você era responsável apenas pelo seu trabalho, o que você fazia fluía com suavidade e estava sob controle. Você tinha prazos finais a cumprir, acordos para fazer, e pedia *feedback* apenas sobre você. Quando alguém elogiava seu trabalho, esse era um motivo evidente para celebração. Depois, você se tornou um líder, e as regras mudaram. Agora, você é responsável por enxergar as necessidades da empresa através de uma nova lente. Vai precisar saber como fazer que as coisas sejam executadas por meio de uma rede de contatos maior – a alta administração, seu novo grupo de colegas de trabalho e, é claro, sua equipe. (E é bem provável que mesmo você tenha que realizar alguma parte do trabalho.) Em termos mais práticos, você agora precisa entender o que constitui sucesso para sua equipe. Em vez de se concentrar apenas nas suas realizações, agora vai celebrar o fato de os membros da equipe terem atingido a meta deles ou ficar satisfeito quando alguém elogiá-los.

Em vez de se concentrar apenas nas suas realizações, agora vai celebrar o fato de os membros da equipe terem atingido a meta deles ou ficar satisfeito quando alguém elogiá-los.

Não existe uma fórmula mágica que explique como ser bom nas duas coisas, mas existem medidas que você pode tomar para aumentar significativamente suas chances de sucesso. No exemplo anterior, Kelly e seus colegas de trabalho eram capazes de entregar o que Joan precisava, mas em circunstâncias desnecessariamente estressantes e sem ter nenhuma certeza de que o trabalho árduo teria importância efetiva no cenário global. Joan era incapaz de fazer seu trabalho de modo a ter significado para todos os que trabalhavam com ela – especialmente sua equipe. Isso é algo que um líder experiente – alguém que sabe qual é a melhor maneira de ficar de olho em *como* os subordinados diretos estão realizando o trabalho deles – deveria saber. Essa é a parte do "arregaçar as mangas" na liderança. Do ponto de vista empresarial, isso se chama *execução*. Mas, na verdade, tudo diz respeito à obtenção de resultados.

Elementos essenciais da execução

No Capítulo 4, falamos a respeito de sua marca de liderança e de como conversas autênticas que você trava com as pessoas são fundamentais para uma equipe verdadeiramente engajada. Os Princípios-chave e as Diretrizes de Interação apresentados nos Capítulos 6, 7 e 8 o ajudaram a lidar com as necessidades pessoais e práticas das pessoas com quem você trabalha. Agora, eles serão uma parte importante nos domínios da execução.

Neste capítulo, avançaremos um pouco mais. Trata-se de algo mais abrangente que travar conversas com sua equipe. Um ecossistema empresarial maior está em ação nesse caso, e você vai precisar trabalhar com sua rede de contatos, interagindo com seu chefe, colegas, clientes, vendedores e, é claro, seus subordinados diretos. Cada um desses grupos tem as próprias necessidades e prioridades, que desempenharão um papel significativo em termos de com quanta competência você executa as coisas.

Será necessário criar um ambiente de trabalho no qual se concentrar em resultados e obtê-los se torne quase algo instintivo para você e sua equipe. Isso é conhecido como *cultura de execução*. Para que isso ocorra, você precisa aprender a aplicar os três elementos essenciais do que chamamos de *estratégia de execução* (Figura 9.1) e viver de acordo com eles.

Figura 9.1   Três elementos essenciais.

Foco
Colocar as prioridades
decisivas em primeiro lugar

Mensuração
Acompanhar o progresso da
situação e avaliar resultados

Atribuição de responsabilidade
Atribuir trabalho e responsabilidade

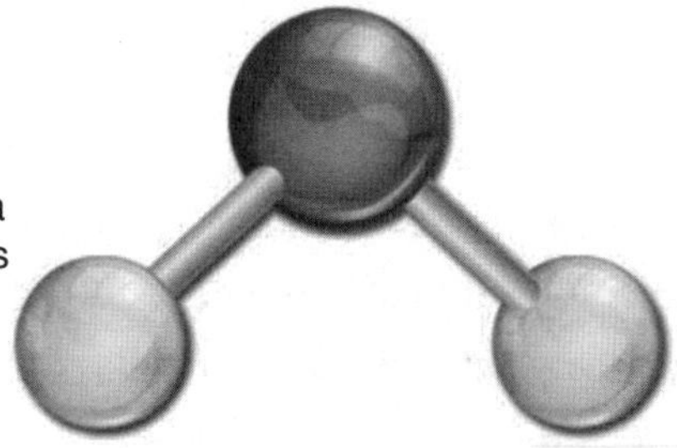

Chamamos foco, mensuração e atribuição de responsabilidade de elementos essenciais por um motivo. Pense em suas aulas de Ciências dos últimos anos do Ensino Fundamental. Os elementos essenciais são os que fazem parte de todo sistema vivo. Sabemos que a fórmula da água contém dois elementos: hidrogênio e oxigênio. Ambos precisam estar presentes na quantidade correta para que a água – H_2O – ganhe existência. Isso também se aplica à estratégia. Se um único elemento estiver ausente ou for insuficiente, a execução não ocorre, e qualquer estratégia que você possa ter concebido vai fracassar.

Repare que dissemos "vai fracassar", e não que "poderá fracassar".

Mesmo que sua equipe consiga atingir algumas metas, como no exemplo de Joan, isso não terá acontecido por causa da estratégia que você criou. Ao contrário, terá ocorrido porque as pessoas se colocaram à altura das circunstâncias apesar de todos os obstáculos. Executar uma estratégia significa poder ficar de olho no trabalho que sua equipe realiza, mas também buscar novos sucessos.

Assim sendo, comecemos por descobrir onde você está agora. Complete a seguinte autoavaliação (Ferramenta 9.1), que o ajudará a dar uma olhada sincera no que precisa saber a respeito da estratégia de execução.

Até que ponto sou competente na execução?

Leia as declarações de cada elemento essencial. Em cada uma, circule o número que melhor representa a frequência com que pratica atualmente essa ação. Use a escala de pontuação apresentada a seguir. Responda com franqueza a fim de reconhecer seus pontos fortes e as áreas que precisam ser melhoradas. Some sua pontuação em cada elemento, escrevendo o total na linha fornecida.

Escala de pontuação:
1 = Raramente ou nunca 2 = Às vezes 3 = Frequentemente 4 = Sempre ou quase sempre

FOCO				
1. Invisto meu tempo e energia nas poucas prioridades mais cruciais que minha equipe tem a responsabilidade de alcançar.	1	2	3	4
2. Informo aos membros de minha equipe quais são nossas prioridades mais cruciais e como elas respaldam as metas da organização.	1	2	3	4
3. Quando me distraio com algum outro assunto urgente, volto rapidamente a me concentrar, com minha equipe, no que é importante.	1	2	3	4
4. Costumo antever possíveis obstáculos e preocupações.	1	2	3	4

TOTAL: _____

MENSURAÇÃO

5. Mensuro as coisas certas, pois assim saberei quando minha equipe atingiu nossas prioridades.	1	2	3	4
6. Utilizo sistematicamente marcos e metas para ajudar minha equipe a determinar o que talvez precise de ajuste.	1	2	3	4
7. Estabeleço prazos finais e definições claras de sucesso para o trabalho de alta prioridade.	1	2	3	4
8. Deixo nossas prioridades e o progresso rumo a elas transparentes para os membros de minha equipe.	1	2	3	4

TOTAL: _____

ATRIBUIÇÃO DE RESPONSABILIDADE

9. Tomo medidas para que cada ação necessária a fim de alcançar nossas prioridades seja executada pelo membro certo da equipe.	1	2	3	4
10. Estabeleço procedimentos de monitoramento e acompanhamento com os membros da equipe responsáveis pela tarefa em questão.	1	2	3	4
11. Forneço o *coaching* e o *feedback* necessários para que os membros da equipe atinjam nossas prioridades.	1	2	3	4
12. Para cada membro da equipe responsável por determinada tarefa, comunico desde o início as consequências (tanto pessoais quanto organizacionais) de ter êxito ou não no trabalho.	1	2	3	4

TOTAL: _____

Que elemento obteve o *maior* total? _____
Que elemento obteve o *menor* total? _____

Como você se saiu? Ficou surpreso com os resultados? Se for como a maioria dos líderes iniciantes, provavelmente teve uma classificação menor do que esperava nos três elementos. Ou então, se tiver um pouco mais de experiência, deve estar pensando: "Nossa! Nunca soube quanta atenção precisava dar à mensuração". Este capítulo está repleto de informações, ferramentas, dicas e exercícios que o ajudarão a desenvolver as habilidades e táticas de que vai precisar para executar uma estratégia de maneira sistemática e segura. Você constatará que será proveitoso usar alguns desses recursos, como o diagrama de radar (Ferramenta 9.4), ao longo de toda a sua carreira.

Foco

Coloque as prioridades cruciais em primeiro lugar

Ser um líder pode ser algo opressivo (deveríamos lhe contar alguma coisa que você ainda não saiba, não é mesmo?). O mundo inteiro conspira para desviá-lo de seu foco. Todos precisam da sua atenção imediata: sua família, seu chefe direto, o chefe indireto, colegas e sua equipe. E, desde o momento em que acorda até a hora em que efetivamente se desconecta de sua rotina (o que, para alguns de nós, pode ser por volta de meia-noite), você é bombardeado por solicitações de outras pessoas, que esperam conseguir convencê-lo a colocar a emergência delas na frente das suas. Vamos dar apenas um exemplo: em média, somente 10% dos e-mails estão relacionados às tarefas mais cruciais que um líder precisa realizar.[1] Todos os que trabalham no mundo moderno vivenciam essa tirania da urgência. Cabe a você separar o que é urgente daquilo que de fato é importante realizar. Surpresa: agora você também precisa aplicar isso à sua equipe.

Mas eis o pior cenário possível. Seu chefe lhe entrega as metas dele para o ano. Você concorda com o fato de essas serem as reais prioridades para você e sua equipe. Agora, volte no tempo uns doze meses, quando estava em sua avaliação de desempenho. Então, será preciso declarar timidamente: *Oh, não, como o tempo passou tão rápido? Não conseguimos tratar desse assunto.* É neste instante que você tem a impressão de ter um "F" (de "fracassado") gigante gravado na testa.

Três possíveis caminhos

Então, o que pode ser feito? Você tem três escolhas:

1. Transformar-se em um zumbi enlouquecido, cambaleando improdutivamente ao longo da vida enquanto boas ideias, solicitações de reuniões e e-mails atingem proporções épicas à sua volta. Essa opção traz o benefício adicional de propagação. Seu comportamento lunático se dissemina para o trabalho dos outros, passando adiante a maldição do zumbi.
2. Você efetivamente se encarrega de uma quantidade cada vez maior de trabalho e se arrasta penosamente adiante, martirizado e exausto. Isso tem um efeito depressivo com o tempo, que adiciona um ar dramático à situação.
3. Descobrir o que é importante e *focar* seu tempo em prioridades claras.

Nesta seção, vamos ajudá-lo a escolher o caminho certo. Mas, primeiro, pare e dê uma olhada nos adoráveis vídeos de gatos no YouTube!

(Se você se deixou seduzir por eles, comece a ler este capítulo de novo.)

Distrações

O que faz as pessoas perderem o foco no trabalho? Líderes que treinamos confirmam o que já sabíamos há muito tempo: é a enorme quantidade de trabalho, recursos limitados e um mundo sempre conectado, no qual clientes, vendedores, parceiros e colegas podem entrar em contato conosco a qualquer hora do dia – coisas como as elencadas a seguir:

- mudanças causadas por exigências externas;
- problemas urgentes que desviam nossa atenção das prioridades;
- prioridades concorrentes – outras pessoas querem parte de nossos recursos;

- clientes que precisam de respostas rápidas, não importando outros trabalhos que possamos ter;
- o próprio volume de trabalho a ser executado; recursos limitados.

Portanto, para corrigir a influência dessas constantes distrações, é preciso ter foco. Claro que é mais fácil dizer isso que fazer. Quando você e sua equipe estão focados em algo, você toma medidas de modo sistemático, e investe tempo e energia no que é mais importante para a realização das metas da empresa, ao mesmo tempo que equilibra suas necessidades operacionais diárias, exigências de clientes e questões financeiras.

Focar significa:

- priorizar algumas metas importantes, repassar essa concentração para os membros da equipe e lembrar periodicamente a eles esse fato;
- conceder a essas metas mais atenção, revisões e discussões, porque são as mais cruciais para o sucesso da equipe e da organização.

Eis uma oportunidade de identificar o trabalho de prioridade mais elevada que você deve realizar por intermédio da equipe em seu ciclo empresarial. Procuramos aqui coisas de grande monta, como reduzir o tempo de processamento nos pedidos de clientes ou atender com mais eficiência às necessidades do contingente de pessoal – isso requer foco estratégico. Depois, utilize a Ferramenta 9.2 para identificar suas três principais prioridades. Por que três? Os especialistas em execução afirmam que você não pode ter um número de áreas de foco superior aos três lados de um triângulo. (Essa é uma excelente metáfora – o triângulo é a forma geométrica mais poderosa para resistir aos colapsos causados pela distorção.) Em seguida, preste atenção a como elas se alinham com as metas de negócios mais amplas da organização. Se você não conhece as metas de negócios da sua organização, departamento ou unidade de negócios, uma conversa com seu gerente poderá ajudá-lo a confirmar ou ajustar suas suposições.

Como identificar suas principais prioridades

Instruções:

1. Relacione à esquerda as três prioridades principais de sua equipe.
2. Em seguida, associe essas prioridades às metas empresariais mais amplas da equipe, do departamento ou da organização, anotando-as à direita.
3. Recorra aos exemplos que seguem para orientação.

Observação: este é o exercício mais importante deste capítulo. Não deixe de fazê-lo! Trata-se de uma boa oportunidade para documentar as principais prioridades de sua equipe – o primeiro passo crucial para esclarecer metas e impulsionar foco.

Prioridades mais cruciais de minha equipe	Metas da organização, departamento ou unidade de negócios
(Exemplo) Integrar bancos de dados tecnológicos (financeiros, registros de clientes, sistemas de recebimento de pedidos) em toda a empresa.	Aumentar a eficiência operacional nos sistemas contábeis.
(Exemplo) Aumentar a classificação geral do serviço de atendimento ao cliente no balcão de recepção para 95% Satisfeitos ou Muito satisfeitos.	Melhorar a primeira impressão dos clientes na iniciativa de serviço ao Cliente em Primeiro Lugar.
1.	1.
2.	2.
3.	3.

Agora, examinemos com mais atenção o papel que o foco desempenha, tanto no seu sucesso quanto no da sua equipe. Por exemplo, sempre ouvimos líderes dizendo coisas como: *Estou tremendamente ocupado*. No entanto, estar ocupado não significa estar focado. Na realidade, os tipos de atividade que o deixam tremendamente ocupado podem minar seu foco, desviando-o das metas de execução. Em essência, essas atividades (planejar, executar tarefas administrativas, programar e assim por diante) nos ajudam a gerenciar nosso trabalho e são significativamente diferentes de interagir com outras pessoas para fazer com que as coisas sejam realizadas. Na realidade, a interação é muito mais crucial que o gerenciamento para a liderança bem-sucedida, e resulta em um número menor de efeitos prejudiciais. O foco mais intenso no gerenciamento conduz a menor satisfação no emprego, maior rotatividade e líderes menos engajados. A Figura 9.2 do *Global Leadership Forecast* (2014) mostra como os líderes entrevistados distribuem o tempo deles. Você poderá ver que, atualmente, eles passam o dobro do tempo gerenciando em vez de interagindo.

Figura 9.2   Interação *versus* gerenciamento.

Como é a distribuição do seu tempo? Todos nós gastamos tempo em reuniões, e lendo e enviando e-mails – essas tarefas podem consumir um tempo monumental! Vamos olhar mais à frente e pensar sobre o tipo de trabalho que elas respaldam. Por exemplo, você pode passar 25% do seu tempo em reuniões, mas, se as reuniões possibilitarem o progresso nas áreas de foco que você relacionou anteriormente, trata-se de uma coisa positiva. Por outro lado, se você passa horas lidando com e-mails que não impulsionam suas prioridades, essa é uma questão diferente... e algo que você precisa direcionar melhor. A Ferramenta 9.3 o ajudará a determinar as atividades que consomem comumente a maior parte do seu tempo.

Como o meu tempo está distribuído?

1. Marque na tabela a seguir as atividades (primeira coluna) às quais regularmente você dedica pelo menos 10% do seu tempo em uma semana comum. Se necessário, acrescente outras atividades relevantes no final da lista.

    Observação: "Comparecer a reuniões" e "lidar com e-mails" foram deliberadamente deixados fora da lista. Compute o tempo que você gasta em reuniões e lidando com e-mails levando em conta o trabalho que eles respaldam.
2. Estime o percentual de tempo total gasto (segunda coluna) com os itens marcados durante uma semana comum. As porcentagens não precisam totalizar 100%.
3. Para cada uma das atividades que mais consomem seu tempo, marque a escala abaixo de cada atividade que indica o grau em que seu trabalho respalda as prioridades assinaladas anteriormente.

Uma semana comum

Atividade   **% de tempo**

❏ Dar minha opinião especializada a outras pessoas.

[_____]   _____

Não é prioridade   Prioridade

❏ Produzir algum trabalho usando minha qualificação técnica.

[_____]   _____

Não é prioridade   Prioridade

❏ Trabalhar em uma equipe como colaborador individual.

[_____]   _____

Não é prioridade   Prioridade

❏ Resolver problemas técnicos.

[_____]   _____

Não é prioridade   Prioridade

❏ Intervir para resolver problemas de clientes.

[_____]   _____

Não é prioridade   Prioridade

❏ Desenvolver planos de projetos.

[_____]   _____

Não é prioridade   Prioridade

❏ Acompanhar cronogramas e prazos finais de projetos.

[_____]   _____

Não é prioridade   Prioridade

❏ Monitorar o desempenho dos membros de minha equipe e fornecer um *feedback* oportuno.

[_____]   _____

Não é prioridade   Prioridade

❏ Usar medidas de mensuração apropriadas.
(Por exemplo, monitorar a produção, a qualidade, as vendas.)

[_____]   _____

Não é prioridade   Prioridade

❑ Acompanhar tarefas delegadas a outras pessoas.

[_____]
Não é prioridade   Prioridade

❑ Intervir para resolver conflitos interpessoais.

[_____]
Não é prioridade   Prioridade

❑ Comunicar o progresso em determinada situação à minha equipe e aos principais *stakeholders*.

[_____]
Não é prioridade   Prioridade

❑ Remover obstáculos para facilitar o progresso de minha equipe.

[_____]
Não é prioridade   Prioridade

❑ Manter minha equipe informada sobre problemas da organização e do departamento.

[_____]
Não é prioridade   Prioridade

❑ Estabelecer processos de tomada de decisão e de resolução de problemas.

[_____]
Não é prioridade   Prioridade

❑ Administrar o orçamento.

[_____]
Não é prioridade   Prioridade

❑ Intervir para resolver problemas do processo.

[_____]
Não é prioridade   Prioridade

❑ _____

[_____]
Não é prioridade   Prioridade

❑ _____

[_____]
Não é prioridade   Prioridade

O que você descobriu?

- O que você descobriu a respeito da maneira como regularmente passa o tempo?
- Como a distribuição do tempo afeta sua capacidade de se concentrar em suas prioridades?
- Você marcou mais itens no início da lista do que no fim? Talvez tenha reparado que relacionamos as tarefas em ordem de *contribuição individual* para atividades mais relacionadas à liderança. Se você passa grande parte do tempo envolvido com atividades do início da lista, esse pode ser um indício de que você se encontra ainda em transição para a liderança.

Mensuração

Eis um ditado de acordo com o qual vivemos na DDI: *Não podemos controlar o que não mensuramos.* Ele encerra uma verdadeira sabedoria. Assim como uma bússola que o orienta na direção certa, medidas claras e objetivas são um indício de progresso. Elas o ajudarão a responder às duas perguntas seguintes: *Como saber se estamos no caminho certo?* e *Fomos bem-sucedidos?*

Não podemos controlar o que não mensuramos.

Às vezes, não é nada divertido ouvir a resposta. Mas as medidas lhe possibilitarão enxergar com mais clareza as metas de sua equipe e avaliar até que ponto sua situação está complicada, antes que seja tarde demais. Você não pode controlar o trabalho depois de consumado – é preciso mensurá-lo enquanto ele ocorre. E a execução dele depende do conhecimento – e não da *adivinhação* – de onde você estava, de onde está agora e de onde precisa estar.

No entanto, se você é como a maioria dos líderes com quem trabalhamos, a mensuração é uma lacuna na jornada rumo a se tornar um executor excepcional de estratégias e metas de sua equipe. Os setores de fabricação e saúde são bastante regulamentados, de modo que é fácil conseguir ferramentas de mensuração. Mas, no caso de um grande número de outros setores, a mensuração pode ser um desafio. Entretanto, como ela é um dos três elementos essenciais para seu sucesso na execução, não é algo que você "deveria fazer", e sim uma coisa que você "precisa fazer".

Eis outro ditado que vai lhe interessar: *Nem tudo o que podemos mensurar interessa para nós*. Vivemos num mundo alimentado por novas tecnologias, que nos permitem acompanhar os mais diferentes tipos de coisas. No entanto, mensurar os aspectos corretos de sua organização vai lhe permitir acompanhar e melhorar o desempenho de seus produtos, serviços, processos e operações. Esta seção o ajudará a determinar a quais medidas é preciso prestar atenção e o que fazer com as informações que obtiver.

Medidas de progresso e de resultado

Para ter sucesso, você e sua equipe precisam ser capazes de estabelecer medidas em duas áreas diferentes. Elas são chamadas de medidas de *progresso* e medidas de *resultado*.

- **As medidas de progresso projetam o futuro sucesso.** Elas o ajudam a avaliar sua capacidade de atingir uma meta ou objetivo.
- **As medidas de resultado são resultados finais.** Elas descrevem como será o sucesso.

As medidas de progresso (às vezes chamadas de *indicadores de tendência*) atuam como um diagnóstico em tempo real. Elas lhe fornecem o tipo de *feedback* e informação que pode levá-lo a confirmar se você se encontra no caminho certo; a mudar de rumo; ou a adotar medidas preventivas para evitar possíveis problemas. Bons exemplos são o radar marítimo que os navios usam para detectar outras embarcações e obstáculos, e a contagem de ingestão diária de calorias para quem está tentando atingir um peso específico. Os indicadores de tendência dizem respeito basicamente a uma coisa: informam se você está no caminho certo.

As medidas de resultado (às vezes chamadas de *indicadores de resultado*) confirmam seu sucesso (ou não) depois que alguma coisa aconteceu – às vezes muito tempo depois. Em algumas ocasiões, quando os resultados não são o que você esperava, essa medida pode ajudá-lo a separar o que funcionou do que não funcionou, para que possa trabalhar visando um resultado diferente na próxima vez. Mas tudo isso está no passado – não há nada que possa ser feito a respeito agora. Quase todas as pessoas estão familiarizadas com o conceito das medidas de resultado. Na realidade, os exames pré-vestibular que você prestou são bons exemplos. Eles avaliam o quanto você absorveu da matéria do Ensino Médio. Um exemplo maravilhosamente mórbido é a autópsia – a medida suprema de resultado de como uma pessoa viveu e morreu. Mas, a não ser que você trabalhe em um necrotério, é bem provável que utilize coisas como relatórios trimestrais para mensurar os resultados de seu trabalho.

Parte do seu novo trabalho como líder é ficar de olho nos indicadores de tendência e de resultado que ajudarão sua equipe a ser bem-sucedida. Em alguns casos, esses indicadores poderão ser bastante evidentes. Em outros, talvez seja necessário você mesmo determinar alguns.

Segurança em primeiro lugar

Eis um bom exemplo: Troy é engenheiro, trabalha em uma organização de mineração canadense e dirige os projetos de segurança da empresa. Ele admite abertamente ser uma pessoa que acredita em números e mensurações. (Nosso tipo de pessoa.) Por levar tão a sério seu papel, desenvolveu uma abordagem em três partes para administrar ativamente o desempenho de segurança da mina. Cada parte tinha um nome e um conjunto independente de indicadores de progresso associado a ela: Liderança e treinamento, Sistema de gerenciamento de segurança e um ativo Sistema de responsabilidade interna.

Troy sabia que, se a organização e todos os departamentos completassem ativamente as atividades em cada indicador, estariam bem encaminhados para as metas de segurança.

A Figura 9.3 mostra os marcos e metas e as ações que a equipe de segurança deveria executar segundo um Calendário de Segurança. Esses eram os pontos de maior importância para a empresa quando se tratava de acidentes relacionados à segurança nas minas: taxas de frequência, taxas de gravidade e taxas de incidentes com veículos. Elas funcionavam como medidas de progresso para Troy.

Figura 9.3   Exemplos de medidas de progresso.

A companhia já tinha coletado muitas informações a respeito do quanto atuava com segurança como organização, e essa informação poderia ser facilmente vinculada a resultados de segurança – coisas como tempo perdido, pedidos de indenização (médicos) de funcionários, incidentes com veículos a motor e danos à propriedade. Mas o problema era que esses dados estavam nas mãos da equipe financeira e do departamento de instalações da empresa, e não estavam sendo compartilhados com equipes essenciais, como a de Troy, que poderia se guiar por eles.

Porém, isso não foi um obstáculo para Troy. Ele criou dois recursos visuais que eram apresentados regularmente em uma tela de computador em refeitórios e cantinas, para ajudar a empresa a realizar melhorias no sentido de manter o foco nos resultados. Descobriu então que os resultados visuais – que ele atualizava com regularidade – motivavam a equipe. Eles atuavam como um lembrete tangível de onde a equipe se encontrava com relação às suas metas. Consulte as Figuras 9.4 e 9.5.

Figura 9.4   Exemplo de medidas de resultado.

Troy nos contou que nunca teria tido êxito nessa jornada de execução sem estabelecer marcos e metas para garantir que as medidas de resultado fossem alcançadas. Seus levantamentos de progressão eram realistas, específicos, facilmente observáveis, relevantes e, sobretudo, mensuráveis.

Figura 9.5   Outro exemplo de medidas de resultado.

Em consequência, todos os resultados de segurança ao longo de um período de cinco anos exibiram uma melhora substancial. Como Troy nos contou, *o trabalho foi intenso, mas foi o foco nas medidas que nos ajudou a atingir nossas metas e executá-las. Por causa da disciplina dos membros da equipe com a mensuração, pudemos examinar o roteiro de execução deles e fazer um planejamento adequado para contingências. Além disso, o mais importante é que nossa disciplina em relação à mensuração me ajudou a atender apropriadamente às solicitações do meu chefe. Muitas vezes, ele ia a uma conferência e ouvia uma nova ideia. Daí voltava e esperava que a implementássemos o quanto antes. No entanto, em geral, essas ideias consumiam nossa atenção, podendo nos desviar do caminho correto. Quero dizer, não gosto realmente de dizer "não", porque essa é uma palavra feia para se dizer a um chefe. Mas, se eu mostrasse para ele as nossas medidas [...], em vez de "não", estaria dizendo: "se alguma coisa tiver que ser deixada de lado... o que seria"?, ou:*

"Já avançamos 50% do caminho aqui; se retirarmos recursos, haverá o risco de um lapso no progresso que fizemos". As pessoas se tornavam muito mais compreensivas diante das informações que eu tinha para nos respaldar. A propósito, minha equipe ganhou um prêmio do presidente pelo esforço em salvar vidas e tornar nosso local de trabalho (quase) livre de acidentes.

Nós o encorajamos a traçar medidas para sua equipe e confirmar em conjunto a assertividade delas. Não se preocupe, você não precisa ser um viciado em mensuração para realizar essa tarefa. Só precisa examinar as mensurações em conjunto. Os seguintes indicadores, que servem de exemplo, poderão ajudá-lo.

Exemplo de indicadores

Se estiver tendo dificuldade para definir medidas de progresso, você pode escolher primeiro uma medida de resultado e depois pensar a respeito de quais marcadores, marcos e metas ou fatores de contribuição seriam necessários para alcançá-la. A seguir, alguns exemplos dessas medidas. (Embora a tabela mostre apenas uma medida de progresso relacionada a uma medida de resultado, eventuais medidas de progresso poderão ser adicionadas.)

Medidas de progresso......... o ajudam a alcançar .... medidas de resultado.
• Número de estatísticas de transferência entre equipes..... Novo tempo de ciclo do produto
• Taxas de erro .... Pontuações de qualidade
• Identificação de discrepâncias .... Aprimoramento dos processos
• Planos de desenvolvimento de funcionários.................. Retenção de pessoal fundamental
• Intervenções de coaching .... Desenvolvimento de habilidades dos funcionários
• Projetos-piloto .... Novos produtos
• Entrega no prazo .... Satisfação do cliente

Lembretes de mensuração

Os seguintes lembretes o ajudarão a traçar medidas relevantes, mensuráveis e executáveis para sua equipe.

- Quanto/Quantos?
- Quando?
- Quanto mais barato?
- Quanto melhor?
- Quanto mais rápido?
- Relacionado com quê?
- Implementado de que maneira?
- Com que nível de detalhe?

- Com que impacto?
- Usando quais unidades?
- Partindo de que princípio?
- Em que formato/método?
- Com quais informações?
- Que tipo de fonte de informações?
- Acompanhado de que maneira?
- Com que frequência deve ser atualizado?

Atribuição de responsabilidade

Designação de tarefas e reforço da responsabilidade

É comum os líderes terem dificuldade em definir expectativas e fazer as pessoas serem responsáveis por atendê-las. Na condição de novo líder, é sua função tornar as pessoas responsáveis da maneira apropriada e garantir que façam as coisas certas na hora certa.

Embora algumas pessoas pensem na atribuição de responsabilidade como algo negativo, quando ela é bem aplicada, quem quer de fato realizar algo a aceita, até mesmo acolhendo-a favoravelmente.

- A atribuição de responsabilidade reforça a importância da responsabilidade e da transparência das diversas funções em uma empresa.
- Atribuir responsabilidade aos outros requer sistemas que apoiem essa responsabilidade e a participação nos resultados.

Ponto de reflexão

Quem é responsável por cada tarefa importante em um projeto? Mesmo quando os membros de sua equipe trabalham juntos em alguma coisa, é fundamental que cada tarefa tenha uma pessoa a postos, responsável por fazer que o trabalho seja concluído a tempo e de acordo com padrões de qualidade bem definidos.

Atribuir responsabilidade às pessoas sempre foi algo difícil; hoje, porém, isso é mais difícil do que nunca. Nossa abordagem moderna pode ser muito mais complicada. Por exemplo, muitas organizações que são a empresa matriz têm responsabilidades conjuntas, e reina a confusão na ocasião de determinar quem, na verdade, é responsável por concluir o trabalho.

Eis um exemplo comum. Digamos que uma grande companhia química identifique o resultado bruto do produto (aproximadamente, a diferença entre o dinheiro que entra e os custos de realizar o negócio) como responsabilidade conjunta dos departamentos de marketing e de vendas. Concentrar-se no dinheiro é uma tarefa importante, certo? Mas é aqui que as coisas se complicam: o pessoal de marketing define os preços, mas o pessoal de vendas os altera quando precisa de liberdade de movimento para fechar uma venda. Embora ambos os departamentos sejam considerados responsáveis, nenhum dos dois tem autoridade para controlar plenamente o resultado – neste caso, o lucro. Somente papéis bem definidos e a atribuição de responsabilidade aumentam a probabilidade de se alcançarem os objetivos.

As melhores práticas para garantir a atribuição de responsabilidade

Mesmo que conflitos desse tipo estejam arraigados na organização para a qual você trabalha, existem coisas que você pode fazer. Seguem as quatro melhores práticas para fazer as pessoas assumirem responsabilidade.

1. **Torne *uma* pessoa responsável por cada medida de progresso.** Evite a responsabilidade conjunta, porque ela conduz à inação ou à confusão. (No entanto, em alguns casos, é apropriado que vários membros da equipe tenham uma medida individual idêntica, como uma quota ou taxa.) Se a tarefa for complexa (como o lançamento de um produto importante), é prudente atribuir diferentes responsabilidades para cada pessoa (por exemplo, alguém para o marketing, outra pessoa para a precificação, e uma terceira para o treinamento da força-tarefa). Cada elemento deve ter como responsável uma única pessoa, e o progresso deve ser mensurado separadamente.
2. **Comunique a atribuição de responsabilidade, inclusive as consequências.** Discuta suas expectativas com cada pessoa, inclusive as consequências (positivas e negativas) caso o trabalho fique além ou aquém dos parâmetros que você delineou.
3. **Defina métodos de monitoramento e/ou de acompanhamento.** Discuta com cada pessoa o modo como o trabalho será monitorado. Confirme que estará regularmente fazendo um acompanhamento, e incentive as pessoas a se manifestarem caso surjam obstáculos.
4. **Ofereça *feedback* e *coaching*.** Esclareça a cada pessoa que você fornecerá *feedback* e *coaching* para garantir que ela seja bem-sucedida em sua tarefa.

Não se preocupe, porque a seção de proficiência o guiará ao longo da atribuição de responsabilidade com os capítulos sobre gerenciamento do desempenho, delegação de tarefas, *coaching* e *feedback*.

Na condição de líder, você precisa demonstrar que é responsável e esperar o mesmo dos membros de sua equipe e dos demais membros da organização. Isso requer perseverança e foco. Mais do que nunca, você precisa ser transparente ao definir e acompanhar a mensuração, e eloquente a respeito de ver consumadas suas prioridades.

Diagrama de radar

Gostaríamos de apresentar uma ferramenta que o ajudará em sua execução de estratégia. Na realidade, ela coloca os três elementos de execução em um único lugar – as prioridades que você precisa *focar*, as *medidas* de progresso e de resultado associadas a essas prioridades, e a *atribuição de responsabilidade* para a realização do trabalho.

A *Ferramenta de Execução de Estratégia* lhe oferece um inventário abrangente de como você passa seu tempo dentro de determinado intervalo. É uma ferramenta mais avançada, por isso sinta-se à vontade para interagir um pouco com ela. Se tiver perseverança, os resultados que obtiver o ajudarão a ver como suas tarefas diárias se relacionam com:

- prioridades comerciais da organização;
- sua função de líder;
- suas metas e motivações pessoais.

Pense na possibilidade de compartilhar essa ferramenta com seu gerente quando vocês se encontrarem para discutir seu progresso. Ela também lhe dará um *insight* genuíno de como você gasta seu tempo, sendo um bom veículo para discutir maneiras de realizar melhorias, bem como de identificar tendências, preocupações ou quaisquer possíveis medidas corretivas, se necessário.

A seguir, você encontrará um modelo da Ferramenta de Execução de Estratégia. Em seguida, mostraremos como você pode usar o diagrama de radar como ferramenta permanente a fim de gerenciar seu trabalho. Você pode combinar com seu gerente um cronograma para repetir essa análise.

Ferramenta de Estratégia de Execução (Modelo)

Instruções:

1. No espaço a seguir, escreva as prioridades que você identificou na Ferramenta 9.2.
2. Assinale uma medida de resultado para cada prioridade.

3. Relacione as medidas de progresso para cada medida de resultado.
4. Escolha o círculo apropriado entre Rumo certo e Em perigo para mostrar o *status* dessa medida.
5. Assinale quem é responsável por cada medida de progresso. Se essa pessoa não fizer parte da sua equipe, faça um círculo em volta de "Ex" (de externo).

Prioridade 1:	Aumentar a lealdade do cliente.		
Medida de resultado:	Aumentar a satisfação do cliente em 5%.	Rumo certo Em perigo	
Medidas de progresso:	• Processar os pedidos de transações do cliente até 24 horas depois do recebimento.	○ ○ ⊘ ○	Quem: John Ex
	• Manter 97% ou mais da precisão das transações individuais.	○ ⊘ ○ ○	Quem: John Ex
	• Acompanhar as reclamações do cliente em até 24 horas	⊘ ○ ○ ○	Quem: Christy Ex

Prioridade 2:	Aumentar o número de novos clientes.		
Medida de resultado:	Aumentar a conversão de leads de marketing em oportunidades de vendas em 5%.	Rumo certo Em perigo	
Medidas de progresso:	• Qualificar um mínimo de 30 leads por mês.	⊘ ○ ○ ○	Quem: Rita Ex
	• Enviar pacotes de informações para novos clientes até 2 dias úteis após a solicitação.	○ ○ ⊘ ○	Quem: Anne Ex
	• Realizar 2 pesquisas de feedback por mês para identificar oportunidades de melhoria.	○ ○ ○ ⊘	Quem: George (Ex)

Prioridade 3:	Reduzir custos unitários globais dos negócios.		
Medida de resultado:	Reduzir custos de fornecedores em 10%.	Rumo certo Em perigo	
Medidas de progresso:	• Avaliar 15 novos contratos por mês.	○ ⊘ ○ ○	Quem: Sarah Ex
	• Reduzir o número de vendedores em 25%.	○ ⊘ ○ ○	Quem: Charles (Ex)
	• Renegociar 10 dos contratos de maior volume.	⊘ ○ ○ ○	Quem: Sarah Ex

Transfira um resumo abreviado de prioridades, medidas e nomes (com "Ex" se for relevante) para o diagrama seguinte, a fim de criar uma representação visual concisa.

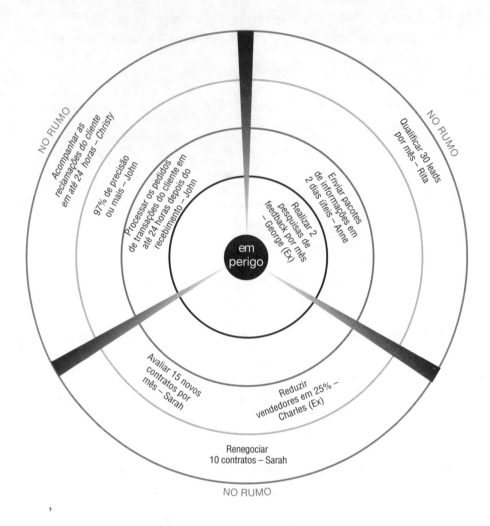

Excelente! Agora você está bem adiantado na trilha do foco, da mensuração e da atribuição de responsabilidade. Em outras palavras, se se manter assim, você será o Deus da Execução! O passo seguinte é manter ativo seu diagrama de radar; ele o ajudará a priorizar o que é importante/o que não é. Você deve até compartilhar isso com seu gerente, que pode ser quem mais o desvia de seu foco ou então seu maior aliado. O diagrama de radar pode ajudá-lo ainda a colaborar e estabelecer prioridades com seu gerente. Eis algumas dicas para a reunião com ele.

Como usar o diagrama de radar na reunião com seu gerente

1. Examine junto com ele onde você gasta mais tempo para determinar se está fazendo isso de maneira apropriada. *Dica*: certifique-se de que você realmente desceu a análise até o nível da atividade.
2. Tendo em vista sua equipe e as prioridades estratégicas da organização, determine se está gastando a quantidade de tempo adequada para impulsionar prioridades empresariais ou se está se concentrando em tarefas que minam sua energia ou que possam ser delegadas. Discuta por que você continua a se prender a essa tarefa e como poderia abandoná-la.
3. Determine se as prioridades precisam mudar ou se você precisa ajustar seu foco às atividades dentro de cada segmento.
4. Discuta como seu diagrama de radar atual se harmoniza com cada um dos seguintes itens.
   - Como você distribuiu apropriadamente as responsabilidades entre os membros da equipe?
   - O diagrama de radar está potencializando seus pontos pessoais fortes?
   - O diagrama de radar está em harmonia com seu plano de desenvolvimento pessoal?
   - Como ele reflete suas motivações pessoais?
5. Reflita periodicamente sobre o diagrama de radar e discuta os desafios para eliminar os *gaps* existentes.
6. Repita esse processo com seu gerente a cada três ou seis meses.

> Os líderes atuais precisam liderar equipes cada vez mais dispersas geograficamente, lidar com uma matriz com responsabilidades indistintas e relacionamentos de gestão de "linha pontilhada",* além de assumir uma grande parcela de trabalho para executar sua estratégia e atender às necessidades dos clientes. Isso significa que as organizações os vêm apoiando mais do que nunca, mas também que os desafios de foco se ampliaram.
>
> Se você está em uma matriz e é subordinado a dois gerentes, o diagrama de radar pode ser sua tábua de salvação. Nas estruturas do tipo matriz, a clareza de sua função situa-se, com frequência, na essência dos problemas de foco. Para abordar essa questão, o diagrama de radar e suas discussões garantirão que todos tenham compreendido o que se espera deles.
>
> E que o trabalho será realizado sem que você precise arrancar os cabelos.

Otimizando o diagrama de radar com sua equipe

A Ferramenta de Execução Estratégica é também uma excelente ferramenta a ser compartilhada com a equipe. (Temos conhecimento de uma gerente que ensinou os membros de sua equipe a usá-la por si mesmos, com excelentes resultados. Nas reuniões de atualização, eles conversavam sobre o progresso e o que os estava desviando da meta especificada.)

Sugerimos os seguintes passos para otimizar o diagramas de radar com sua equipe:

- Demonstre como utilizar um diagrama de radar mostrando um dos seus para os membros da equipe. Isso fornecerá a eles uma

---

* O relacionamento de gestão de linha pontilhada (em inglês, *dotted-line reporting relationship*), em oposição ao relacionamento de gestão de linha contínua (em inglês, *solid-line reporting relationship*), é um relacionamento mais flexível, mais fraco. O relacionamento de linha contínua é semelhante ao papel tradicional do gerente tradicional. O de linha pontilhada tem bem menos direito formal sobre o tempo e a atenção do colaborador. (N. dos T.)

orientação instrutiva e também desenvolverá a confiança dentro da equipe, porque você permitiu que vissem suas áreas pessoais de foco.
- Instrua cada membro da equipe a completar o diagrama de radar dele. Em seguida, individualmente, siga com cada pessoa o mesmo processo de desenvolvimento que seguiu com seu gerente (veja a seção anterior).
- Crie oportunidade para que os membros de sua equipe compartilhem os diagramas de radar deles entre si em uma reunião de equipe. Nesse meio-tempo, otimize o equilíbrio da carga de trabalho da equipe, potencialize oportunidades lógicas de colaboração, elimine redundâncias desnecessárias e preencha as lacunas na amplitude de abrangência. Isso pode ser especialmente importante depois do ingresso de um novo membro na equipe ou do ajustamento à perda de um deles.
- Elabore um plano de metas de seis meses para reavaliar a Ferramenta de Estratégia de Execução deles como equipe.

A calma durante o olho do furacão

A execução pode ser muito diferente em uma crise. Na realidade, com frequência, ela não requer esforço. A administradora de um hospital nos contou que seu estabelecimento era o único hospital infantil aberto depois de um furacão no Texas. Toda a equipe entrou rapidamente no modo de crise. Você pode imaginar como foi tendo em mente alguns programas de televisão que se passam em hospitais. Pessoas gritando, macas com rodinhas circulando em disparada e pacientes esperando para ser atendidos. Nesse modo de crise, a comunicação era clara, todo mundo se apresentava com prontidão, quadros de acidentados eram ativamente afixados e usados para o monitoramento do fluxo de cuidados aos pacientes e, o mais importante, todos sabiam exatamente quem era responsável por cada coisa. Esse é um tipo de fluxo raro no dia a dia do universo profissional, mas pelo qual vale a pena aspirar. Pratique e você chegará lá.

Segunda Parte:
Habilidades de proficiência e liderança

A princípio, fizemos uma declaração que merece ser repetida: a liderança extraordinária ocorre todos os dias, nos mais diminutos detalhes. Isoladamente, esses momentos podem não parecer dignos de nota. No entanto, se os reunirmos, com o tempo contribuirão para uma carreira de sucesso e uma vida feliz. Ao levar a sério sua jornada de liderança, você sempre desenvolverá tanto a sua capacidade quanto a das pessoas à sua volta. É aí que o real trabalho – e a satisfação – se revelarão para você.

Mas isso requer prática.

Pense nesta seção de proficiência como um guia prático para as situações que você vai enfrentar diariamente. Quando liderar reuniões, quando um colega nervoso bater à sua porta ou quando se perguntar se deve clicar em "enviar" e encaminhar aquele precipitado e-mail, você se pegará tomando (ou não!) uma série de decisões a respeito de como alcançar suas metas e manter a equipe confiante e engajada.

Os próximos capítulos dizem respeito ao seu comportamento – o que você precisará fazer, quando e por quê, para ser um líder bem-sucedido. Você se encontra em uma jornada para vir a ser o melhor líder que puder se tornar e cumprir seu legado de liderança. Mas não existe um botão mágico que o transformará instantaneamente em um líder perfeito. Você encontrará distrações inesperadas, desafios difíceis e experiências novinhas em folha.

Nos capítulos de habilidades de proficiência e liderança a seguir, você aprenderá a lidar com um conjunto de tarefas comuns de liderança, como fazer *coaching* para o sucesso, influenciar outras pessoas, selecionar novos funcionários e fornecer *feedback*. Há doze capítulos de proficiência, cada um deles repleto de dicas práticas que irão ajudá-lo a aplicar de imediato em seu trabalho o que você aprender nestas páginas. Adicionalmente, criamos ainda mais recursos para você *on-line*. A Terceira Parte, disponível no microsite "Your First Leadership Job" em inglês, inclui como bônus, capítulos e ferramentas, acompanhados de uma *checklist* que pode servir de "mapa de viagem" para seus primeiros meses como líder.

Esta seção de proficiência também está repleta de ferramentas que podem ser usadas repetidamente para planejar as conversas desafiadoras que você precisará ter. Incluímos ainda dicas de uso de tecnologia, que o ajudarão a se tornar um líder mais eficiente. A tecnologia não diz respeito apenas a trabalhar mais em um mundo que avança com rapidez; ela também se relaciona a manter ativa sua voz de liderança para sua equipe, colegas, clientes e pessoas com quem você se importa – mesmo quando não estiver em sua sala.

Existem milhares de livros sobre liderança – o dobro da quantidade de livros de culinária. Muitos são excelentes, mas a maioria fica mofando na prateleira. Muito pouco é efetivamente colocado em prática. Estamos contando com você para mudar isso. Se houver quatro ou cinco coisas que possa aplicar em sua rotina neste exato momento, teremos alcançado nossa meta. Se fizer isso, estará bem adiantado no caminho para se tornar um mestre da liderança!

Seu Primeiro Cargo de Liderança

Habilidades de proficiência e liderança
10 CONTRATE E SELECIONE O MELHOR
O comportamento é um prognóstico do comportamento

Pense: Preparação

Pense em uma ocasião em que você tenha sido contratado para um emprego ou escolhido para uma equipe, comitê ou conselho. Como foi o processo? Você se deu bem todas as vezes? O que faltava? O que foi um total sucesso?

Cerque-se dos melhores

O falecido guru dos negócios Peter Drucker disse o seguinte: *De todas as decisões que um líder toma, nenhuma é tão importante quanto as que ele toma a respeito das pessoas.*[1] Ele não estava errado. Quando as pessoas certas ocupam as funções certas, o desempenho sobe vertiginosamente. As conversas que você tem com sua equipe tornam-se produtivas e significativas, e sua empresa – bem como todos os que trabalham nela – se beneficia. Como declarou certo líder: *O segredo do meu sucesso é contratar pessoas muito mais competentes do que eu.* A intenção está perfeitamente correta. Mas a verdade é que a maioria não sabe identificar nem contratar as melhores pessoas que conhecem.

Essa informação é importante por diversas razões. Falando de modo conservador, uma decisão equivocada de contratação pode custar a uma empresa três vezes o salário da pessoa. Outras fontes calcularam o custo de uma contratação malsucedida como 24 vezes o salário-base do cargo.[2]

Mas para você, um novo líder, um erro de contratação pode ser imediatamente dispendioso, e não apenas do ponto de vista monetário:

- Sua credibilidade e capacidade de discernimento podem ser colocados em dúvida pela sua equipe, por colegas, gerentes, parceiros e clientes.
- É provável que a pessoa recém-contratada seja improdutiva, ineficiente e desengajada. Se ela aparecer para trabalhar, poderá ser incapaz de atingir as metas propostas. Essa é uma emergência para quem está na liderança.
- Você consumirá tempo, energia e dinheiro tentando contratar um substituto e depois integrá-lo à equipe.
- E, se não conseguir encontrar um substituto, deixar um cargo vago durante meses pode ser um pesadelo para administrar. Quem vai fazer o trabalho dessa pessoa?
- Você enfrentará um possível dano ao relacionamento com clientes e à imagem da marca, em especial se a pessoa que você contratou trabalhava diretamente com os clientes.
- Sua equipe poderá ter dificuldade em preencher as lacunas deixadas pela pessoa com mau desempenho e fazer o controle de danos com clientes internos e externos.
- Demitir alguém sempre é uma questão jurídica. As leis trabalhistas são complexas no mundo inteiro. Você gastará bastante tempo até entender como as leis se aplicam do princípio ao fim do processo.

As coisas não precisam ser dessa maneira. Você está em uma posição excepcional para influenciar decisões de seleção com inteligência. Este capítulo contém alguns dos desafios e melhores práticas para ajudá-lo a identificar as pessoas talentosas de que você precisa para atender às metas empresariais da sua companhia.

Armadilhas da seleção

Ao longo das quatro últimas décadas, treinamos milhares de gerentes para tomar as melhores decisões de contratação. Enquanto trabalhávamos com nossos clientes, começamos a documentar os erros mais comuns que eles cometiam. Alguns dos principais estão elencados a seguir.

1. Deixar de pedir informações completas e sólidas aos candidatos sobre as habilidades específicas necessárias para o sucesso na função.

Na realidade, se você pedir a um grupo de gerentes que estejam fazendo uma contratação para o mesmo cargo que identifiquem as exigências fundamentais para o sucesso, é bem provável que apresentem listas diferentes.

2. Interpretar erroneamente as informações dos candidatos.

Alguns gerentes bancam o psiquiatra amador. Tentar determinar uma característica oculta da personalidade ou talentos inatos de um candidato tende a desviar o gerente que está contratando do caminho correto. Pedir aos candidatos que descrevam a si mesmos em uma frase ou que designem três pontos fortes ou fracos tem o mesmo efeito. E fazer uma pergunta hipotética (por exemplo: "O que você faria se...?"), em vez de perguntar o que ele efetivamente fez, pode com facilidade induzir o gerente ao erro. O candidato explicar como lidaria com uma situação é muito diferente de ter efetivamente lidado com ela.

3. Desconsiderar a motivação para o emprego.

Muitos líderes que estão contratando tendem a se concentrar apenas nas habilidades do candidato, perguntando se a pessoa é capaz de executar o trabalho. Mas tão importante quanto é descobrir se o candidato está motivado para fazer o trabalho.

4. Permitir que preconceitos e estereótipos afetem o discernimento.

Os preconceitos do gerente que está contratando podem se refletir de maneira negativa ou positiva nas decisões por motivos que não têm nenhuma relação com as responsabilidades do cargo. Por exemplo, um gerente pode ter preconceito contra um candidato que tenha um corte de cabelo inusitado, que fez parte de determinados grupos na faculdade ou que compartilha interesses comuns com o gerente.

5. Tomar decisões erradas com base em primeiras impressões.

Tomar decisões rápidas com base em informações contidas na solicitação de emprego ou currículo, no traje ou até mesmo no aperto de mão da pessoa é uma atitude equivocada. A precisão diminui devido à perda de objetividade. Durante uma entrevista, as primeiras impressões decididamente não devem se tornar impressões duradouras.

6. Permitir que a pressão para o preenchimento do cargo afete o discernimento.

A pressão para que um cargo vago seja preenchido pode ser proveniente de várias fontes: o intervalo de tempo em que o cargo está vago, o grau em que os negócios ou recursos são afetados por isso ou o nível de atenção que a alta direção dedica ao fato. Sem alguma justificativa, uma decisão de seleção não deve ser tomada antes que todas as informações corretas sejam reunidas.

7. Deixar de promover as vantagens do cargo, da organização ou da localização do emprego para os candidatos.

Lembre-se de que é bem provável que os principais candidatos sejam altamente requisitados. Uma parte importante de qualquer processo de contratação é transmitir uma impressão positiva, tanto de sua pessoa quanto da organização. Eis a história de um candidato da área de TI: ele era muito requisitado e tinha recebido três ofertas de emprego. Decidiu não aceitar a que tinha sido feita pela empresa que ele preferia por causa da maneira insensível com que foi tratado no processo de entrevistas.

A entrevista: passando no teste

A entrevista continua a ser a principal ferramenta de tomada de decisão para praticamente todos os empregos no mundo – entre eles, aqueles para os quais você estará contratando. A entrevista é tão comum e esperada, que muitos líderes a aceitam como algo natural. Eles se consideram bons avaliadores de caráter e acreditam não precisar de um treinamento formal. A dura realidade é que nada poderia estar mais longe da verdade. Em uma pesquisa realizada com centenas de gerentes que estavam contratando, descobrimos que quase a metade deles passava menos de trinta minutos deliberando cada decisão de contratação – menos tempo que uma pizza leva para ser entregue ou que passamos assistindo a um programa de televisão favorito. Espantosamente, 44% se apoiam apenas na intuição para tomar uma decisão. Esse espírito de confiança excessiva conduz a pérolas do tipo: *Tudo o que eu preciso para ter certeza são dez minutos com um candidato* ou *Sou capaz de fazer de supetão excelentes perguntas em uma entrevista*. Finalmente, mais de 50% nunca tiveram nenhum treinamento formal para fazer entrevistas. Isso é péssimo. Líderes que recebem um treinamento formal têm probabilidade muito maior de sentir segurança na escolha que estão fazendo.[3]

Entrevistar é uma habilidade. O desenvolvimento de uma habilidade requer treinamento e prática. Você não pode desenvolver essas habilidades lendo um livro – ninguém pode. Nós o aconselhamos a procurar um treinamento formal para fazer entrevistas por intermédio de seu departamento de recursos humanos (RH) ou de opções *on-line*, publicamente disponíveis. Seguem algumas breves dicas para tornar sua entrevista e decisão de contratação definitiva mais eficazes.

1ª DICA: Mantenha o foco em habilidades, conhecimento e experiência relacionados ao emprego.

Simples, certo? Infelizmente, não. Muitos gerentes que contratam e suas respectivas equipes de RH deixam de identificar o que é necessário para um desempenho de sucesso em determinado cargo. Para piorar as coisas, as exigências existem, mas não são usadas como base do processo de entrevistas.

Como qualquer decisão que você já tenha tomado, saiba antes o que está procurando, certifique-se de que isso é relevante para o emprego e faça a entrevista com base nessas exigências. Uma história engraçada: uma das colaboradoras de Rich redigiu uma lista de critérios para um possível cônjuge e os utilizou para tomar sua decisão final. Eles estão casados e felizes há mais de uma década! No Capítulo 2, fornecemos um perfil de sucesso que o ajudará a elaborar perguntas para seu novo e provável contratado, cônjuge ou qualquer outra pessoa que esteja desejando selecionar.

2ª DICA: Use o comportamento para prognosticar o comportamento.

O melhor prognóstico de comportamento é o próprio comportamento. Quanto mais informações você conseguir reunir a respeito do comportamento (e das experiências) de uma pessoa, mais propenso estará a tomar uma decisão de contratação eficaz. Em uma entrevista, a maior parte de suas informações serão provenientes do passado do candidato. No entanto, o RH com frequência complementará os processos de contratação com simulações e testes, para ampliar as informações da entrevista. Como mencionamos anteriormente, líderes com frequência fazem perguntas hipotéticas, achando que assim vão testar a inteligência do candidato. Lamentavelmente, esses tipos de pergunta são indicadores deficientes de desempenho. Por exemplo, pedir a um candidato que defina o que é um bom trabalho em equipe é muito diferente de ouvi-lo falar a respeito da experiência efetiva dele como membro de uma equipe. Pesquisas comprovaram que entrevistas baseadas no comportamento são dezesseis vezes mais válidas que perguntas imprecisamente estruturadas, como as do gênero "O que você faria se...?".[4] Manter as perguntas concentradas no comportamento relacionado à vaga disponível evita ainda outro problema: tanto perguntas hipotéticas quanto as não relacionadas a um emprego específico não raro transgridem múltiplas leis trabalhistas.

A seguir, eis uma lista de algumas perguntas potencialmente perigosas do ponto de vista jurídico e sem nenhum sentido que, segundo alguns candidatos nos contaram, foram feitas a eles durante uma entrevista:

- O que você faria se eu lhe desse um elefante?
- Essa é a cor natural do seu cabelo?
- Você estaria disponível às vezes para cuidar dos meus filhos?
- Você é solteiro? Por quê?

A Ferramenta 10.1 oferece uma ideia melhor do que queremos dizer com "perguntas voltadas para o comportamento".

Fazendo perguntas voltadas para o comportamento

É importante fazer apenas perguntas que instiguem uma resposta elaborada a respeito do que o candidato fez no passado. Seguem alguns exemplos de perguntas desse tipo para três áreas essenciais: foco no cliente, construção de parcerias e orientação a resultados.

Foco no cliente

1. Fale a respeito de alguma ocasião em que tenha tido que reunir informações para entender melhor as necessidades/preocupações de um cliente. As informações fizeram diferença?
2. Descreva uma ocasião em que talvez tenha exagerado no que prometeu a um cliente. O que aconteceu?

Construção de parcerias

1. Fale a respeito de uma ocasião em que participou de algo com alguém de fora da equipe, que tenha se revelado benéfico para você e para ela. Quais foram os detalhes dessa experiência?
2. Pense em alguém do seu departamento com quem trabalhou e que o considera um bom parceiro. O que essa pessoa dizia a seu respeito?

Orientação a resultados

1. Alcançar metas exigidas no trabalho nem sempre é fácil. Descreva uma meta difícil que você tenha conseguido alcançar. Por que foi difícil?
2. Fale a respeito de uma ocasião em que tenha ficado muito satisfeito com o nível de desempenho de sua equipe ou unidade de negócios. Como os resultados foram alcançados?

3ª DICA: Procure as STARs.

A melhor maneira de manter sua entrevista focada em informações voltadas para o comportamento é usar um conceito simples, que chamamos de STAR.

"ST" corresponde à *situação ou tarefa* que o candidato enfrentou. O "A" corresponde à *ação* que o candidato executou. O "R" se refere aos *resultados* dessa ação. Examinemos com mais detalhes uma pergunta STAR que um entrevistador poderia fazer para descobrir o comportamento de um candidato no trabalho em equipe.

Pergunta do entrevistador:

Descreva uma ocasião em que tenha precisado trabalhar estreitamente com outras pessoas para concluir um projeto. Como você lidou com a inclusão dessas pessoas? Qual foi o resultado?

Resposta do candidato:

Eu estava trabalhando no lançamento de um novo produto que envolvia uma equipe de pesquisa e desenvolvimento e outra de vendas [S/T]. Para atender ao nosso cronograma, reuni uma equipe informal com um representante de vendas e uma pessoa de desenvolvimento de produto. Nós nos reuníamos uma vez a cada duas semanas para fazer o planejamento e lidar com problemas [A]. Foi realmente uma iniciativa em equipe. Fizemos o lançamento no prazo e encerramos com algumas ideias bastante criativas, graças à participação de todos [R].

Não espere que os candidatos lhe forneçam STARs completas sempre. Tampouco é de seu interesse fazer sempre perguntas no mesmo formato. A situação exige que você investigue mais a fundo, pedindo mais informações a respeito da situação/tarefa que a pessoa enfrentou, das ações que executou ou dos resultados alcançados.

A Ferramenta 10.2 apresenta alguns exemplos de STARs completas ou incompletas. À medida que avançar no exercício, identifique que componentes STARs estão ausentes.

Procure as STARs

Instruções: identifique o componente **STAR** ausente nas seguintes respostas do candidato. Use a seção "Respostas" a seguir para verificar suas respostas.

S/T = Situação/Tarefa **A =** Ação executada **R=** Resultado

1ª pergunta do líder: *Fale a respeito de alguma ocasião em que tenha trabalhado em um projeto com prazo final apertado. O que você fez para cumprir as datas previstas?* (O gerente que está contratando procura uma STAR para planejamento/organização.)
Resposta do candidato: *Estava trabalhando com uma equipe de TI para instalar um novo software de análise do cliente. Meu chefe estava sob grande pressão para cumprir uma data no final de agosto, deixando-nos com trinta dias. Na verdade, terminamos o projeto três dias antes do prazo.*
Que componente **STAR** está ausente?

2ª pergunta do líder: *Você pode me falar a respeito de uma das decisões mais difíceis que teve que tomar nos últimos dois anos? O que você fez para se sentir à vontade com sua decisão?* (O gerente que está contratando procura uma STAR para tomada de decisões.)
Resposta do candidato: *Pediram que eu recomendasse um tema de marketing para um novo produto que estávamos prestes a lançar. Examinei atentamente a concorrência e conversei pessoalmente com um grupo de clientes. Além disso, fiz algumas pesquisas on-line sobre tendências do mercado. Propus dois possíveis temas e depois fiz uma análise verificando os prós e os contras de cada um deles.*
Que componente STAR está ausente?

3ª pergunta do líder: *Ocasionalmente, todos precisamos trabalhar com pessoas que parecem ter a própria agenda, tornando difícil alcançarmos nossas metas. Você pode me dar um exemplo de um trabalho que fez com alguém com quem realmente não se dava, mas cuja ajuda e apoio você precisava? Como lidou com a situação?* (O líder está procurando uma STAR para influência.)

Resposta do candidato: *Levei Mary para almoçar a fim de discutirmos o projeto e como poderíamos trabalhar melhor juntos. Escutei atentamente o lado dela da história. Ela acabou se tornando uma excelente colaboradora.*

Que componente STAR está ausente?

RESPOSTAS: **P1.** O componente ausente é a ação. Não existe nenhuma menção ao que o candidato efetivamente fez para cumprir o prazo final. **P2.** Sabemos o que o candidato enfrentou e o que ele fez para tomar uma decisão. O que está faltando é o resultado dessa decisão. **P3.** Nesta resposta, temos a ação e um resultado. O que está faltando são informações básicas sobre a situação/tarefa.

4ª DICA: Entrevista para "farei" e também para "posso fazer".

Sem dúvida, as habilidades de um candidato e seu comportamento anterior são poderosos indicadores de desempenho. A decisiva satisfação no emprego, a retenção e o desempenho também podem depender de uma série de questões motivacionais, as quais, por sinal, incluem o relacionamento da pessoa com você! Vamos dar um exemplo: suponhamos que esteja contratando um colaborador para ajudá-lo a administrar um projeto complexo de alta visibilidade. O candidato pode ter excelentes habilidades de planejamento e, no entanto, detestar qualquer tipo de colaboração ou controle gerencial. Por ser uma pessoa muito independente, esse candidato talvez não seja o mais compatível com o cargo.

Entre os exemplos de facetas motivacionais estão o foco no cliente externo, a complexidade da função, propensão ao detalhe, a necessidade de uma promoção rápida e assim por diante. Como parte do processo de seleção, é sua responsabilidade avaliar a motivação para o emprego. Isso significa identificar facetas inerentes à função e correlacioná-las às motivações do candidato. No entanto, você não faz isso perguntando: *Você prefere um ambiente de trabalho diversificado ou um cargo que exija atenção aos detalhes?* Nove vezes em dez, a pessoa sabe por que você está fazendo a pergunta e responderá o que você quer ouvir. É interessante usar as mesmas perguntas comportamentais que descrevemos anteriormente. Por exemplo: *Fale a respeito de uma tarefa que tenha exigido grande atenção sua aos detalhes. Em que você estava trabalhando? Que tipo de resultados alcançou? Ficou satisfeito ou insatisfeito com a tarefa?*

A Ferramenta 10.3 o ajudará a identificar importantes facetas motivacionais, que você poderá então usar como base para determinar as perguntas que deseja fazer.

Motivação é importante

A pesquisa da DDI identificou trinta fontes comuns de satisfação ou insatisfação dos funcionários. Nós as chamamos de facetas motivacionais. No exercício a seguir, use a escala para determinar quais poderão prevalecer mais no cargo para o qual você deseja contratar. Algumas facetas tendem a prevalecer em uma única função, enquanto outras podem abranger múltiplas funções. Seu trabalho portanto é se certificar de reunir informações prévias, ou na entrevista, a respeito dos candidatos, para determinar a compatibilidade entre as motivações de um candidato e as oferecidas no cargo para o qual você está contratando.

Escala:
PO Poucas oportunidades disponíveis no cargo/organização.
AO Algumas oportunidades disponíveis no cargo/organização.
MO Múltiplas oportunidades disponíveis no cargo/organização.

Classificação	Facetas motivacionais
	Realização – enfrentar crescentes desafios no trabalho.
	Remuneração – receber um salário elevado ou uma generosa remuneração pelo trabalho.
	Complexidade – executar tarefas complexas ou trabalhar em projetos complexos.
	Aprendizado contínuo – aumentar o conhecimento e as habilidades quando as circunstâncias exigirem aprendizado adicional.
	Orientação ao detalhe – trabalhar em tarefas que exijam grande atenção aos detalhes.
	Reconhecimento formal – receber reconhecimento formal (dentro e fora da organização) por suas realizações.
	Tendência para a ação – orientado a ações fortes e proativas a problemas e oportunidades.
	Desafio ao *status quo* – ênfase em fazer perguntas e desafiar normas e procedimentos convencionais para obter avanços decisivos.
	Responsabilidade social – apoio e envolvimento em atividades comunitárias.
	Melhoria contínua – ênfase em processos, produtos e serviços que estão em constante melhoria e exploração de maneiras inovadoras de se executar as tarefas.
	Foco no cliente – ênfase em compreender, atender e exceder as necessidades do cliente, maximizando a satisfação dele.
	Cooperação interdepartamental – desenvolvimento de uma atmosfera de interdependência, colaboração e comunicação recíproca entre as divisões da companhia.

5ª DICA: Não faça tudo sozinho.

No final, a decisão de quem será contratado é sua. No entanto, assim como em qualquer decisão importante, a qualidade do processo melhora se outras pessoas estiverem envolvidas. Embora o RH possa estar fazendo a triagem dos candidatos, é comum constatar que as decisões de seleção são feitas com base em uma entrevista: a sua. Recomendamos que você envolva um ou dois colaboradores no processo de entrevista. A pessoa que escolher pode ser um colega líder, seu chefe, alguém do RH ou até mesmo um dos membros da sua equipe. Também recomendamos dividir entre essas pessoas as áreas abordadas e as perguntas que você fará. Ouvimos um grande número de confusos candidatos perguntarem: *Por que três pessoas fizeram exatamente a mesma pergunta?* O objetivo é obter múltiplas opiniões sobre as habilidades de um candidato e depois compartilhar as STARs que foram reunidas de maneira sistemática para chegar a um consenso sobre as habilidades do candidato.

6ª DICA: Verifique as referências.

Antes de tomar qualquer decisão de contratação, vale realmente a pena checar várias referências. As fontes de referência podem ser fornecidas por pessoas que trabalharam com o candidato: ex-chefes, membros de equipes, clientes, professores da faculdade, vendedores e assim por diante. Normalmente, solicita-se aos candidatos que forneçam referências. Procure também possíveis fontes no currículo dele. Lembramo-nos de uma situação em que um candidato trabalhou em uma empresa durante dois anos, mas não relacionou nenhuma referência sobre esse período. Conseguimos entrar em contato com o supervisor anterior do candidato e obtivemos várias informações... nenhuma delas muito boa!

Com base nas referências, você pode obter duas categorias gerais de informação. A primeira é verificar fatos que os candidatos forneceram. Entre os exemplos estão datas efetivas de permanência em emprego, salário, histórico no emprego, nível de instrução e tipos de experiência profissional. Embora isso não seja comum, alguns candidatos distorcem a verdade – ou mentem, pura e simplesmente. Vimos alguns exemplos bem significativos. Kenneth Conchar se demitiu da Veritas Software quando foi descoberto que ele não tinha o MBA de Stanford que afirmara ter. O ex-CEO do Yahoo, Scott Thompson, relacionou um diploma em Ciência da Computação que ele nunca obteve. Se o pessoal do RH da sua empresa estiver envolvido no processo de contratação, normalmente são eles os responsáveis pela verificação das referências.

O segundo tipo de verificação de referências, que deve ser realizado por você, é investigar mais a fundo informações voltadas para o comportamento.

Por exemplo, se depois de várias entrevistas você permanecer preocupado com relação à capacidade de um candidato de lidar com difíceis interações com os clientes, pode pedir uma referência adicional de exemplos de STAR que possam amenizar ou confirmar sua preocupação.

7ª DICA: Promova o cargo e a empresa.

Não importa se você está em um mercado de trabalho abundante ou escasso – o candidato que você realmente quer contratar será altamente requisitado. A maneira como tratar essa pessoa antes, durante e depois da entrevista provavelmente afetará a decisão final dela. Infelizmente, muitos candidatos atribuem notas baixas à sua experiência com o processo de seleção das empresas. Em uma pesquisa, 42% sentiram que o entrevistador não demonstrou interesse pelas suas metas na carreira; o percentual foi o mesmo para a demonstração de entusiasmo pelo cargo. E os candidatos sentiram que apenas um em cada três entrevistadores passaram a impressão de profissionalismo![5]

Como você pode ter certeza de que os candidatos que entrevistou irão embora com uma impressão favorável a seu respeito e a respeito da empresa?

- Use as dicas fornecidas ao longo deste capítulo.
- Passe algum tempo fazendo perguntas sobre as metas de carreira dos candidatos e do que os motivaria a trabalhar para a sua companhia. Conceda-lhes também tempo para fazerem perguntas.
- Esteja preparado para promover os benefícios do cargo e da empresa. Demonstre, por meio de suas atitudes, que você deseja o candidato.
- Preste atenção a detalhes como ser pontual, cumprimentar o candidato e fazer o acompanhamento necessário. Tudo isso fará diferença.
- Tenha em mente uma regra simples: o candidato que você quer de verdade provavelmente receberá várias ofertas. E até mesmo aqueles que você não quer poderão muito bem se tornar futuros clientes. Portanto, trate todos dessa maneira!

8ª DICA: Aja sempre dentro da lei.

Numerosas empresas se veem em dificuldades legais por causa da maneira que um gerente lidou com o processo de seleção durante uma contratação. Existem leis e diretrizes que devem ser seguidas por você e pela sua organização. Quase todas estão relacionadas a discriminação, diferindo de país para país. Eis uma boa notícia: você não precisa ser advogado para evitar as práticas discriminatórias mais comuns. Muitas das dicas deste capítulo não apenas o ajudarão a tomar a decisão certa, mas também a tomar a decisão mais justa. Eis algumas considerações:

- Mantenha as perguntas no âmbito das competências/exigências do cargo.
- Siga nossas sugestões para obter STARs.
- Lide com todos os candidatos de modo homogêneo. As etapas e os processos usados para selecionar candidatos dentro de uma categoria de emprego em particular devem ser os mesmos para todos os candidatos.
- Evite a tendência pessoal para estereótipos e preconceitos.
- Busque treinamento profissional e recomendações na equipe de RH da empresa.

Seu Primeiro Cargo de Liderança

Habilidades de proficiência e liderança
11 O QUE SEU CHEFE REALMENTE DESEJA DE VOCÊ
Torne-se um consultor

Pense: Preparação

Pense um pouco a respeito de todos os chefes para quem você já trabalhou. Ou, se você trabalha há pouco tempo, pense sobre quaisquer personagens do tipo "chefe" que você já viu em filmes, livros ou na televisão. O que os tornava ruins? Bons? O que os motivava?

Em uma recente conferência à qual compareceram mais de 5 mil pessoas, pedimos aos participantes que passassem no nosso estande para informar alguns atributos do que eles consideravam um bom chefe e um chefe ruim. Você encontrará algumas dessas opiniões a seguir. Além disso, elas confirmam a nossa discussão anterior sobre o líder catalisador (consulte o Capítulo 2). Baseados nas respostas deles, criamos uma escala para você avaliar o seu próprio chefe. Se você fizer um círculo em torno dos números 1, 2 ou 3, você não o considera uma pessoa "legal"; se você marcar 8, 9 ou 10, você é uma pessoa de sorte.

Chefe ruim   Bom chefe

1   2   3   4   5   6   7   8   9   10

Atributos de um bom chefe

- Faz diferença nos negócios e na vida das pessoas.
- Dá autonomia aos outros.
- Desenvolve as pessoas.
- Oferece *coaching*.
- Atribui responsabilidade a si mesmo e aos outros.
- Oferece um *feedback* construtivo.
- Cria mais líderes.
- É um ouvinte bom e compassivo.
- Desenvolve a confiança.
- É um bom modelo de vida.

Atributos de um chefe ruim

- É contraditório.
- Concentra-se em tarefas, não em pessoas.
- É um mau ouvinte.
- Costuma se valer da microgestão.
- Retém informações.
- Oferece um *feedback* vago e não construtivo, ou nenhum *feedback*.
- Não desenvolve as pessoas.
- Desconsidera as questões de desempenho.
- Não tem espírito de equipe.

Você, é claro, agora é um chefe ou está prestes a se tornar um. O fato de você estar lendo este livro significa que almeja ser um bom chefe. Sem dúvida, existem chefes terríveis e chefes excelentes. No entanto, se você for como a maioria das pessoas, provavelmente posicionou seu líder no meio da escala.

O principal relacionamento

Não tenha nenhuma dúvida: seu relacionamento com o seu chefe é da maior importância – dele depende o sucesso ou o fracasso da sua carreira.

Se estiver em oposição a seu chefe, não conte com aumentos de salários, promoções ou outros privilégios – talvez até independentemente do seu excelente desempenho. Nossa pesquisa mostra que aqueles que trabalham para líderes ruins estão menos propensos a ser produtivos e engajados no trabalho.[1] Mas o estado do seu relacionamento vai bem além do sucesso na carreira. O Gallup mostrou que existe um relacionamento direto entre a boa liderança e o bem-estar dos funcionários. De acordo com os pesquisadores, "quando os líderes optam por desconsiderar o bem-estar dos funcionários, desgastam a confiança daqueles que os seguem e limitam a capacidade de crescimento de sua organização".[2] Isso sem considerar um estudo sueco que demonstrou a relação entre má liderança e o risco de uma grave doença de coração.[3] Sejamos realistas – trabalhar para um chefe ruim é algo que o acompanhará até a sua casa!

Eis algumas dicas para melhorar o relacionamento que você tem com seu chefe.

Escolha seu chefe

Peggy pensava a respeito de deixar sua função para ocupar um cargo de líder de equipe em outro departamento com um substancial aumento de salário. O cargo prometia novos desafios, a oportunidade de aprendizado e, sobretudo, a chance de liderar. Depois de deliberar durante dois meses, ela retirou sua solicitação. O motivo? Não teve nada a ver com o cargo; teve tudo a ver com a (má) reputação daquele que seria seu futuro chefe. A mensagem desta breve história é bastante direta: se tiver preocupações significativas a respeito da pessoa para quem você vai trabalhar, pense duas vezes. A propósito, o inverso também é verdadeiro. Um chefe com boa reputação deve entrar em sua equação na hora de aceitar um novo cargo.

Dê uma chance para o seu chefe

Você não merece ser menosprezado, maltratado ou sofrer *bullying* – ponto-final. Mesmo assim, seu chefe também é um ser humano. Ouvimos funcionários ficar aborrecidos com o chefe por causa de pequenos deslizes porque eles esperam a perfeição absoluta. Veja o caso de Arun. Ele nos disse que, certo dia, tudo parecia estar dando errado. Durante sua última reunião do dia, ele perdeu a calma. *Eu não gritei, apenas fiquei zangado*, disse ele mais tarde. O ataque de raiva de Arun causou um nítido efeito nos membros da equipe; pareciam evitá-lo durante várias semanas. Você cometerá erros como novo líder, e seu chefe fará o mesmo. Talvez você deseje fornecer *feedback*, mas alguns passos equivocados não justificam colocar seu chefe na masmorra pelo resto da vida. E, no outro lado da equação, não causa nenhum dano manter ou aumentar a autoestima de seu chefe fazendo a ele um elogio sincero de vez em quando!

Conheça seu chefe

Se você tem um bom chefe, ele está fazendo o possível para descobrir o que o deixa motivado. É benéfico para ele ajudá-lo a ter um bom desempenho, continuar a crescer e aumentar seu nível de engajamento. O inverso também é verdadeiro. Steve Arneson, autor de um excelente livro – *What Your Boss Really Wants From You: 15 Insights to Improve Your Relationship* [O que seu Chefe Realmente Quer de Você: 15 Insights para Melhorar sua Relação] –, chama isso de estudar o chefe. Ele acha que, se os funcionários desejam ter um melhor relacionamento com o chefe, precisam compreender as ideias dele.[4] Além disso, se a lista de perguntas a seguir lhe parecer familiar, você está certo; este é um exercício relacionado a "O que eu preciso saber?" do Capítulo 3, destinado a ajudá-lo a conhecer sua equipe. Arneson sugere uma série de perguntas, cujas respostas lhe possibilitarão aprender mais coisas sobre seu chefe:

- Quando e como ele é mais acessível?
- Qual é o estilo de gestão preferido dele?
- Que tipo de comportamento ele tende a recompensar?
- O que mais o preocupa?
- Qual é a principal motivação dele?

Veja a vantagem que conhecer o chefe acarreta. Christina evitava seu chefe toda manhã. Ela sabia que ele precisava de tempo para organizar o dia. Também logo compreendeu o estilo de não interferência dele de administrar, de modo que nunca o perturbava com detalhes. E Ricardo, um supervisor em uma fábrica de produção de automóveis, sabia que seu gerente fora chamado para assumir o comando de uma iniciativa enxuta* em toda a fábrica. Ricardo, que respeitava o chefe, sabia que o projeto era crucial e saiu do caminho dele para ajudá-lo a ser bem-sucedido.

Começando com o pé direito e continuando assim

Não importa como você faça a divisão, você e seu chefe terão um relacionamento bidirecional – bom, ruim ou razoável. E, como qualquer relacionamento, o bom não apenas exige investimento de tempo e esforço, como também é um relacionamento que você reconhece! Todos os relacionamentos começam com um início vigoroso.

A seguir, algumas perguntas que você deve levar em consideração antes de suas primeiras reuniões individuais.

- Quais são as expectativas/metas para o seu relacionamento?
- Quais são os possíveis obstáculos no trabalho conjunto, e como você vai resolvê-los?
- Que tipo de apoio vocês precisarão um do outro?
- De que maneiras, e com que frequência, vocês querem se comunicar/manter-se mutuamente informados?
- Como você vai avaliar informalmente como está indo o relacionamento?
- (Observação: não nos referimos a uma avaliação do seu trabalho, e sim a uma discussão significativa a respeito de como as coisas estão indo entre vocês dois.)

Além disso, embora seja importante fazer essas perguntas no início do relacionamento, você deve voltar a elas de vez em quando.

---

* No original, *lean initiative*. A "iniciativa enxuta" é uma forma de produção fabril que minimiza a burocracia, o estoque e o espaço. A ideia de produção enxuta é a total eliminação do desperdício, do armazenamento e do movimento desnecessário. (N. dos T.)

Cuidado com as surpresas

Embora alguns chefes apreciem a microgestão, desejando saber cada ínfimo detalhe do que você está fazendo, a maioria mal quer saber o que está acontecendo. Não é algo absurdo de se dizer. Steve nos contou um incidente que temporariamente arruinou o relacionamento com sua chefe, Janice, que trabalhava em um complexo projeto envolvendo várias equipes. Durante uma reunião de coordenação do projeto com a alta administração, Janice tomou conhecimento de que o projeto iria ter um atraso de três meses com relação ao prazo final devido a algumas dificuldades técnicas na equipe de Steve. *Ela ficou muito aborrecida*, disse-nos Steve; *eu deveria tê-la informado de antemão*.

Peça ajuda para resolver o problema

Você se lembra deste Princípio-chave do Capítulo 6? Esperamos que o use com sua equipe. Você deve querer que os membros da equipe tenham as próprias ideias enquanto lidam com problemas e oportunidades. Um bom chefe raramente deve lhe dizer *como* resolver um problema. Por outro lado, não raro, poderá ter sugestões sobre como você pode lidar com um novo desafio ou implementar uma nova ideia com base na experiência dele. Faz sentido buscar o apoio de seu chefe. Além disso, existe um benefício adicional: nada faz um líder se sentir melhor do que lhe pedirem ajuda. O ponto crucial aqui é encarar seu chefe como um recurso valioso, como alguém que pode ajudá-lo a realizar seu trabalho.

Torne-se um consultor, não um resmungão

Nosso chefe, que é um bom chefe, promoveu recentemente uma das mais desafiadoras reuniões de planejamento de negócios. Ele nos deu, como sempre, um conselho interessante, porém relativamente prosaico: *Gosto de me cercar de pessoas positivas. Prefiro passar meu tempo com pessoas que têm ideias e conselhos sobre como lidar com nossos desafios do que com aquelas que resmungam o tempo todo.* O respeito do seu chefe por você aumenta exponencialmente quando você o ajuda a resolver problemas em vez de causá-los. Não confunda isso com adular o chefe (ou outras frases que optamos por não usar). Isso diz respeito a você se tornar um consultor respeitado. Mas como saber se está fazendo isso corretamente? Muito fácil: seu chefe começará a buscar suas ideias e recomendações.

Recue um passo

Um ritmo de trabalho conturbado torna difícil se concentrar nas tarefas – concentrar-se em realizar coisas. E isso sem dúvida se infiltrará nas discussões que você terá com seu chefe em avaliações de desempenho, atualizações de projetos, *coaching* e planejamento. Portanto, é importante, de vez em quando, fazer uma breve pausa para trabalhar no relacionamento com seu chefe (e com outras pessoas também). Suas reflexões e conversas precisam se concentrar na qualidade do relacionamento, e não na qualidade de seu trabalho. Não existe provavelmente nenhum outro fator isolado que fará a diferença entre odiar cada dia de trabalho e apreciar sua função de líder.

Seu Primeiro Cargo de Liderança

Habilidades de proficiência e liderança
12 ENGAJAMENTO E RETENÇÃO
Como criar o ambiente ideal para energizar pessoas

Pense: Preparação

Pense a respeito de uma ocasião na qual tenha cogitado largar seu emprego. O que lhe faltava? Você achou que as coisas seriam diferentes? Tinha necessidades que não estavam sendo preenchidas? Pense no momento em que, de uma hora para outra, teve certeza: Isto não está dando certo para mim. Preciso encontrar outra coisa.

Talvez você tenha ouvido líderes seniores usando o termo *engajamento* ou *engajamento dos funcionários* para descrever como as pessoas se sentem a respeito de seu emprego.

A busca por funcionários engajados é um mantra em muitas organizações hoje em dia, e talvez na sua também. Evocam-se as seguintes perguntas: *As pessoas estão vindo para o trabalho cheias de energia e prontas para trabalhar? Sentem-se esperançosas com relação ao futuro? Têm dado o melhor de si?* E há um outro termo que permeia atualmente as organizações: *retenção*. Os funcionários estão felizes o bastante para permanecer na empresa? Ou você está sempre em busca de novos colaboradores?

O engajamento e a retenção de funcionários são mais que apenas palavras em voga – trata-se de veículos autênticos para mediar a saúde e o potencial de qualquer empresa. Existem centenas de pesquisas que mostram que os grupos com equipes altamente engajadas são mais lucrativos, mais produtivos (com base em metas de negócios declaradas), têm clientes mais satisfeitos e sofrem menos acidentes.[1] E, como você aprendeu no Capítulo 10, perder, substituir e depois treinar novos funcionários custa às empresas e à economia mundial bilhões de dólares por ano. Mas o custo para a economia não é a questão principal aqui. Nenhuma organização pode se dar ao luxo de ter uma cultura onde viceja a infelicidade. E você, como líder iniciante, também não pode.

Promova cedo e com frequência o engajamento

Falemos primeiro sobre engajamento. É tentador pensar que, na condição de novo líder, você não tem muito poder para impedir que outros funcionários desertem para outros empregos ou companhias. E, em certa medida, isso é verdade. Certas características abrangentes que atraem pessoas talentosas – como a missão e a estratégia da empresa, os benefícios e outros privilégios – estão fora do alcance de suas mãos. Mas nossas pesquisas descobriram que o fator que mais influencia a decisão de uma pessoa em dedicar todo o seu esforço e energia ao emprego é seu líder imediato: você.[2] Quando as pessoas vão trabalhar sentindo-se vigorosas e cheias de entusiasmo, desenvolvem um senso de lealdade que as faz desejar transpor obstáculos, apresentar novas ideias e fazer sua parte para ajudar a companhia a atingir as metas propostas. Elas permanecem no emprego.

Poucas pessoas deixam o emprego; elas deixam o líder.

Essa informação lhe deixa sob muita pressão? Não deveria. Ao contrário, ela o coloca no comando de um modo muito significativo. Ao falar com autenticidade para o coração e a mente de sua equipe e colegas, você ficará mais propenso a criar mais comprometimento, energia e lealdade nas pessoas ao redor.

> *Foi somente na minha terceira semana no emprego que me dei conta de que meu gerente não se lembrava do meu nome. Pior ainda: ele achava que eu era outra pessoa. Sem dúvida, nós duas éramos mulheres e louras, mas a semelhança acabava aí. No final do segundo mês – e depois de oito excruciantes reuniões da equipe administrativa –, ficou claro que ele não sabia quem nenhum de nós realmente era ou o que fazíamos. E não se importava com nada, além dos relatórios que preenchíamos. Fui embora antes da nona reunião.*
>
> – **Tara**, ex-analista de dados

Parte do que você aprender neste capítulo terá como base o trabalho fundamental dos Capítulos 6 e 7. Você verá como aplicar os Princípios-chave às interações do dia a dia com os membros da equipe os ajudará a se sentir engajados e desejosos de permanecer onde estão.

Funcionários engajados encontram significado no trabalho que fazem e sabem que estão crescendo e se desenvolvendo. Sua função é *criar o melhor ambiente possível* para que isso aconteça. Você vai precisar de todas as habilidades que desenvolveu para garantir que está continuamente identificando como manter as pessoas engajadas antes que elas percam a motivação. Você nos ouviu dizer, de diversas maneiras, que liderança envolve fazer que o trabalho seja executado por intermédio de outras pessoas. Isso você consegue com o engajamento.

Eis alguns exemplos de como a liderança e o engajamento estão entrelaçados:

- Quando você delega tarefas com o propósito de ajudar as pessoas a se desenvolverem, as que trabalham para você têm uma chance genuína de ganhar experiência e expandir suas habilidades.
- Concentre-se no *por que* sempre que puder. Quando você mostra a conexão entre as tarefas que as pessoas executam e as metas da empresa, elas veem onde se encaixam no quadro global. Justificar as

O fator determinante de engajamento dos funcionários é se os colaboradores sentem ou não que seus gerentes estão genuinamente interessados no bem-estar deles. Somente 40% dos funcionários acreditam efetivamente que isso seja verdade. [3]

razões de algo que os funcionários consideram rotineiro – como um relatório mensal – os ajudará a compreender por que o papel deles é importante para o cenário geral.

- Quando você se torna competente em orientar as pessoas ao longo do caminho – *antes* que haja um problema –, elas se sentem valorizadas, protegidas e prontas para enfrentar o desafio seguinte.

Engajamento é energia

O **funcionário ENGAJADO** tem energia positiva, é entusiasmado, otimista e transbordante de ideias.

O **funcionário EMPERRADO** opera em ponto neutro, não se empenha no trabalho, tem baixa energia e faz o mínimo possível, mas não vai embora. Porém, diminui o ritmo de todo mundo.

O **funcionário DESENGAJADO** tem energia negativa, reclama, dissemina descontentamento e causa conflitos. Na maioria das vezes ele vai embora, não raro fazendo estardalhaço.

Como motivar o engajamento

Quando as pessoas estão "empoderadas" e motivadas com relação ao seu trabalho, produtividade, ética e, em última análise, o desempenho profissional aumentam de modo significativo. Na condição de líder, você pode aumentar o engajamento dos funcionários abordando três fatores que atingem a essência do que de fato importa para as pessoas e a satisfação delas no emprego. E esses fatores são universais; constatamos que tais categorias servem em grande medida para a maioria dos seres humanos, não importando geração, gênero, tipo de emprego, raça, nacionalidade ou localização geográfica. Nós as chamamos de *determinantes de engajamento e retenção,* sendo eles razoavelmente objetivos e óbvios. São os seguintes:

- **Valor individual** – *Sou apreciado e incentivado a crescer.*
- **Trabalho significativo** – *O que eu faço é importante.*
- **Ambiente positivo** – *Este é um excelente lugar para se trabalhar.*

Parte da sua nova função de liderança é ajudar seu pessoal a identificar a fonte de satisfação no emprego e na carreira deles. Por meio de uma série contínua de conversas de engajamento, é possível ajudá-los a fazer a conexão entre o que os torna realizados e o trabalho que executam. Depois, cabe a você criar um ambiente no qual eles possam vicejar e se desenvolver, superando quaisquer obstáculos que estejam enfrentando. Cada pessoa na equipe poderá precisar de uma oferta sua diferente para ser bem-sucedida. Entender esses determinantes de engajamento o ajudará a lidar com isso.

A Figura 12.1 relaciona os determinantes, os valores profissionais que eles representam, além de uma lista de perguntas que você pode fazer aos membros da equipe durante as conversas de engajamento individuais.

Ponto de reflexão

Você se reúne regularmente com os membros da sua equipe para fazer perguntas a respeito do nível de engajamento deles? Se for esse o caso, aborda os três determinantes de engajamento e retenção? Se não, como eles reagiriam às perguntas propostas na Figura 12.1?

Figura 12.1 Pratique uma conversa de engajamento.

Trabalho significativo	Ambiente positivo	Valor individual
Propósito, informação, empoderamento	Respeito, colaboração, confiança	Desenvolvimento, reconhecimento
❑ *O que o deixaria extremamente satisfeito com seu emprego?* ❑ *Você tem consciência do quanto contribui para o sucesso da organização?* ❑ *O que o faria se sentir mais empoderado no emprego?*	❑ *Como você trabalha melhor?* ❑ *Como descreveria seu ambiente de trabalho ideal no que diz respeito ao trabalho com outras pessoas?* ❑ *Que mudança faria uma diferença significativa em seu trabalho ou no ambiente de trabalho neste momento?*	❑ *Que habilidades, áreas de especialidade ou interesses você tem que estamos negligenciando atualmente?* ❑ *Em que áreas você gostaria de crescer e se desenvolver?* ❑ *Como você prefere ser reconhecido? O que acha que deveria merecer reconhecimento?*

É bem provável que esteja começando a perceber por que você é tão importante para o engajamento de funcionários. Na condição de líder de linha de frente, você tem influência direta sobre cada um dos determinantes que acabam de ser mencionados. Além disso, também é *pessoalmente* influente. (Consulte o Capítulo 20 para mais informações sobre como influenciar os demais.) Seu pessoal volta-se naturalmente para você em busca de orientação e apoio para o trabalho do dia a dia. Mas eles também desejam que você reconheça as necessidades, a capacidade e o potencial deles. E sua opinião dará o tom para todo o grupo. Isso soa familiar? Deveria. Essa é uma das inúmeras aplicações diretas das habilidades de interação no mundo real – os Princípios-chave e as Diretrizes de Interação. Sua capacidade em abordar as necessidades práticas e pessoais das pessoas será muito útil para promover um ambiente no qual as pessoas se sintam executando um trabalho significativo. (Você também será um líder mais feliz e mais produtivo dessa maneira.) Nós o encorajamos a usar as *habilidades de interação* para ajudá-lo a planejar suas conversas de engajamento a fim de abordar os dois lados dessas necessidades bastante humanas.

Apenas um lembrete:
As habilidades de interação contêm duas partes:
Princípios-chave – ajudam a abordar as necessidades pessoais das pessoas.
Diretrizes de Interação – ajudam a abordar as necessidades práticas das pessoas.

O engajamento no dia a dia

Se estiver conversando com as pessoas a respeito de como estão se sentindo, o quanto elas são importantes ou o que vão precisar para desenvolver suas habilidades, você precisa se preparar. O primeiro passo é estabelecer uma genuína conexão humana. Isso pode ser mais fácil de dizer do que fazer, já que iniciar uma conversa a respeito de engajamento pode ser embaraçoso. A Figura 12.2 oferece algumas sugestões sobre como fazer isso de maneira mais confortável.

Figura 12.2 Dicas simples para promover o engajamento de pessoas.

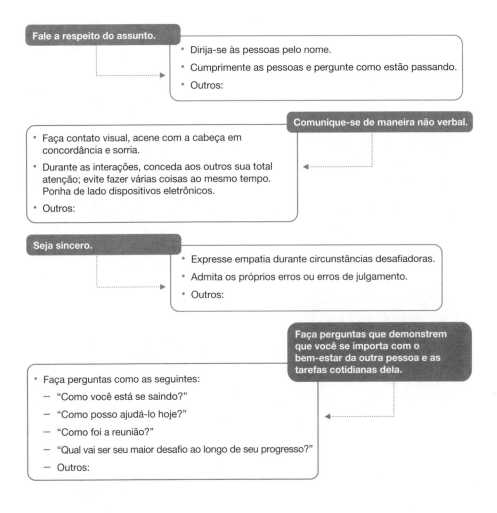

Figura 12.2 Dicas simples para promover o engajamento de pessoas (*cont*.).

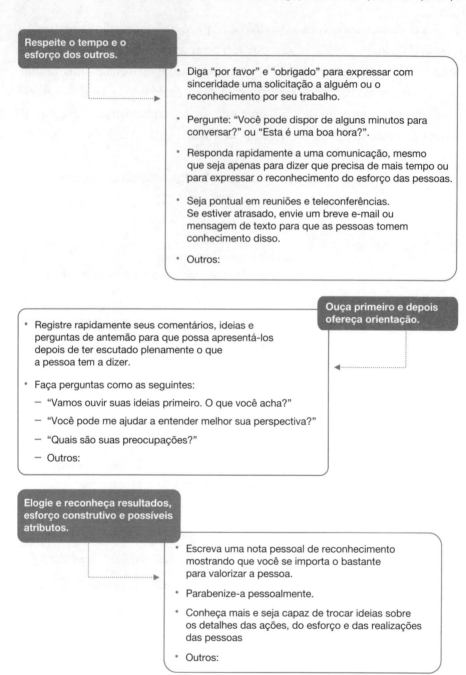

Respeite o tempo e o esforço dos outros.

- Diga "por favor" e "obrigado" para expressar com sinceridade uma solicitação a alguém ou o reconhecimento por seu trabalho.
- Pergunte: "Você pode dispor de alguns minutos para conversar?" ou "Esta é uma boa hora?".
- Responda rapidamente a uma comunicação, mesmo que seja apenas para dizer que precisa de mais tempo ou para expressar o reconhecimento do esforço das pessoas.
- Seja pontual em reuniões e teleconferências. Se estiver atrasado, envie um breve e-mail ou mensagem de texto para que as pessoas tomem conhecimento disso.
- Outros:

Ouça primeiro e depois ofereça orientação.

- Registre rapidamente seus comentários, ideias e perguntas de antemão para que possa apresentá-los depois de ter escutado plenamente o que a pessoa tem a dizer.
- Faça perguntas como as seguintes:
  - "Vamos ouvir suas ideias primeiro. O que você acha?"
  - "Você pode me ajudar a entender melhor sua perspectiva?"
  - "Quais são suas preocupações?"
  - Outros:

Elogie e reconheça resultados, esforço construtivo e possíveis atributos.

- Escreva uma nota pessoal de reconhecimento mostrando que você se importa o bastante para valorizar a pessoa.
- Parabenize-a pessoalmente.
- Conheça mais e seja capaz de trocar ideias sobre os detalhes das ações, do esforço e das realizações das pessoas
- Outros:

Figura 12.2 Dicas simples para promover o engajamento de pessoas (*cont.*).

Questione para colher ideias.

- Faça perguntas como as seguintes:
  - "Que ideias você tem para.......?"
  - "O que você acha que deveríamos fazer?"
  - "O que você gostaria que acontecesse?"
  - "Do que você precisa para ser bem-sucedido?"
  - Outros:

Questione para descobrir como pode apoiar a pessoa.

- Faça perguntas como as seguintes:
  - "Como posso apoiá-lo?"
  - "O que posso fazer para ajudar?"
  - "Quem mais precisa estar envolvido?"
  - "A quem eu posso apresentá-lo?"
  - Outros:

Entre frequentemente em contato com os membros virtuais da equipe.

- Use o e-mail ou breves telefonemas para se conectar regularmente com eles.
- Aplique apropriadamente a tecnologia, compatibilizando o canal de comunicação com a mensagem.
- Durante teleconferências, dirija-se às pessoas pelo nome e dê a elas a chance de contribuir para a conversa. Peça atualizações do trabalho delas, inclusive êxitos e desafios.
- Peça que descrevam suas experiências e envolva outras pessoas quando idealizar soluções.
- Permaneça atento às diferenças de fuso horário. Alterne o horário das reuniões para que ninguém seja sistematicamente incomodado.
- Esteja disponível de maneira adequada para responder a perguntas e remover obstáculos.
- Outros:

Conversas de engajamento: mais que apenas contato visual

Toda conversa que você tem com um dos membros da equipe é uma oportunidade de compreender o que ele está pensando e por que – e mostrar que o trabalho dessa pessoa é importante. No entanto, uma conversa de engajamento formal pelo menos uma vez por ano mantém o foco nos determinantes que têm mais probabilidade de fazer os membros da equipe trabalharem com o máximo de energia. Se isso parece envolver um árduo trabalho emocional, não é esse o caso. Significa apenas reconhecer que cada pessoa é única e que cada uma tem seu valor para compartilhar. Essas pequenas conversas não precisam ser longas nem complicadas, mas têm que ser pessoais – para as pessoas envolvidas. É mais provável manter as pessoas felizes e realizadas no trabalho – resolvendo, assim, os problemas com mais rapidez – se você conhecê-las. E, se você for realmente muito bom, fará perguntas que as levarão a pensar sobre o potencial delas de maneira nova e estimulante.

DICAS IMPORTANTES

- Prepare-se para uma conversa de engajamento pensando sobre qual dos três determinantes poderia ser mais importante para a pessoa e por quê.
- Peça à pessoa que mencione o que tem significado mais para ela com relação ao emprego *ultimamente*. Observe se isso muda com o tempo.
- Pergunte o que ela tem aprendido que a estimula. Isso está em harmonia com as atribuições dela no emprego?
- Mantenha a conversa breve, informal e amistosa. Se surgir um problema de trabalho não relacionado à conversa, obtenha as informações de que precisa para lidar com ele e programe uma reunião de acompanhamento.
- Pense em ações que possa desejar para elevar o nível de engajamento dessa pessoa.

Elogie: reconheça realizações e o esforço individual

As pesquisas não deixam margem para a dúvida: o elogio é benéfico para o resultado final. As pessoas que recebem regularmente reconhecimento e elogios pelo seu bom trabalho apresentam maior produtividade individual, recebem pontuação mais elevada nos quesitos lealdade e satisfação dos clientes, têm melhores pontuações de segurança e menos acidentes, e se mostram mais propensas a permanecer na empresa em que estão.[4]

Os novos líderes tendem a hesitar na hora de fazer um elogio porque se preocupam com a possibilidade de passarem uma impressão de artificialidade, ou então temem que as pessoas fiquem exageradamente confiantes e complacentes. Nenhuma das duas coisas ocorrerá. Assim sendo, nós o incentivamos a superar sua resistência. O elogio não precisa ser exagerado, mas representa muito para quem o recebe. E ele pode e deve se dar nas interações regulares que você tem com as pessoas.

Comumente, pensamos em fazer elogios quando um dos membros da equipe percorreu aquele quilômetro extra: terminou um projeto antes do prazo, ofereceu-se como voluntário para participar do processo de entrevistas de um novo funcionário ou sugeriu um processo de aprimoramento para o grupo. No entanto, é igualmente importante fazer um elogio apropriado mesmo quando alguém apresentou resultados confusos ou insatisfatórios em uma tarefa. Claro que se trata também de uma oportunidade para orientar a pessoa a fim de que ela se aprimore. Entretanto, é bem provável que ela tenha se esforçado arduamente. *Muito* arduamente. O esforço dela representa uma oportunidade para que você faça um elogio autêntico em uma difícil situação de *coaching*. Não deixe de explorar em detalhes o esforço que ela dedicou à tarefa nem de fazer elogios específicos e sinceros a respeito dele.

NÓS PERGUNTAMOS, VOCÊ RESPONDEU no Facebook

P. Dos elogios que você recebeu do seu chefe, qual significou mais para você?

Chris Allieri – *Precisamos ter uma forte presença nos eventos, durante a apresentação e fora dela. Esse feedback aconteceu depois de uma apresentação particularmente difícil, para a qual passamos séculos nos preparando. Posteriormente, meu chefe me disse o seguinte: "Você é destemido em uma sala repleta de desconhecidos. Isso é bom". Fiquei emocionado, e o que ele disse me conferiu um senso a respeito de minha própria pessoa que eu ainda não tinha.*

DICAS IMPORTANTES: Reconhecimento – o que fazer e o que não fazer

- Descubra como as pessoas preferem ser reconhecidas. Algumas não gostam de ser o centro das atenções em reuniões; outras preferem e-mails individuais a e-mails coletivos.
- Você precisa pensar em três coisas quando for prestar reconhecimento aos outros: o *esforço*, as *contribuições* e os *resultados* deles. Se elogiar apenas os resultados, deixará de mencionar o trabalho valioso que foi executado para alcançá-los.
- Tome conhecimento de como as pessoas lidam com seu trabalho e por que outras gostam de trabalhar com elas. Mencione como o estilo pessoal delas afeta os demais.
- Informe regularmente à alta administração as realizações individuais. (Verifique primeiro com seu gerente como ele prefere ser informado.)
- Não se esqueça dos membros virtuais da equipe! Embora não estejam visíveis, você pode promover o engajamento deles com a equipe ao lhes comunicar o quanto sua contribuição também é valiosa.
- Envie bilhetes de agradecimento escritos à mão. Isso mesmo, no papel! Eles funcionam! Nos dias de hoje, mais do que nunca.

DICA DO ESPECIALISTA DA DDI: Não pense que tem sempre que ser você a fazer os elogios e fornecer *feedback* positivo. Reflita sobre as maneiras como os colegas podem reconhecer o trabalho um do outro. Pense em abordagens informais, como prêmios de realização, adaptados ao tipo de reconhecimento que é significativo para sua equipe. Ou então apenas peça o reconhecimento dos colegas em suas reuniões de grupo regulares: *Tivemos uma semana movimentada. Quem tem um elogio para alguém da equipe que tenha realmente se destacado?*

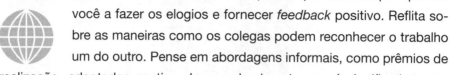

Mas não pare por aí. Talvez você queira pleitear algo mais formal na empresa, como um *software* que possa dar aos funcionários a chance de se reconhecerem publicamente e obter prêmios significativos. (A DDI usa o Yammer, mas existem inúmeras boas opções.)

Conversas de retenção

Por mais que você tenha se tornado perito em manter a equipe engajada, às vezes as pessoas pensam em ir embora. Líderes inteligentes entendem que as conversas de retenção – nas quais identificam as pessoas que se desiludiram ou foram atraídas por outras possibilidades de emprego – podem ajudá-los a impedir que um colaborador valioso decida partir. Eles podem até aprender alguma coisa que possa fazer a organização funcionar melhor.

Mas, com todas as suas responsabilidades, seria impraticável verificar o que as pessoas pensam o tempo todo. Embora você precise continuar a esquadrinhar o horizonte em busca de possíveis problemas de retenção, não pode cuidar de todos ao mesmo tempo. Seu empenho *principal* deve se concentrar nas pessoas que 1) oferecem *valor significativo* para você e a organização e 2) têm *maior probabilidade de ir embora*.

É importante priorizar seu trabalho de retenção pensando sobre quem você deve focar primeiro e o que pode fazer para influenciar a retenção dessa pessoa. A Ferramenta 12.1 poderá ajudá-lo a refletir a respeito disso.

FERRAMENTA 12.1

Identifique as pessoas talentosas que precisam ser mantidas

1. Escolha a primeira pessoa da equipe com quem deseja ter uma conversa de retenção. Você pode usar os parâmetros a seguir como guia: marque aqueles que se aplicam a essa pessoa. Em seguida, use o espaço após "Outros:" para registrar por que você quer falar com essa pessoa em primeiro lugar.
   - Possui qualificação, conhecimento e experiência que são trunfos significativos.
   - Possui habilidades especializadas que seriam difíceis de substituir.
   - Seria difícil conseguir alguém que assumisse com rapidez as tarefas dessa pessoa com competência.
   - Recebe sistematicamente *feedback* positivo de clientes, membros da equipe e parceiros internos.
   - Obtém, de modo geral, uma classificação de alto desempenho.
   - É muito fácil para ela se promover e conseguir um emprego.
   - Permanece aberta à mudança e não tem medo de correr riscos.
   - Seria um trunfo valioso para a concorrência.
   - Outros:

2. Pense a respeito do risco ou probabilidade de essa pessoa deixar a organização.

Agora que você identificou com quem deve falar primeiro, está na hora de ter a tal conversa! Em geral, essas conversas acontecem individualmente. Elas são importantes, portanto encontre um momento tranquilo para o bate-papo. Depois de você ter identificado, nas palavras da própria pessoa, os principais fatores de motivação dela, sua função como líder é tomar medidas concretas para mantê-la na equipe. Embora quase todo mundo ache que o dinheiro é o principal fator de motivação para que qualquer pessoa deixe o emprego, as pessoas mencionam mais comumente a falta de progresso na carreira – com suas respectivas promoções, claro – como o motivo pelo qual estão pensando em deixar a empresa.

Pelo menos 75% das razões de rotatividade voluntária podem ser influenciadas por gerentes. Descubra quais são os elementos de maior importância para sua equipe, depois tome medidas proativas para proporcioná-los o máximo possível.[5]

DICAS IMPORTANTES:

- Relembre conversas anteriores com essa pessoa. O que era mais importante para ela a respeito dos empregos que havia tido?
- Informe à pessoa que o intuito da conversa é mantê-la na empresa.
- Faça a ela perguntas diretas e relevantes:
  - *Como você está se sentindo a respeito de onde está e do rumo que está seguindo em sua carreira?*
  - *Tendo em vista sua valiosa experiência e qualificações, estou preocupado com a possibilidade de que você possa ser abordado por outra organização. O que podemos fazer para mantê-lo aqui?*
  - *O que o faria se sentir bem-sucedido no emprego ou na carreira?*
- Solicite informações específicas a respeito do que a pessoa deseja ou precisa. Compartilhe seus pensamentos.
- Resuma o que foi discutido e planeje os passos seguintes.
- Se descobrir que alguém com um desempenho excepcional deseja se transferir para outra equipe ou projeto dentro da organização, faça o que estiver ao seu alcance para que isso se torne realidade. É importante ter em mente que manter a pessoa na organização já é uma vitória.

Ponto de reflexão

E quanto a você? Quanto está engajado? Engajamento diz respeito a energia. Líderes engajados criam equipes engajadas. Passe alguns momentos refletindo sobre seu nível pessoal de engajamento:

- Em uma escala de 1 a 4, em que 1 significa "nem um pouco engajado" e 4, "bastante engajado", como você se classificaria? Que impacto seu nível de engajamento tem sobre seus subordinados diretos?

- O que vai dizer para revelar ao seu supervisor o que é mais importante para você no trabalho? Que ideias vai sugerir ao seu líder que aumentarão seu interesse e satisfação no emprego?

Seu Primeiro Cargo de Liderança

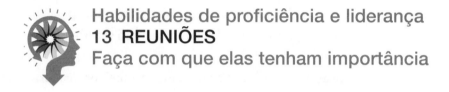

Habilidades de proficiência e liderança
13 REUNIÕES
Faça com que elas tenham importância

Pense: Preparação

Faça uma lista de cinco coisas que você observou alguém fazer ou dizer em reuniões que realmente chamaram sua atenção de maneira negativa. Algo verdadeiramente horrível, improdutivo, ou apenas inacreditavelmente bizarro. O que aconteceu? Como os outros reagiram? Como você gostaria que tivessem reagido? Se você pudesse ter feito alguma coisa sem se meter em apuros, o que teria dito ou feito?

Se eu não estivesse ocupado com reuniões o dia inteiro, realmente poderia realizar alguma coisa aqui.

Quase todos vocês, quer sejam líderes ou não, já se sentiram dessa maneira em alguma ocasião, e provavelmente pelas razões corretas. Uma recente pesquisa realizada com mais de mil trabalhadores no Reino Unido revelou que aquele país perdia mais de 26 bilhões de libras (cerca de 43 bilhões de dólares) devido ao desperdício com reuniões. Em média, a pesquisa informou que as pessoas desperdiçam semanalmente 2h39 minutos em reuniões![1] O Reino Unido, claro, não está sozinho. Se extrapolarmos os 26 bilhões de libras para o resto do mundo, poderemos facilmente projetar que centenas de bilhões se percam em reuniões ineficazes a cada ano. Está tentando estimar o custo real dessas reuniões? Graças à magia da tecnologia, existe mais de uma dúzia de aplicativos que possibilitam calcular com facilidade o custo das reuniões. Alguns desses aplicativos funcionam como um cronômetro. Insira sua taxa horária média por pessoa e o número de pessoas presentes à reunião, aperte o botão do relógio e observe os números irem aumentando.

Apesar dos desafios inerentes às reuniões, eles não nos abandonam! Embora você talvez precise se empenhar para reduzir o número de reuniões, e/ou o tempo despendido nelas, mesmo assim elas atendem a um propósito importante. Existem numerosas razões pelas quais reuniões bem conduzidas compensam o tempo gasto nelas. Elas fazem sentido se você precisa:

- Identificar problemas e oportunidades e a melhor maneira de abordá-los. Pesquisas em abundância mostram que grupos de pessoas resolvem melhor os problemas do que uma pessoa isoladamente. [2]
- Tomar uma decisão ou obter informações sobre ela. Nesse caso, o empenho das pessoas presentes à reunião é crucial.
- Comunicar uma mudança que afete todos os presentes na reunião e lhes ofereça a oportunidade de abordar seus problemas e preocupações.
- Executar projetos ou tarefas do dia a dia que exijam coordenação e comunicação entre os membros da equipe.

O que torna as reuniões mais difíceis do que nunca?

Identificamos três coisas que tornam as reuniões mais difíceis do que em qualquer outra época.

Você está na berlinda

Se tiver uma interação positiva ou negativa com uma única pessoa, as consequências são geralmente limitadas. No entanto, em uma reunião de apenas uma hora, você pode prejudicar ou melhorar sua credibilidade de liderança com cada pessoa presente no recinto. Se você é cronicamente desorganizado, belicoso com as outras pessoas ou incapaz de moderar o mau comportamento das pessoas em um ambiente de grupo, elas começarão a ter medo de se reunir com você. Além disso, pode estar certo de que sua reputação vai ser afetada quando as pessoas conversarem com os colegas a respeito da sua (in)capacidade de conduzir uma reunião, e até mesmo uma equipe. As consequências para sua carreira de liderança poderão ser exponencialmente amplificadas.

Tina recordou a primeira vez que os colegas se reuniram para conhecer seu novo líder. A equipe de doze pessoas criou um boletim informativo financeiro mensal para contadores, planejadores e profissionais de outras áreas. O novo líder havia dirigido anteriormente uma publicação maior e fora trazido para a empresa para ajudar os membros da equipe a renovar o seu produto básico e desenvolver novos produtos digitais. Muitos detalhes precisavam ser abordados. *Estávamos bastante animados por levar nosso trabalho para um novo nível,* declarou Tina. *Mas ficou claro desde o início que iríamos ter problemas.* O novo chefe começou pedindo aos presentes que fizessem o *brainstorming* de um grupo de palavras que descrevessem o boletim que produziam no momento. *Dissemos coisas como "informativo, preciso, oportuno" – coisas desse tipo,* lembrou Tina. *Em seguida, ele escreveu "*CHATO*" em cima da lista. Em letras realmente grandes! E depois outras palavras como "pedante" e "deprecia as pessoas" e "*REALMENTE CHATO*". Ficamos chocados e magoados. As coisas degringolaram a partir dali. As pessoas ficaram muito aborrecidas. Ele foi incapaz de responder até mesmo à pergunta mais básica – como iríamos corrigir nosso fluxo de trabalho ou como lidaríamos com as próximas mudanças na produção. Um plano para a iminente reestruturação do website, por favor? Nem pensar.*

Para piorar ainda mais as coisas, todas as reuniões eram igualmente tensas e improdutivas. A equipe reagiu de maneira previsível. Foi uma rebelião. Durante o resto do ano, a equipe ridicularizava cada memorando que o chefe enviava – rotulando-o de "CHATO" e distribuindo-o pelo grupo para obter *feedback. Passamos mais tempo do que deveríamos ridicularizando-o pelas costas,* admitiu Tina. Os membros também faziam o possível para resolver sozinhos os problemas da produção. *A coisa chegou ao ponto em que simplesmente desistimos de tentar resolver as questões com ele.* Mais tarde naquele ano, quando chegou a ocasião de fornecer *feedback* da gerência para a pesquisa de opinião anual de funcionários da empresa, os membros da equipe coordenaram suas respostas para que todos dissessem a mesma coisa. *Todos contamos a mesma história a respeito daquela horrível primeira reunião, e relatamos o que achávamos ser má vontade da parte dele em cumprir suas obrigações,* disse ela. *Todas as respostas foram exatamente iguais. Achamos que isso iria transmitir o que sentíamos.*

Competindo por atenção

Mais ou menos há uma década, uma das maiores consequências de reuniões ineficazes era o fato de os participantes "se desligarem". Eles ficavam entediados, tornavam-se desengajados e podiam até cochilar. Isso não acontece hoje em dia! Com a tela de *laptops* aberta e *smartphones* ligados, você não compete com o tédio, e sim com outras tarefas com as quais os membros da equipe estarão lidando durante sua reunião. Embora isso possa ser um pouco humilhante para o ego, não é de todo ruim. Quando as pessoas usam a tecnologia para executar várias tarefas ao mesmo tempo, não raro estão de olho em necessidades urgentes dos clientes e colegas que dariam origem a problemas maiores se elas não respondessem rapidamente. Não é de seu interesse que suas reuniões sejam o motivo de outros projetos degringolarem. A tecnologia que nos conecta ao mundo exterior também ajuda a resolver questões que surgem nas reuniões – como encontrar um ponto de dados fundamental, ou receber um breve e-mail de um especialista externo sobre um problema premente.

No entanto, imagine a reação de um líder com quem conversamos, que foi informado por um dos colegas mais chegados que os membros da reunião estavam na verdade gastando o tempo com o envio de mensagens de texto uns para os outros a respeito da maneira deficiente com que a reunião estava sendo conduzida! Quando a tecnologia se torna um modo de escape de uma reunião, você tem um grande problema nas mãos.

Tecnologia virtual

Muitas reuniões hoje em dia usam a tecnologia virtual, algumas com voz e outras com vídeo (com graus variados de qualidade). É muito mais difícil permanecer sintonizado com os sentimentos e as reações dos participantes quando todos podem estar em locais diversos, às vezes até mesmo em diferentes países. O que poderia dar errado?

NÓS PERGUNTAMOS, VOCÊ RESPONDEU pelo QUORA

P: Qual foi a pior reunião à qual você já compareceu?

Neel Kumar:

Eu trabalhava na empresa de software LARGE. Fui informado de que deveria participar de uma teleconferência às 22 horas, que era "crucial" para o produto no qual trabalhava e que estava prestes a ser despachado.

1º mau sinal – Nada agendado com antecedência. Mas isso era normal na minha empresa.

2º mau sinal – Não houve troca de e-mails anterior à reunião. Novamente, também normal para a empresa.

3º mau sinal – Pessoas na Costa Oeste, Costa Leste, Europa, China e Índia iriam participar da teleconferência.

Assim sendo, me conectei às 22 horas. Fui o primeiro a entrar. Cinco minutos depois, outro cara da Alemanha se conectou. Às 22h15, meu chefe (o organizador) entrou. Perguntou se o sr. X já tinha se conectado. Respondi: "Não". Chefe: "Oh, é fundamental que o sr. X esteja aqui". E se desconectou.

Às 22h30, mais de trinta pessoas estavam na teleconferência, quando meu chefe voltou a se conectar. Ele não tinha conseguido encontrar o sr. X, mas a reunião devia continuar. A reunião começou. Perguntas foram disparadas. Mas ninguém respondia nada de verdade. A maioria das perguntas não dizia respeito à minha área de competência. As poucas relacionadas com ela eram capturadas pelo meu chefe e adiadas para outra ocasião. Às 23h30, o sr. X se conectou. Meu chefe começou a recapitular tudo para ele. Nesse meio-tempo, alguém começou a roncar, e todos podíamos ouvi-lo. Meu chefe berrou acima do ruído para terminar sua recapitulação. De repente, ouvimos uma mulher gritando para o marido em hindi (minha língua materna) que ele ainda estava zanzando pela casa. Já passava da meia-noite, e a reunião ainda estava acontecendo. Fiquei sem saber se deveria apenas desligar ou começar a fazer ruídos aleatórios. :-)

Finalmente, à uma hora da manhã, a reunião terminou. Nenhuma das perguntas formuladas foi respondida satisfatoriamente (pelo menos na minha opinião). A única conclusão a que chegaram é que a reunião deveria se repetir na mesma hora no dia seguinte.

Dei um jeito de convenientemente me esquecer de participar das quatro reuniões seguintes. A primeira reunião consumira mais de cem horas-homem. Não queria mais alimentar o monstro.

DICA TECNOLÓGICA!
Como conduzir reuniões virtuais

- Escolha as dicas que melhor se aplicam à sua situação ou que, na sua opinião, vão ajudá-lo a conduzir uma reunião virtual produtiva e compensadora.
- Faça a chamada no início da reunião e depois dos intervalos.
- Crie um esquema virtual de localização das cadeiras para que você tenha a visão de sua equipe.
- Ajude os participantes a travar conhecimento entre si pedindo-lhes que compartilhem informações pessoais antes do início da reunião.
- Designe um tomador de notas para que os participantes possam se concentrar na discussão.

- Defina um regulamento básico a respeito de multitarefas durante a reunião virtual.
- Use ferramentas tecnológicas adequadas para aumentar a colaboração, exibir informações e recursos visuais, resumir pontos importantes e obter consenso. Ferramentas como o *white boarding*, o compartilhamento de *desktop* e a chamada seletiva (*polling*) são comuns.
- Verifique o entendimento geral, instigando as pessoas a participarem mais do que participariam em uma reunião presencial.
- Preste bastante atenção a cada pessoa durante a reunião e anote suas observações. Isso poderá ser valioso para revelar padrões de comportamento que você poderia em outras circunstâncias não reconhecer. Em reuniões futuras, será possível evitar problemas por saber de antemão quem ficou quieto ou foi dominador, usando depois os Princípios-chave para garantir que todos estivessem envolvidos.
- Converse com os participantes que causarem distúrbio em particular, durante um intervalo, ou envie a eles uma mensagem instantânea ou e-mail. Enfatize a importância de que a agenda da reunião seja concluída com o menor número possível de distrações.

Perguntas que você não quer que os participantes da reunião façam

No lamentável exemplo anterior, porém ao mesmo tempo engraçado, do mundo real, ouvimos apenas o que um dos participantes (Neel) tinha a dizer. Mas imagine as conversas que acontecem entre colegas quando as reuniões transcorrem de maneira insatisfatória. Pense no exemplo de Thomas, que conduziu uma importante reunião de duas horas com sete colaboradores para trabalhar no plano operacional do ano seguinte. A reunião não transcorreu tão bem quanto ele esperava. Depois que ela terminou, os participantes começaram uma conversa paralela entre si – mas não com Thomas! Por quê? Porque tinham perdido a confiança na capacidade dele de dirigir a reunião. E os participantes naturalmente iniciaram o processo de verificação entre si para diagnosticar o que achavam ter saído errado.

As perguntas que as pessoas fazem depois das reuniões deficientemente conduzidas abarcam uma enorme amplitude, questionando desde o propósito dela ao comportamento dos outros. Por exemplo:

- Precisávamos realmente de uma reunião para tratar deste assunto? Acho que pedir informações a cada um de nós separadamente talvez tivesse sido mais eficiente.
- Afinal, qual foi o propósito da reunião? Fomos de um lado a outro sem metas claras.
- Por que fui convidado? Não parecia realmente fazer parte daquilo. Tinha muito pouco a acrescentar à discussão.
- Por que ninguém controlou Judy? Ela falou durante metade do tempo. Mais ninguém conseguiu dar uma opinião.
- O que aconteceu com Amit? Ele telefonou tarde da noite ontem para conciliar as diferenças de fuso horário. Eu só o ouvi fazer um único comentário.
- O que estava acontecendo entre Janice e Ricardo? Perto do final, eles discutiam o tempo todo. Foi embaraçoso para o restante de nós.
- Por que passamos trinta minutos do horário? Uma hora era mais do que suficiente. Tive que reorganizar meu dia. Talvez isso não tivesse acontecido se tivéssemos começado na hora. Alguém tem alguma ideia dos próximos passos? Há muitos problemas. Não estou certo do que vai acontecer.

Uma vez que esse tipo de perguntas começa a surgir depois das reuniões, é muito difícil recuperar o *momentum*. Existem excelentes dicas práticas a se considerar quando você planeja e conduz reuniões, mas também existem algumas dicas filosóficas a respeito das quais você deve refletir – como a maneira de tratar as pessoas, particularmente em um ambiente público. E elas são úteis, quer a reunião seja presencial ou virtual.

Seja um mestre em reuniões: Dicas para evitar pontos baixos em uma reunião

Saiba quando não marcar uma reunião!

Decida se uma reunião é o melhor veículo para abordar o assunto. Anteriormente, neste capítulo, apresentamos exemplos de quando uma reunião de fato faz sentido. Existem diversas outras ocasiões em que ela não faz. Por exemplo, quando:

- Você não está totalmente seguro do motivo pelo qual está marcando uma reunião e/ou dos objetivos que deseja alcançar.
- Seu único propósito é transmitir informações. Com a tecnologia atual, existem maneiras muito mais dinâmicas de fazer isso.
- Um participante crucial não poderá comparecer. É melhor cancelar a reunião. Se não fizer isso, pode ter certeza de que precisará começar tudo de novo.
- Apenas algumas pessoas são realmente cruciais para a realização de sua meta, mas uma dúzia delas está presente à reunião. Isso não é apenas ineficaz, mas também faz as pessoas se questionarem sobre o motivo de terem sido convidadas.
- Uma decisão já foi tomada ou precisa ser tomada com rapidez. Alguns líderes iniciantes erram ao envolver excessivamente todas as pessoas.

De vez em quando, existem ocasiões em que uma breve reunião se faz necessária, mas você não precisa estar presente. Quanto mais acreditar que as pessoas que trabalham para você são capazes de se reunir sozinhas, em melhor situação você ficará.

O começo certo: deixar claro o propósito e a importância

Histórias de horror envolvendo reuniões podem ser evitadas muitas vezes se você tiver uma meta ou propósito claro e explicar com clareza por que a reunião é crucial para você, para os que irão participar dela e para a organização. Não raro, isso pode ser comunicado de antemão, mas, mesmo assim, deve ser o primeiro passo no início de uma reunião.

Defina a agenda com antecedência

Criar e se ater a uma agenda é parte importante de qualquer reunião. Na realidade, isso se torna seu roteiro para percorrer os temas que deseja discutir. Agendas incluem o propósito e a importância da reunião, o nome e a função das pessoas que estão participando dela, a hora e o local, o conjunto de tópicos que planeja abordar (com a distribuição do tempo) e os resultados esperados. Não aguarde a hora da reunião para comunicar qual é a agenda; envie-a dois ou três dias antes. Além disso, qualquer trabalho prévio ou expectativas devem ser enviados com a agenda. Já participamos de reuniões nas quais a metade do tempo foi consumida com a leitura de documentos que deveriam ter sido lidos de antemão.

Falta de minutos equivale a minutos perdidos

Isso parece óbvio, mas você não imagina o número de vezes em que estávamos em uma reunião quando, no meio do caminho, alguém perguntou: "Quem está tomando nota?" Designe sempre um tomador de notas, de preferência que não seja você. Se pesquisar um pouco, descobrirá que existem muitos aplicativos de preço acessível (por exemplo, Evernote) que podem simplificar a tarefa de fazer, armazenar e distribuir anotações de reuniões.

Líderes de reuniões são participantes sofríveis

É muito difícil conduzir uma orquestra e tocar um instrumento ao mesmo tempo! Rajev, quando estava na função de liderança havia apenas seis meses, se deu conta de que falava o tempo todo durante suas reuniões. Na condição de líder de uma reunião, você precisa se concentrar em cada participante, motivando cada um deles a se expressar para o grupo. (Você encontrará outras dicas que facilitam esse processo mais adiante neste capítulo.) Pode ser que precise também mediar um conflito entre participantes e manter as coisas em andamento. Na condição de líder da reunião, será preciso usar suas habilidades de facilitação para seguir a agenda e incentivar as pessoas na sala a compartilhar suas ideias e preocupações. Se quiser ser um dos participantes da reunião, talvez deva cogitar pedir a alguém que o substitua como facilitador.

Respeite o horário

Nada é mais prejudicial para uma reunião eficaz do que começar com atraso e avançar no horário. Essa dica é bem simples. Adquira o hábito de começar e encerrar no horário. É claro que você precisa dar o exemplo. Se notar que alguns dos participantes com frequência chegam tarde ou vão embora mais cedo, o *coaching* poderá ser útil.

Comande e controle a multitarefa

Lidar com participantes que executam várias tarefas ao mesmo tempo representa um desafio significativo para muitos líderes iniciantes. O participante de uma reunião que está enviando e-mails, mensagens de texto ou fazendo outros tipos de trabalho decididamente não está concentrado no que está sendo discutido. Se quiser ter certeza de que terá a total atenção de todos, *defina suas expectativas no início da reunião*. Peça às pessoas que não usem *laptops*, *tablets* e *smartphones*, a não ser que estes sejam absolutamente necessários para o trabalho deles, estejam sendo usados para fazer anotações ou sejam fundamentais para contribuir com informações externas à discussão.

O passo seguinte

O ápice do poder de uma reunião bem conduzida é alcançado *depois* que ela termina. Quase todas as reuniões deveriam se encerrar com um conjunto claro de passos seguintes, de quem é responsável pelo quê e em quais datas. Não deixe de reservar tempo para fazer isso, porque essa parte acaba sendo prejudicada. Um dos líderes que entrevistamos também leva alguns minutos obtendo *feedback* sobre a eficácia da reunião em si. Ela foi eficaz? Todos participaram? Os resultados estão claros? Essa é uma excelente ideia!

A base do sucesso em reuniões: habilidades de interação

Um dos papéis mais difíceis do líder é ser um *facilitador* em reuniões. Na Primeira Parte, apresentamos um conjunto de habilidades de interação cruciais que o ajudarão a satisfazer as necessidades pessoais e práticas das pessoas. A Ferramenta 13.1 descreve alguns dos desafios comuns em reuniões e como usar essas habilidades para superá-los.

Anteveja e previna problemas

Um grama de prevenção equivale a um quilo de cura. Se puder antever obstáculos, você poderá planejar uma maneira de contornar os problemas na reunião propriamente dita. Eis algumas perguntas que pode fazer a si mesmo antes da reunião:

- Alguns dos participantes têm conflito permanente?
- Alguém com opiniões vigorosas poderia dominar a discussão?
- Alguns dos tópicos que você pretende discutir vão surpreender as pessoas ou fazê-las reagir de maneira negativa?

A Ferramenta 13.1 o ajudará a aplicar as dicas precedentes a situações específicas de uma reunião. Ela o colocará no caminho certo para que você se torne um mestre no assunto.

Como usar as habilidades de interação para resolver problemas em reuniões

PROBLEMA	SINTOMAS	SUGEREM QUE VOCÊ
Discussão	<ul><li>Redução do trabalho em equipe.</li><li>Alguém se recusa a se comprometer.</li><li>As emoções afloram.</li><li>As pessoas fazem críticas pessoais umas às outras.</li><li>Elas escutam não para entender, e sim para refutar.</li></ul>	<ul><li>**Incentive os outros a se revezarem ao falar.**</li><li>**Resuma ideias/ações.** Peça às pessoas que estão discutindo que resumam suas opiniões uma da outra, para promover melhor entendimento.</li><li>**Faça um intervalo.** Deixe que as pessoas esfriem a cabeça. Converse em particular com aquelas que estão discutindo, usando os *Princípios-chave* apropriados.</li></ul>

PROBLEMA	SINTOMAS	SUGEREM QUE VOCÊ
Dominação	- A discussão se torna um monólogo; outros participantes "se desligam". - Alguém demora demais para apresentar uma ideia. - Alguém insiste em que suas ideias sejam aceitas e se recusa a ouvir o que os outros têm a dizer.	- **Concentre-se na agenda/ resultados desejados.** - **Resuma ideias/ações.** Interrompa o dominador, resuma seu entendimento do que foi dito e redirecione a discussão para outra pessoa. - **Faça um intervalo.** Em seguida, converse em particular com a pessoa que está dominando a reunião. - **Estima.** Isso pode evitar que a pessoa vá para o outro extremo e se retraia. - **Compartilhamento.** Descreva como você acredita que o comportamento da pessoa está afetando os outros. - **Envolvimento.** Peça ideias à pessoa a respeito de uma participação diferente.
Hesitação	- O progresso se torna mais lento ou é completamente interrompido. - As pessoas não estão participando. - O grupo deixa que você (o líder) fale a maior parte do tempo. - Decisões são adiadas.	- **Concentre-se na agenda/ resultados desejados.** Repita os resultados desejados da reunião e por que eles são importantes. - **Escute e responda com empatia.** Revitalize a discussão pedindo às pessoas uma ideia ou sugestão. - **Faça um intervalo.** Deixe que todos, inclusive você, restaurem as forças. - **Resolva o problema mais tarde.** Se as pessoas estão com dificuldade para solucionar um problema, peça a um subgrupo que trabalhe nele posteriormente.

PROBLEMA	SINTOMAS	SUGEREM QUE VOCÊ
Perda de rumo	- As pessoas discutem assuntos que não estão na agenda ou não respaldam os resultados desejados. - As pessoas saltam à frente na agenda. - As pessoas passam mais tempo em um assunto do que o que foi atribuído a ele.	- **Concentre-se na agenda/ resultados desejados.** Pergunte até que ponto os comentários de alguém são relevantes. - **Compartilhe pensamentos, sentimentos e argumentos.** Explique as consequências que você acha que ocorrerão caso a agenda não seja concluída. - **Mantenha a autoestima e resuma ideias/ações.** Interrompa com cuidado a pessoa, resuma o que ela disse e redirecione a discussão para outra pessoa. - **Resolva o problema mais tarde.** Quando as pessoas levantarem problemas relevantes que não estiverem na agenda, relacione-os em um flip-chart intitulado "Problemas". Concorde em discuti-los no final da reunião ou posteriormente.
Interrupções	- Alguém interrompe as pessoas quando elas estão falando. - As pessoas têm conversas paralelas. - Alguém pede a você que repita uma informação depois de ter chegado atrasado ou ter deixado a reunião para tratar de outro assunto.	- **Incentive os outros a se revezar quando falam.** Interrompa educadamente a discussão e peça à pessoa que fez a interrupção que espere para falar. - **Faça um intervalo.** Se alguém continuar a perturbar a reunião, converse em particular com ele durante o intervalo. - **Concentre-se na agenda/ resultados desejados.** Reforce a importância de que a agenda seja concluída para estimular as pessoas a reprimir quaisquer comentários desnecessários.

PROBLEMA	SINTOMAS	SUGEREM QUE VOCÊ
Extravasamento de emoções	- As pessoas se queixam em voz alta ou ficam perturbadas. - O grupo põe a culpa de um problema em outra pessoa. - Um dos participantes insinua que as coisas estariam melhores se outro participante tivesse feito melhor o trabalho dele.	- **Ouça e responda com empatia.** Ajude as pessoas a seguir em frente; mostre que você compreende como estão se sentindo e por quê. - **Concentre-se na agenda/ resultados desejados.** Enfatize que uma boa maneira de melhorar a situação é concentrando-se em fatores que o grupo possa controlar. - **Resolva o problema mais tarde.** Programe um horário para acompanhar as preocupações que as pessoas possam ter.
Retraimento	- Alguém parece relutante em fazer qualquer contribuição. - Uma pessoa faz outro trabalho durante a reunião.	Use os Princípios-chave apropriados: - **Incentive o envolvimento.** Atraia a pessoa pedindo que ela externe suas ideias. - **Aumente apropriadamente a autoestima.** Mostre o quanto você valoriza a contribuição da pessoa.

Seu Primeiro Cargo de Liderança

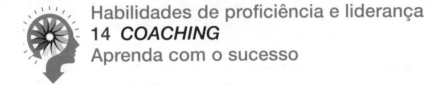

Habilidades de proficiência e liderança
14 *COACHING*
Aprenda com o sucesso

Pense: Preparação

Pense em alguma coisa na qual tenha se esforçado para se tornar competente. Pode ter sido na escola, no esporte, na dança, na produção de vídeos, na oratória, no domínio de planilhas – qualquer coisa. Você prefere aprender com seus sucessos ou com seus fracassos?

Inclua-me, *coach!*

Se pedir à maioria das pessoas que expliquem o que elas querem dizer com "liderança", é bem provável que você obtenha uma vaga descrição de *coaching* acompanhada por uma série de metáforas esportivas. É fácil entender por quê. A versão esportiva de um *coach* oferece um exemplo romântico e dramático de liderança no qual uma pessoa traz à tona o que há de melhor em outras, ao mesmo tempo que leva o título para casa. É heroico! As palavras sentimentais de estímulo no intervalo do jogo, a ansiedade e o nervosismo na linha lateral, e a volta ao redor do campo nos ombros de um time agradecido tendem a resultar em uma imagem gratificante e inspiradora. Existe uma razão pela qual *coaches* bem-sucedidos acabam ocupando listas de "grandes líderes" em revistas todos os anos: eles parecem um modelo perfeito para que possamos vencer nos negócios e na vida. Quem não anseia pelo rugido da multidão comemorando o sucesso?

Mas esse não é o tipo de *coaching* de que falamos aqui. Na realidade, o *coach* esportivo talvez seja uma metáfora contraproducente para o tipo de *coaching* que você precisará fazer praticamente de quase todas as maneiras, exceto uma. Por quê? Porque a inspiração do dia do jogo é um substituto insatisfatório para a orientação regular e oportuna que os membros de sua equipe precisam que você lhes dê para adquirirem habilidades, conhecimentos e comportamentos de que necessitam para executar seu trabalho e fazer o negócio crescer. Esse verdadeiro tipo de *coaching* ocorre de pequenas, porém poderosas, maneiras todos os dias. Os banhos regados a champanhe são opcionais.

> A maioria das pessoas preferiria aprender com seus sucessos.

No exercício "Pense: Preparação", perguntamos se você preferiria aprender com o sucesso ou o fracasso. Se você é como a maioria das pessoas que fez meu curso, "Coaching for Peak Performance" ["*Coaching* para o máximo desempenho"], com certeza respondeu "aprender com o sucesso". Fácil, não é mesmo? Aprender com os erros pode ser eficaz, mas também exaustivo, demorado e constrangedor. E os fracassos no local de trabalho podem arrasar uma equipe inteira, atrasar ou arruinar projetos, e fazer a empresa perder dinheiro. Aprender com uma experiência de sucesso gera entusiasmo, reforça bons hábitos e promove a boa vontade. Os membros de sua equipe, assim como a maioria das pessoas, preferiria *aprender com o sucesso, ao mesmo tempo que assumem, com segurança, riscos associados às novas responsabilidades*. E agora é sua função oferecer o tipo de *coaching* que os ajudará a atingir isso. Ao contrário de correr rápido, saltar bem alto ou chutar uma bola com precisão, trata-se de uma habilidade que todos podem aprender. (Vamos encerrar aqui a metáfora esportiva.)

Mesmo que você não saiba mais nada, esteja certo do seguinte: na condição de líder, você precisará reconhecer, aplicar e conhecer a fundo dois tipos de *coaching*: o *proativo* e o *reativo*. O *coaching* proativo, como o nome sugere, vai ajudá-lo a se antecipar às oportunidades e situações; a agir antes que elas aconteçam – trata-se de ajudar as pessoas a aprender com o sucesso. O *coaching* reativo, ao contrário, vai inseri-lo na confusão depois que algo já aconteceu ou está em andamento – trata-se de ajudar as pessoas a mudar de rumo depois de um problema ou revés. Para ter êxito como líder de linha de frente, você precisará conhecer ambos a fundo. No entanto, ainda mais importante é entender o que eles são e por que são diferentes.

Defina e conquiste

O *coaching proativo* se dá *antes* que algo tenha ocorrido e orienta as pessoas para o sucesso em situações novas ou desafiadoras como as seguintes:

- Assumir uma nova responsabilidade, tarefa ou incumbência desconhecida.
- Aprender uma diferente habilidade ou função no emprego.
- Trabalhar com novos parceiros ou fornecedores.
- Planejar a condução de uma primeira reunião ou conversa desagradável.
- Preparar-se para resolver um conflito.

O *coaching reativo* se dá *depois* que algo já aconteceu e orienta as pessoas para melhorar ou intensificar seu desempenho no trabalho, como:

- Tornar bons resultados ainda melhores.
- Melhorar uma classificação de desempenho baixa ou fraca.
- Atingir metas ou prazos finais que não estão sendo alcançados.
- Rever tarefas ou incumbências concluídas em busca de maneiras de melhorá-las.
- Abordar hábitos de trabalho insatisfatórios como pontualidade, preparação para reuniões e assim por diante.

Eis uma triste verdade: quase todos os líderes são péssimos *coaches*, mesmo que não tenham essa intenção. Mesmo que sejam pessoas maravilhosas. E existem muitas razões para isso. Às vezes, é porque desejam evitar o conflito. Não raro, acreditam que seria melhor que os subordinados diretos fossem empreendedores ou independentes e descobrissem as coisas sozinhos. E às vezes eles são influenciados pelo fascínio heroico do *coaching*. Talvez você já tenha trabalhado com alguém que gostava de intervir depois do fato consumado e lhe dizer o que você deveria ter feito de maneira diferente, ajudando-o depois a colocar as coisas no devido lugar. É possível, até mesmo, que você seja essa pessoa. Chamamos isso de síndrome do apagador de incêndios. Socorrer as pessoas nos transmite uma sensação agradável, é bonito – e às vezes necessário –, mas é *coaching* reativo.

Mas, explicada a diferença, a maioria dos líderes que entrevistamos admitiu que se apoiavam no *coaching* reativo por uma razão: acreditavam não ter tempo para fazer seu trabalho *e* ser um *coach* competente para seu pessoal. Nossas informações revelam um surpreendente paradoxo: quanto mais tempo você passa fazendo *coaching* proativo com as pessoas, mais tempo você libera na agenda. O resultado é que o *coaching* reativo esgota rapidamente o tempo, a energia e outros recursos valiosos.

O *scorecard* na Figura 14.1 indica que os líderes têm um longo caminho a percorrer para desenvolver as habilidades necessárias para ser um *coach* proativo.[1]

Você talvez se lembre de John, o urbanista do Capítulo 1. Ele descobriu da maneira mais difícil que o fato de ter deixado de oferecer *coaching* para sua subordinada direta mais experiente atrasou os projetos e abalou a confiança dela. *Eu só dava orientação a ela quando ocorria um problema*, declarou ele. *E parecia que eu estava me valendo da microgestão. Apenas achava que todas as pessoas se saíam melhor quando descobriam as coisas sozinhas.* Depois de ele estar no cargo havia seis meses, a produtividade no escritório despencou abruptamente. A ironia da situação de John era que seu novo supervisor fazia o mesmo com ele. *Relembrando agora, eu precisava de ajuda para enfrentar coisas importantes – como a primeira vez que fiz uma apresentação para o pessoal*, disse John. Havia os novos relacionamentos com parceiros para administrar, funções de recursos humanos e, é claro, reuniões mensais. Tudo isso teria sido mais fácil se ele tivesse se sentido mais bem preparado. Vamos dar uma olhada em outra líder, Marta, que sabia que seu braço direito com alto desempenho, William, era uma pessoa irritadiça.

Figura 14.1 *Scorecard* de comportamento de *coaching*.

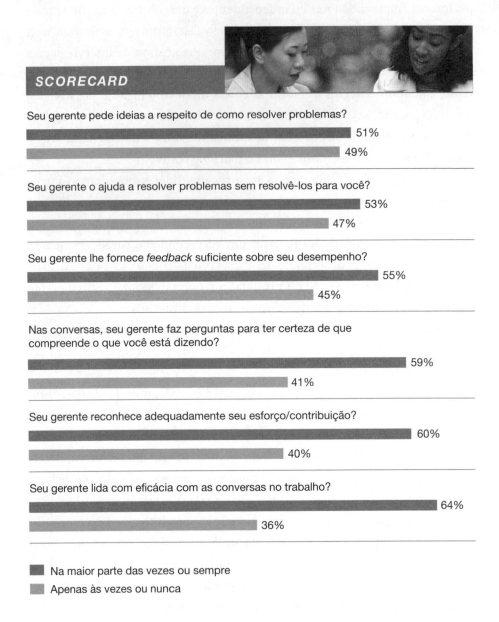

SCORECARD

Seu gerente pede ideias a respeito de como resolver problemas?
51%
49%

Seu gerente o ajuda a resolver problemas sem resolvê-los para você?
53%
47%

Seu gerente lhe fornece *feedback* suficiente sobre seu desempenho?
55%
45%

Nas conversas, seu gerente faz perguntas para ter certeza de que compreende o que você está dizendo?
59%
41%

Seu gerente reconhece adequadamente seu esforço/contribuição?
60%
40%

Seu gerente lida com eficácia com as conversas no trabalho?
64%
36%

■ Na maior parte das vezes ou sempre
■ Apenas às vezes ou nunca

Quando ela o deixou no meio de uma equipe já estabelecida, ele foi totalmente incapaz de fazer *coaching* com qualquer pessoa. *Quando chega certo ponto, os traços de personalidade são apenas um ruído para mim*, admitiu ela. *Tudo o que desejo é que eles resolvam as coisas.* Em vez disso, Marta desperdiçou um tempo valioso acalmando ânimos irritados, corrigindo problemas e tentando revitalizar a disposição de ânimo.

DICA TECNOLÓGICA!!

As coisas avançam rápido hoje em dia. Não espere por um momento ideal da reunião semanal para descobrir como as pessoas estão se saindo. A tecnologia pode ajudá-lo a tirar proveito das oportunidades de *coaching* quando elas surgirem. Breves mensagens com perguntas ou comentários perspicazes podem manter as pessoas motivadas e no rumo certo. Use e-mails e mensagens de texto (com base nas preferências de sua equipe) para fazer perguntas rápidas ou fornecer um breve *feedback* a fim de garantir que as pessoas estão fazendo progresso. Uma mensagem de texto perguntando "Como correram as coisas? Posso ajudar em algo?" depois de uma apresentação crucial pode incentivar um membro da equipe e evidenciar esse seu momento significativo.

Avaliação de impacto

O desempenho no trabalho de uma pessoa, excepcional ou sofrível, pode afetar demais todo o ecossistema de trabalho. Quando um dos membros da equipe estiver disperso e inseguro com relação a um projeto ou tarefa, ele precisará de um *coaching* proativo. Sem ele, o foco de todo o trabalho do departamento pode se tornar confuso pelos acertos de último minuto. Ou então, se um recepcionista não responder pontualmente aos e-mails de colegas, isso poderá causar confusão e perda de produtividade na equipe inteira.

Use as perguntas a seguir para avaliar o impacto do desempenho de uma pessoa em cada área; essas informações o ajudarão a se preparar para uma sessão de *coaching* proativo ou reativo.

Pessoas

- Quem está sendo atualmente (ou poderá ser no futuro) afetado pelo desempenho de determinado membro de sua equipe (por exemplo, clientes, membros da equipe e assim por diante)? De que maneira?
- Que necessidades pessoais ou práticas essa pessoa tem? Elas estão sendo satisfeitas?
- Que impacto, positivo ou negativo, o comportamento do membro de sua equipe poderia ter em outras pessoas? E no restante da equipe? E na organização?

Produtividade

- Como o desempenho do membro de sua equipe está afetando os processos, os prazos finais ou o trabalho de outras pessoas?
- Que impacto positivo ou negativo o desempenho do membro de sua equipe poderá ter na produtividade dos outros? E na produtividade como um todo?

Lucratividade

- Que impacto, positivo ou negativo, o desempenho do membro de sua equipe poderia causar na lucratividade?
- Se o membro da equipe não estiver tendo um desempenho bem-sucedido, quanto dinheiro poderia se perder?

DICA DO ESPECIALISTA DA DDI: Se quiser uma maneira rápida de pensar a respeito da diferença entre *coaching* proativo e reativo, lembre-se do **buscar** e **determinar** do Capítulo 6. O *coaching* proativo enfatiza *buscar* o comprometimento da pessoa ao fazer perguntas de grande eficácia ou revelar ideias para desenvolver a empatia. O *coaching* reativo enfatiza *determinar* o que a pessoa deve fazer para resolver um problema ou lidar com uma questão complicada. Buscar e determinar são dois extremos das técnicas de *coaching*. Sua função é equilibrá-los em todas as interações.

Além disso, tanto quanto for possível, você deve *buscar mais do que determinar*. Use a Ferramenta 14.1 para planejar se vai precisar buscar ou determinar mais em pontos específicos em sua conversa de *coaching*.

Minha abordagem

BUSCAR		DETERMINAR
❏	Benefícios para a pessoa, equipe, organização	❏
❏	Informações básicas	❏
❏	Problemas, preocupações, obstáculos	❏
❏	Ideias para alcançar o sucesso	❏
❏	Recursos/apoio necessários	❏
❏	Medidas específicas a serem tomadas	❏
❏	Maneiras de observar o desempenho e mensurar resultados	❏
❏	Resumo dos passos seguintes	❏

O *coach* perfeito

Alguns dizem que o *coach* perfeito é um mito, mas Tacy e Rich conhecem um. Ambos se beneficiaram de uma carreira repleta de momentos francos e sinceros com essa pessoa. Ele também é modesto demais para permitir que seu nome seja citado aqui, mas eis o que ele faz que o torna um *coach* perfeito:

- Tem sempre a porta aberta, disponível para oferecer conselhos.
- Informações confidenciais estão em segurança nas mãos dele.
- **Nunca** inicia uma conversa de *coaching* colocando-nos na defensiva.

> - Está sempre nos fazendo perguntas. Ele tem o dom de nos fazer pensar na coisa certa a ser feita!
>
> Desse modo, portanto, ele é a pessoa que os outros procuram frequentemente para *coaching* e conselhos. Trata-se de uma reputação invejável para qualquer líder!

Oh, a humanidade...

O *coaching* é uma atividade profundamente humana. Quando você fala de maneira franca e autêntica com seus subordinados diretos, descobre logo que eles têm necessidades pessoais que trazem diariamente para o trabalho, como a de estar envolvidos, ser ouvidos e compreendidos. Eles também têm necessidades práticas, como recursos insuficientes, problemas para resolver e um plano de ação que possam aplicar de imediato. E você poderá descobrir que estão tendo dificuldades reais para se sentir bem com relação ao emprego, o que significa que você corre o risco de perdê-los. (Consulte o Capítulo 12 para mais informações sobre retenção e engajamento.) Nós o incentivamos a usar as habilidades de interação apresentadas na Primeira Parte, pois elas poderão ajudá-lo a planejar suas conversas de *coaching* para abordar os dois lados dessas necessidades bastante humanas. Como você deve se lembrar, as habilidades de interação têm duas partes:

- Princípios-chave – para abordar as necessidades pessoais.
- Diretrizes de Interação – para abordar as necessidades práticas.

Coaching com diretrizes de interação

Uma conversa de *coaching* para satisfazer necessidades práticas tem cinco partes distintas que mencionamos anteriormente: *Iniciar, Esclarecer, Desenvolver, Concordar* e *Encerrar*. Para ser bem-sucedido, você precisa percorrer as cinco. A propósito, não fará diferença se essa conversa se der de uma só vez ou ao longo de uma série de reuniões, e-mails ou mensagens instantâneas. Mas, por enquanto, procure ter o maior número possível de conversas pessoalmente ou por telefone (ou por meio de outro veículo de comunicação por voz). Vinte minutos, frente a frente, é o ideal; reserve o máximo de tempo possível nos seus primeiros noventa dias para os subordinados diretos.

A Figura 14.2 o ajudará a pensar a respeito das Diretrizes de Interação no *contexto* de discussões de *coaching* proativas e reativas, em que elas poderão causar um grande impacto. Os retângulos de chamada no gráfico citam dicas específicas para a utilização de cada Diretriz de Interação.

Figura 14.2 Diretrizes de Interação em conversas de *coaching*.

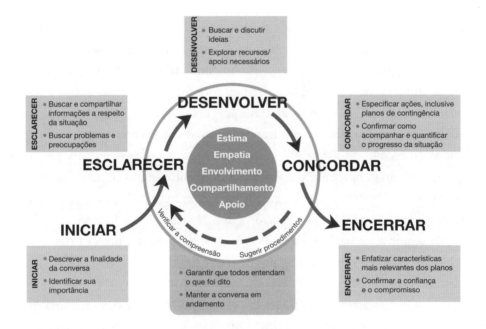

DICA DO ESPECIALISTA DA DDI: Segundo nossa experiência, a maioria das pessoas salta a parte Esclarecer quando faz *coaching*. Parece mais rápido e mais próprio de um líder saltar logo de Iniciar para Desenvolver – o que é um grande erro. Por quê? A etapa Esclarecer ajuda a pessoa que você está orientando a compreender a situação de maneira mais profunda. Você promove esse entendimento fazendo perguntas eficazes para levar a pessoa a examinar a situação de outras perspectivas, incentivando-a a pensar em voz alta com você. Somente depois disso você deve avançar para a etapa Desenvolver, para então começar a levantar ideias. Nesse ponto, a maioria das ideias geradas deverão ser da pessoa.

Coaching com os Princípios-chave

O lado pessoal do *coaching* pode parecer mais desafiador porque o resultado não se baseia em referenciais externos – como um plano consensual –, mas sim na maneira como as pessoas se entendem. É neste ponto que muitos líderes de linha de frente ficam nervosos ou tornam-se impacientes. *Isto é realmente necessário*? No entanto, ao fazer perguntas de aprofundamento de alto ganho – ou revelar de maneira franca uma parte do seu eu interior –, você pode compreender melhor e responder às motivações pessoais das pessoas que trabalham para você. É durante esses momentos que as pessoas desenvolverão ou reafirmarão a confiança em você com base em sua capacidade de incorporar as necessidades e os valores delas à sua visão de liderança.

A seguir, uma breve série de Perguntas e Respostas sobre os Princípios-chave e discussões de *coaching* proativo e reativo.

1. Que *necessidades pessoais* as pessoas poderão ter durante uma discussão de *coaching reativo*? Que Princípios-chave você usaria para satisfazer essas necessidades pessoais?
    - **Sentir-se valorizadas e respeitadas.** As pessoas podem se sentir vulneráveis a respeito do desempenho delas, por isso é interessante que você reconheça e reforce as capacidades e habilidades delas. Para satisfazer essa necessidade pessoal, você poderia usar o *Princípio-chave da Estima*.

- **Ser ouvidas e compreendidas.** As pessoas podem expressar fortes emoções ao discutir o desempenho delas no trabalho. O *Princípio-chave da Empatia* ajuda a neutralizar essas emoções, para que as pessoas possam pensar de maneira mais racional.
- **Estar envolvidas.** As pessoas desejarão fazer parte de qualquer plano que envolva o aprimoramento delas; é interessante que você desenvolva o empenho delas em se lançar a mudanças. Para satisfazer essa necessidade pessoal, você poderia usar o *Princípio-chave do Envolvimento*.

2. Por que é importante *pedir ajuda e incentivar o envolvimento* nas discussões de *coaching* proativo e reativo?
    - Durante as discussões de *coaching* proativo, usar o Princípio-chave do Envolvimento o ajudará a compreender melhor as necessidades dos demais e a mobilizá-los para a realização de uma mudança ou aprimoramento.
    - Durante as conversas de *coaching* reativo, usar o envolvimento pode desenvolver o empenho em realizar uma mudança ou aprimoramento.
    - Em ambas as discussões, é importante para as pessoas assumir o controle de suas ações.

3. Por que usar o *Princípio-chave da Estima* pode ser importante em uma discussão de *coaching* reativo?
    - É importante para manter a estima. Reforça as capacidades e habilidades das pessoas, ajudando-as a compreender que existem aspectos do trabalho delas que estão indo bem.

4. Se você tivesse que manter a autoestima de uma pessoa em uma discussão de *coaching* reativo, como faria isso? Dê um exemplo de um diálogo específico.
    - *Identificamos áreas nas quais você precisa trabalhar. Agora, gostaria de conversar com você sobre as áreas nas quais está indo muito bem...*
    - *Embora os resultados não estejam no ponto onde deveriam estar neste momento, você tem a experiência e a motivação necessárias para fazer isso acontecer.*

5. Por que pode ser importante, em uma discussão de *coaching* reativo, *ouvir e responder com empatia*?
  - A empatia possibilita neutralizar emoções fortes e fornecer às pessoas uma maneira de transcender essas emoções.

Desse modo, bastam algumas perguntas estimulantes em equilíbrio com autêntica atenção e empatia para estar no caminho de se tornar um *coach* perfeito. Nessa condição, você concentra sua energia na equipe, nos desafios dos membros e nas necessidades de *coaching* deles. A maneira como você *revela seus pensamentos, sentimentos e argumentos* em discussões de *coaching* proativo e reativo é igualmente importante. As pessoas querem saber o que você está pensando e sentindo como líder; por exemplo: *estou preocupado, porque, se isto não for resolvido, vamos perder o prazo final*. Ao revelar seus sentimentos, você ajuda os demais a se conectarem com você; ao mesmo tempo, desenvolve a confiança, que é um bem precioso para qualquer líder.

DICA TECNOLÓGICA!!

O que você deve fazer quando precisar dar *coaching* mas não tiver tempo para uma discussão completa? Para começar, não espere! Você pode desmembrar a discussão em conversas menores que girem em torno de cada uma das cinco Diretrizes de Interação e usar a tecnologia para avançar de uma etapa para a seguinte. Por exemplo, pode usar uma troca de e-mails para Iniciar uma discussão de *coaching* (proativo ou reativo) e Esclarecer informações e detalhes. A etapa Desenvolver geralmente requer troca de ideias, de modo que conduzi-la em tempo real por telefone, webconferência ou mensagens instantâneas geralmente é a melhor opção. As etapas Concordar e Encerrar podem ser feitas por e-mail, mensagem instantânea ou até mesmo mensagens de texto. É mais difícil fazer *coaching* em etapas usando a tecnologia? É, e vai exigir certa prática. No entanto, a única coisa ainda pior é protelar a conversa, o que com frequência resulta em abrir mão dela. No caso de líderes que administram colaboradores distantes, o *coaching* baseado em tecnologia pode ser a norma, e as discussões face a face, um luxo raro. De qualquer modo, torne-se competente nisso para que possa dar às pessoas o apoio de que precisam, independentemente de hora, cronograma ou localização.

Você acredita que eles possam voar, certo?

No início deste capítulo, dissemos que o esporte oferece uma metáfora imperfeita para o *coaching* na empresa, a não ser por uma: o *coach*, por definição, não pode fazer o trabalho para cada jogador. Como exploramos no Capítulo 3, sua transição de colaborador individual para líder marca a mudança de você mesmo realizar o trabalho para se tornar um catalisador que pode despertar o esforço alheio. O *coaching* é uma excelente maneira de ajudar as pessoas a se prepararem, aprenderem e, em última análise, crescerem no emprego. Mas você precisa deixar que elas façam isso. Assim como seria absurdo, digamos, ver em uma Copa do Mundo um *coach* arremeter pelo campo e correr com a bola para fazer um gol, é igualmente ridículo que você tente executar o trabalho de sua equipe, seja por desespero ou porque sente falta da empolgação da vitória. Você terá que correr o risco e deixar que os membros da equipe façam o trabalho deles. Essa é a analogia com o esporte que esperamos que você tenha sempre em mente.

Se perceber que está tendo dificuldade para se soltar, passe mais tempo recorrendo ao *Princípio-chave do Apoio* e refletindo sobre ele. É aí que você estabelece um plano para oferecer ajuda às metas de seus subordinados diretos, com um monitoramento realista e adequado para ajudá-lo a se sentir mais seguro. À medida que dominar a diferença entre *coaching* proativo e reativo, e praticar usando as Diretrizes de Interação, os elementos do *coaching* começarão a lhe parecer mais naturais.

Seu Primeiro Cargo de Liderança

Habilidades de proficiência e liderança
15 FUNDAMENTOS DO *FEEDBACK*
Específico, oportuno e equilibrado

Pense: Preparação

Todos já recebemos um *feedback* na nossa carreira e dissemos: isso foi perspicaz. E alguns dias ou semanas depois, até mesmo paramos para agradecer à pessoa que nos deu o *feedback*. Pense no seguinte: as pessoas na sua organização recebem *feedback* suficiente? O quanto confiante você se sente a respeito de dar tanto um *feedback* positivo quanto um construtivo? E, o que é mais importante, o desempenho da sua equipe sofre porque as pessoas não recebem o *feedback* necessário para que tenham um desempenho que atinja o potencial delas?

Às vezes, é tão bom receber quanto dar.

Essa era a situação que a tripulação da Apolo 11 enfrentou na sua lendária missão lunar em 1969. Na metade do percurso, a tripulação tinha se desviado bastante do curso e eles estavam quase sem combustível. Nessa situação, os astronautas poderiam ter desconsiderado as informações (*feedback*) que receberam dos controladores de voo e dos computadores. Neil Armstrong controlava o módulo de comando, e ele poderia tê-lo conduzido a qualquer lugar que desejasse. Mas ele aceitou as informações e fez as correções de curso que possibilitaram que ele acertasse um alvo em movimento a quatrocentos mil quilômetros de distância da Terra.

Embora permutar *feedback* no espaço possa ser uma proposição de vida ou morte, os princípios do *feedback* eficaz se aplicam tão bem aqui na Terra quanto no espaço. (Embora, para a maioria de nós, essas conversas não tenham consequências tão dramáticas.) O *feedback* responde à pergunta "Como estou me saindo?", sendo um elemento comum em uma série de conversas que você terá como líder. As pessoas comumente apreciam receber *feedback positivo*, já que ele atende à necessidade pessoal comum de se sentir valorizado e ser reconhecido. Mais do que isso, quando alguém se sai bem e recebe um *feedback* positivo, este ajuda essa pessoa a saber que comportamento ela deverá repetir no futuro. O *feedback de desenvolvimento* é igualmente crucial para ajudar as pessoas a formar relacionamentos bons ou melhores no trabalho e a melhorar o desempenho para alcançar resultados. Quando oferecido com eficácia, ele informa às pessoas o que elas podem fazer para corrigir erros e as ajuda a se desenvolver e crescer profissionalmente. No entanto, muitos líderes frequentemente hesitam em dá-lo, e os funcionários em aceitá-lo.

> Este é um pequeno passo para o homem, mas um salto gigantesco para a humanidade.
>
> – **Neil Armstrong** (1969)

O *feedback* eficaz envolve mais do que meramente dizer: "Obrigado" ou "Meus parabéns". Embora as pessoas gostem de ser notadas pelo seu árduo trabalho, o *feedback* positivo com palavras vagas causa pouco impacto. O mesmo se aplica ao *feedback* de desenvolvimento. Para ter um valor autêntico e duradouro, o *feedback* precisa ser *específico, oportuno* e *equilibrado*. O *feedback* eficaz também se concentra no desempenho ou comportamento, e não na pessoa ou nos motivos da pessoa. Tenha em mente esses princípios quando você estiver pedindo *feedback* sobre como você está se saindo.

Líderes oferecem *feedback* o tempo todo – mito ou fato?

O famoso orador Jack Welch, ex-presidente do conselho administrativo e CEO da General Electric, fez muitas apresentações diante de milhares de pessoas. Ele normalmente pergunta à audiência: *Quantos de vocês trabalham para uma organização que valoriza a integridade?* Em geral, quase todas as pessoas levantam a mão. Em seguida, ele pergunta: *Quantos de vocês recebem um* feedback *franco e sincero a respeito de seu desempenho?* Invariavelmente, muito poucas pessoas levantam a mão. Welch então ressalta que uma organização não pode ter integridade se ela deixa de fornecer um *feedback* objetivo e sincero aos funcionários.[1] E esse é o nosso papel como líderes – apoiar o desempenho no emprego, o crescimento e o desenvolvimento da nossa equipe. E o segredo é o *feedback*. No entanto, como assinalado, é um mito que as pessoas recebam geralmente um *feedback* regular e proveitoso a respeito do seu desempenho no trabalho. Na realidade, a nossa própria pesquisa mostra que 42% dos colaboradores individuais (os membros da sua equipe) disseram que "mais *feedback* e orientação da parte do meu novo gerente" teria facilitado significativamente a transição deles para a nova função.[2]

No entanto, o *feedback* é uma ferramenta a ser usada apenas com a sua equipe? Não, ele é uma ferramenta de negócios eficaz que alcança todos os níveis. Os líderes mais procurados fazem *coaching* com seus colegas quando a situação surge. Eles também se tornam mentores excepcionais para a geração seguinte de líderes. Assim sendo, o *feedback* pode, e deve, ser usado para ajudar a sua equipe mais ampla, a função e a organização a crescer. Desse modo, o *feedback* não apenas deve ser regularmente aceito por você, como também regularmente oferecido aos seus colegas, clientes (se for apropriado) e até mesmo ao seu chefe. A organização que é povoada por pessoas versadas em fornecer tanto o *feedback* positivo quanto o de desenvolvimento tem uma nítida vantagem competitiva.

Ponto de reflexão

Digamos que Jack Welch estivesse dando uma palestra particular apenas para o seu pessoal. Os membros da equipe teriam levantado a mão em resposta à segunda pergunta? Por quê?

Deslocadores de *feedback*

É importante levar em consideração a sua equipe e a personalidade das pessoas que estarão recebendo o seu *feedback*. Estamos certos de que você consegue imaginar pensamentos como os seguintes na cabeça dos membros da equipe quando eles estão sentados diante de você recebendo *feedback*:

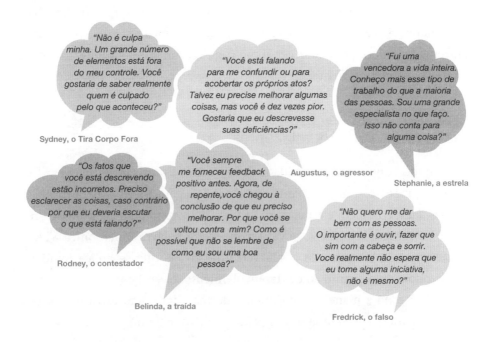

Não é de causar surpresa que o *feedback* deixe os líderes apreensivos. No entanto, na condição de líderes catalisadores, o nosso desafio é fornecer um *feedback* que seja apresentado de uma maneira construtiva e não punitiva. Desse modo, não se preocupe; existem dois conjuntos de habilidades que garantirão que o *feedback* que você dá não apenas será apresentado de uma forma prática, como também será aceito pela pessoa que o estiver recebendo. Nós já discutimos o primeiro conjunto de habilidades, que é usar os Princípios-chave para satisfazer as necessidades da pessoa que está recebendo o *feedback*. Por exemplo, quando você oferece *feedback* de desenvolvimento, o melhor Princípio-chave a ser usado é *manter ou aumentar a autoestima* (particularmente "manter"), já que isso o ajudará a superar a atitude defensiva e avançar em direção a um resultado produtivo. Os outros quatro Princípios-chave também desempenharão um papel importante, dependendo da situação. O Princípio-chave da Empatia o ajudará a responder às emoções e desafios da pessoa que está recebendo o *feedback*, e usar o envolvimento ajudará você e a pessoa a determinar abordagens alternativas. Para desenvolver a confiança, você poderia revelar uma situação semelhante que você tenha enfrentado. E você pode oferecer apoio (sem retirar a responsabilidade) para ajudá-la a seguir em frente.

Mantenha as STARs reluzentes

O segundo conjunto de habilidades que você vai precisar consiste em um simples processo – nós o chamamos de abordagem STAR – para fornecer um *feedback* completo e específico. Se você já recapitulou o capítulo de Proficiência sobre a seleção, você vai reconhecer a palavra mnemônica STAR. Neste caso, STAR expande a sua versatilidade, já que se aplica tanto ao *feedback* positivo quanto ao de desenvolvimento.

STAR é uma maneira conveniente de recordar como estruturar o seu *feedback* para que ele tenha um impacto positivo máximo.

Como oferecer um *feedback* positivo

STAR faz você se lembrar de descrever:

- A situação ou tarefa (ST) com a qual a pessoa ou o grupo lidou, como um problema, oportunidade de negócio, desafio especial ou tarefa de rotina.
- A ação (A) que a pessoa ou grupo executou, ou o que efetivamente disseram que foi eficaz.
- O resultado (R) positivo ou o que mudou para melhor, ou qual o impacto causado na situação.

DICA DO ESPECIALISTA DA DDI: Certifique-se de que seus comentários sejam:

- **Específicos** – O *feedback* precisa refletir o que foi alcançado em termos precisos e que possam ser quantificados.

Por exemplo:
- *Você apresentou a proposta um dia antes da data prevista.*
- *Já na última sexta-feira, suas vendas representaram 101% da sua meta para o trimestre.*
- *A listagem da semana passada mostra que você deu, em média, 55 telefonemas por dia.*

- **Oportunos** – Elogie a ação da pessoa (e quaisquer resultados positivos) o mais rápido possível após sua ocorrência. Os detalhes estarão frescos em sua cabeça, e os comentários serão mais relevantes para o trabalho que a pessoa executa atualmente. Além disso, o *feedback* oportuno parece o mais sincero, como se você tivesse ficado tão impressionado que precisou informar isso imediatamente à pessoa.

- **Equilibrados** – Com o tempo, você deve equilibrar o *feedback* positivo com o *feedback* de desenvolvimento. Se todo o seu *feedback* for positivo, você perderá a oportunidade de ajudar as pessoas a se esforçar por alcançar metas mais elevadas. Além disso, as pessoas poderão questionar sua sinceridade se o *feedback* contiver apenas um fluxo interminável de comentários agradáveis.

Como oferecer *feedback* de desenvolvimento

Para oferecer *feedback* de desenvolvimento, você vai precisar adaptar ligeiramente a STAR e adicionar um AR. O resultado, que se chama STAR/AR, o fará se lembrar de compartilhar a situação/tarefa (ST), a ação (A) e o resultado (R). O *feedback* de desenvolvimento eficaz precisa incluir também o seguinte:

- Uma ação *alternativa* – o que a pessoa poderia ter dito ou feito no lugar do que disse ou fez.
- O resultado *melhorado* esperado – por que a ação alternativa poderia ter sido mais eficaz.

DICA DO ESPECIALISTA DA DDI: Certifique-se de que seus comentários sejam:

- **Específicos** – Quando você compara especificamente o desempenho atual com as metas, as pessoas conseguem enxergar com clareza quais ajustes precisam fazer para garantir o sucesso no futuro.
- **Oportunos** – Você precisa oferecer *feedback* visando a melhoria assim que possível, porque:
  - *Quando os detalhes do desempenho são recentes, você será capaz de explicar exatamente o que a pessoa fez que foi pouco eficaz.*

- Quem estiver recebendo o feedback *provavelmente se lembrará do que fez e por que essas ações foram pouco eficazes.*
- *Você ajudará as pessoas a fazer ajustes antes que elas enfrentem situações semelhantes.*

- **Equilibrados** – É importante equilibrar o *feedback* de desenvolvimento com o *feedback* positivo a fim de manter a autoestima da pessoa e a receptividade dela ao *feedback*. Mesmo que alguém tenha tido um desempenho muito insatisfatório ou cometido um erro grave, mesmo assim é possível equilibrar o *feedback* – para descobrir alguma coisa que a pessoa tenha feito bem e ao mesmo tempo fornecer *feedback* de desenvolvimento.
- **Em prol de buscar mais/determinar menos** – Às vezes, pedir ideias à pessoa sobre abordagens alternativas pode ser mais eficaz do que apenas dizer a ela o que deveria ou poderia ter sido dito ou feito de maneira diferente. Eis alguns exemplos:

FEEDBACK INCOMPLETO	STAR OU STAR/AR COMPLETA
• Você fez um excelente trabalho ao conseguir despachar aquele pedido importante ontem. Esse *feedback* não é específico; quem o receber não saberá que ações deve repetir. • Jane, quando estava ensinando Mark a operar o sistema, você lhe disse que ele "não estava entendendo nada". Ele ficou zangado e parou de fazer perguntas. Você precisa pegar mais leve com ele. Esse *feedback* não descreve uma ação alternativa ou o resultado aprimorado que ela poderia alcançar.	• Você demonstrou muita iniciativa quando descobriu um problema com o procedimento de expedição no sistema de processamento de pedidos [situação/tarefa]. Em vez de esperar que o supervisor cuidasse do assunto, entrou em contato com o serviço de informações gerenciais e mostrou o problema a eles [ação]. O sistema foi corrigido e o material foi expedido no prazo [resultado]. • Jane, quando você estava ensinando Mark a operar o sistema [situação/tarefa], você lhe disse que ele "não estava entendendo nada". Ele ficou zangado e parou de fazer perguntas [resultado]. Uma abordagem melhor teria sido reconhecer que é difícil operar o sistema e que as perguntas dele eram apropriadas [ação alternativa]. Isso teria mantido a autoestima dele e o incentivado a continuar tentando [resultado aprimorado].

Você agora tem o poder de escolher sabiamente as oportunidades de oferecer *feedback* aos outros. Sabemos que essas habilidades o ajudarão a criar relacionamentos autênticos e confiáveis com os colegas, demonstrando que o que tem em mente é o melhor para eles. No entanto, a prática de dar e receber *feedback* será primordial.

De que maneira o *feedback*, os Princípios-chave e as Diretrizes de Interação podem promover organizações enxutas?[3]

Está em busca de uma estrutura enxuta? Apesar de iniciativas bem-intencionadas para identificar e eliminar o desperdício, você talvez tenha deixado de examinar uma fonte que está bem à sua frente: as interações no local de trabalho.

Todas as interações entre gerentes e membros da equipe são fontes potenciais de desperdício. Entre elas estão as interações formais (reuniões da equipe, *coaching*, *feedback* e discussões de desempenho, e assim por diante) e as informais (por exemplo, telefonemas, e-mails, mensagens instantâneas e conversas no corredor/elevador) – cada uma delas sendo crucial para as operações do dia a dia dos grupos de produção.

E quando essas interações não caminham bem ou não são eficazes, elas podem aumentar o impacto negativo das oito formas reconhecidas de desperdício: deficiências, superprodução, tempo de paralisação, habilidades subutilizadas, transporte, estoque, movimento (por exemplo, curvar-se, levantar-se, estender o braço) e o superprocessamento. O resultado final? As organizações deixam de cumprir objetivos enxutos essenciais: a melhora contínua e o desempenho aprimorado.

Em consequência, se estamos seriamente interessados em eliminar o desperdício, precisamos conceder uma igual atenção ao lado mais "*soft*" da produção, ou aquelas habilidades que possibilitam que os líderes administrem as suas interações e equipes de uma maneira eficiente. A pesquisa de tendência mostra que o setor industrial é o mais atingido pela lacuna nessas *soft skills*.[4] Além disso, o Accenture 2013 Global Manufacturing Study revela que 35% dos supervisores e 20% dos líderes operacionais informam ter lacunas de habilidades "significativas".[5]

Seu Primeiro Cargo de Liderança

Habilidades de proficiência e liderança
16 COMO LIDAR COM SITUAÇÕES DIFÍCEIS DOS FUNCIONÁRIOS
Concentre-se no comportamento, não na pessoa

Pense: Preparação

Quando foi a última vez que você ficou zangado (ou magoado, ou confuso) por causa de alguma coisa que alguém fez ou disse? O que saiu errado? Como a situação foi resolvida? Com quem você foi se aconselhar? O que você gostaria de ter feito de uma maneira diferente?

Evan havia recentemente assumido a função de liderar um *call center* de doze pessoas depois de trabalhar como membro da equipe durante três anos.

Uma das suas mais recentes subordinadas diretas, Judy, trabalhava agendando compromissos para a equipe de vendas. Embora tivesse começado no emprego com grande entusiasmo, logo adquiriu um padrão de maus hábitos de trabalho, chegando tarde ou reivindicando licenças médicas que ela já tinha usado.

Evan hesitava em confrontar Judy. Todos os outros membros da equipe tinham um desempenho acima da média, e ele ainda não tivera nenhuma conversa com eles a respeito de questões de desempenho. Mais ou menos um mês depois, ele começou a receber queixas dos outros membros da equipe a respeito de Judy. Além de não estar cumprindo a sua parte, disseram eles, ela estava reduzindo os níveis de desempenho de toda a equipe. Evan sabiamente pediu a opinião do seu gerente, que o incentivou a tomar medidas e o ajudou a planejar a conversa. Embora não fosse fácil, a tarefa de Evan era relativamente direta e objetiva. Ele precisava fazer Judy entender que era preciso reverter seu desempenho ou então ir embora.

Jing, líder havia dois anos, estava em uma situação mais difícil com relação a Sam, um excelente programador de TI que estava havia um ano na equipe. As pessoas que não eram da equipe gostavam de Sam, ele concluía quase todos os seus projetos no prazo e tinha padrões de trabalho elevados. Havia apenas um problema secundário! Todos os outros membros da equipe de Jing o detestavam. Sam não era cooperativo, falava mal dos colegas pelas costas e estava constantemente reclamando dos outros com Jing. (Ele cometeu o erro de também criticar Jing.) Infelizmente para Sam, ele precisava do apoio de outros membros da equipe para executar o seu trabalho. Desse modo, quando dois membros da equipe de Sam pediram para ser transferidos, Jing soube que precisava agir. A conversa ia ser difícil.

Essas histórias da vida real aludem a algumas das conturbadas situações interpessoais que você provavelmente enfrentará na função de um novo líder. Elas podem ser incômodas e perturbadoras por uma série de razões. Independentemente do tamanho da sua equipe, da natureza do seu negócio ou do quanto você se torne competente em selecionar membros para a equipe, você não conseguirá evitar completamente todos os possíveis fracassos, conflitos e discórdias que podem ocorrer sempre que pessoas trabalharem juntas. E agora é sua função lidar com essas coisas.

Primeiro, a boa notícia: 85% dos seus funcionários têm chances de ser agradáveis. E os outros 15%? Algumas vezes, você terá que enfrentar problemas muito sérios. No entanto, é extremamente provável que os funcionários nessa faixa dos 15% não sejam más pessoas – não raro, existem bons motivos por trás do comportamento deles.

No entanto, para reverter essas situações, você tem que se concentrar no comportamento que precisa ser modificado, e a nossa regra número um é não atacar o caráter ou a personalidade das pessoas envolvidas. Gostamos desta afirmação: *Seja duro com os problemas e tolerante com as pessoas.*

Para reverter situações perturbadoras, você terá que se concentrar no comportamento que precisa ser modificado, não na pessoa. Gostamos desta afirmação: Seja duro com os problemas e tolerante com as pessoas.

Além de ser a coisa certa a se fazer, ao concentrar o seu *feedback* e *coaching* na situação, e não na pessoa, é bem menos provável que você desperte uma forte emoção negativa e bem mais provável que você chegue a uma resolução positiva.

Inércia não é uma opção

Esta é a parte do cargo que os líderes mais temem. Essas conversas podem estar carregadas de fortes emoções e palavras ainda mais fortes, que surgiram em alto e bom som durante as nossas entrevistas. E até mesmo os líderes capazes de reunir a coragem para lidar diretamente com essas situações não raro carecem das habilidades para fazer isso. No entanto, no frigir dos ovos, você não pode deixar de considerar o comportamento difícil de um funcionário por uma série de razões importantes:

Você deve isso ao funcionário

Os funcionários têm o direito de saber qual a posição em que encontram. Frequentemente, o *coaching* aberto e construtivo pode colocar a pessoa de volta no rumo certo, evitando o que poderia conduzir a consequências mais graves para o futuro dela e o seu.

Você deve isso a si mesmo

Quando as coisas ficam conturbadas, todos os líderes que já entrevistamos sofrem. Estresse, noites sem dormir, insegurança. Não é divertido. E um desses problemas pode até mesmo consumir seu tempo e impedir que você atinja suas metas. Um novo líder com que fizemos *coaching* confessou que estava passando mais de 20% do seu tempo cuidando do problema de um único funcionário. O que ele estava deixando de fazer? Como os outros membros da equipe estavam sendo afetados?

Você deve isso à sua equipe

Um funcionário como Judy ou Sam pode causar um estrago na colaboração, na disposição de ânimo e no engajamento da equipe. Os outros membros não merecem isso! E eles vão culpá-lo por não estar fazendo a pessoa assumir a responsabilidade pelo mau desempenho e/ou falta de colaboração da equipe.

Você deve isso à sua organização

Até mesmo uma única confusão interpessoal pode afetar o desempenho da sua organização. Em um mundo no qual a qualidade do talento é o principal fator na capacidade de a empresa ter um bom desempenho, você não pode se dar ao luxo de permitir que esses comportamentos inúteis definam a cultura. Em alguns casos, violações graves da política da companhia, a toxicomania, o assédio sexual, violações de segurança e coisas semelhantes podem conduzir a graves e dispendiosas consequências legais pelas quais não é de seu interesse ser o responsável. Nesses casos, um período de experiência ou a demissão podem ser recomendáveis. Se se vir diante desses tipos de situação, recomendamos com insistência que busque o conselho da equipe de RH, a qual provavelmente o ajudará com uma discussão, evitando o risco de questões legais.

Oito dicas para obter resultados

Acreditamos completamente que, na condição de líder, você é uma força poderosa, criativa e indispensável em prol do bem na sociedade. Mas você não lê mentes, e tampouco é psiquiatra (o que é mais provável). Você poderá descobrir que os funcionários com os quais você estará fazendo *coaching* têm problemas pessoais além da sua esfera de ação que tornam necessário que você peça ajuda ao seu contato no RH. No entanto, ao abordar toda a situação com empatia e planejamento – e levar em conta as necessidades pessoais e práticas de todos os envolvidos –, será mais capaz de ajudar os membros de sua equipe a trabalhar sistematicamente bem em conjunto. As seguintes dicas poderão ser úteis.

Comece com um processo de contratação abrangente

No Capítulo 10, mostramos a você como escolher os membros da equipe de uma maneira que conduza ao desempenho e engajamento máximo dos funcionários. Por enquanto, vamos dizer isso da seguinte maneira: as decisões corretas de contratação hoje lhe pouparão consideráveis dores de cabeça no futuro.

Certifique-se de que as expectativas de desempenho estejam sempre absolutamente claras

Como você pode estar me dizendo que eu não atingi minhas metas?, vociferou Malu. *Você nunca me deu nenhuma!* Sim, isso acontece com mais frequência do que gostaríamos. Use o sistema de gerenciamento de desempenho da sua empresa para definir expectativas a cada ano. Inclua tanto as especificações (metas quantitativas) quanto a maneira de fazer (comportamento/competências). E recapitule-as regularmente com os funcionários. Especificações claras equivalem a menos surpresas! Consulte o Capítulo 18 para obter mais ajuda.

Identifique com precisão a situação

No final deste capítulo, incluímos algumas situações – com alguns personagens familiares – que você poderá encontrar e alguns conselhos a respeito de como você deve se preparar para cada uma delas. Use-os como um ponto de partida para planejar as suas conversas. Lidar com um funcionário que "se desligou" não raro é muito diferente do que lidar com um funcionário que ofende os outros por achar que é o dono da verdade.

Um grama de planejamento equivale um quilo de cura

Planeje a sua abordagem e conversa de antemão. Se a situação for séria ou tiver chances de envolver consequências formais como um período de experiência ou a demissão, busque orientação com os especialistas do RH. Você pode ter certeza de uma coisa – é provável que os funcionários peçam pormenores: *O que eu fiz de errado?* Certifique-se de que estará usando dados autênticos (consulte o texto em destaque mais adiante para mais informações). E nunca é demais enfatizar o seguinte: enquanto você se prepara para falar com a pessoa, você deve recapitular como vai usar as Diretrizes de Interação e os Princípios-chave. Usar essas habilidades o fará se lembrar de que você deve falar com a pessoa e não reagir ao problema.

Coaching abrangente

O *coaching*, como abordamos no Capítulo 14, é um dos seus papéis de liderança mais importantes. Quando você faz *coaching proativamente*, ajudando os membros da sua equipe a realizar as coisas adequadamente desde o início, isso não apenas desenvolve a confiança deles, como também ajuda, antes de mais nada, a evitar que problemas ocorram, o que é, sem dúvida, uma situação bem melhor. É preferível aprender com o sucesso do que com o fracasso. Mas quando você precisar reagir a um membro da equipe que tenha perdido o rumo, faça *coaching* visando uma melhora *antes* que seja tarde.

Faça anotações

Não confie na sua memória. As discussões com funcionários problemáticos devem ser documentadas por três motivos. Em primeiro lugar. A documentação ajuda tanto você quanto eles a acompanhar ao longo do tempo os acordos que fizeram. Segundo, isso o conserva no rumo para a sua próxima (ou muitas) conversa(s) de *coaching*. E, terceiro, assegura que não haverá erros de interpretação a respeito do que foi discutido. (*Nunca disse isso, não concordei com aquilo, nunca soube que era um problema sério.*) Se os problemas se tornarem graves o bastante para conduzir a uma ação disciplinar ou até mesmo à demissão, a documentação se tornará ainda mais crucial. Ela poderá muito bem ser usada como parte de um processo judicial em alguns países, caso o funcionário o acuse de tê-lo tratado de uma maneira injusta.

Esteja preparado para múltiplas conversas

Várias sessões de *coaching* e *feedback* poderão ser necessárias para reverter a tendência negativa. Se você der dois passos à frente e um para trás, está tudo bem – mesmo assim está fazendo progresso. Agende sempre reuniões de acompanhamento para examinar onde estão as coisas e esclarecer o processo. O *feedback* positivo também é crucial. Se (quando) as coisas começarem a melhorar, informe isso à pessoa com um *feedback* sincero e positivo. Certa supervisora nos contou que teve cinco diferentes reuniões com um dos membros da equipe ao longo de um período de dois meses. Valeu a pena! A pessoa se tornou um de seus funcionários com melhor desempenho.

Não se envolva emocionalmente

O seu comprometimento com a boa liderança é admirável. E você se importar com os funcionários ou ficar nervoso com relação a oferecer *feedback* não é um mau sinal. Mas os problemas dos outros podem rapidamente se tornar seus problemas. E para piorar as coisas, alguns funcionários podem atacá-lo pessoalmente, dizendo: *é tudo culpa sua.* Muitos líderes ficam acordados a noite inteira culpando-se pelo mau comportamento de um funcionário ou da equipe. Mas isso não significa que você seja culpado! Além de sentir pena de si mesmo, também pode acabar com a sensação de que apenas você se encontra na difícil situação de resolver a confusão. Respire fundo. Seu *papel* é ajudar o funcionário a compreender que alguma coisa precisa mudar. Em seguida, sua *função* é ajudá-*lo* a sugerir soluções. E, na maioria dos casos, a solução deve partir do funcionário, não de você. Sua *meta* é oferecer apoio sem tirar a responsabilidade da pessoa de abordar os problemas.

Usando informações

A ausência de informações específicas pode rapidamente fazer uma discussão de desempenho dar errado. Peça ao funcionário que conteste os seus fatos: *Forneça-me alguns exemplos.* É impossível esperar uma melhora se você não puder definir claramente o problema com informações que o respaldem. É relativamente fácil encontrar dados quantitativos; você pode citar o número de vezes que a pessoa chegou atrasada ou quantos prazos finais ela perdeu. As informações comportamentais são mais difíceis. É aqui que o *feedback* STAR vem a calhar (consulte o Capítulo 15). Ele

> possibilita que você reúna *feedback* em torno de comportamentos positivos e negativos. Nas discussões sobre o desempenho insatisfatório, é importante incluir informações quantitativas e comportamentais, particularmente quando os ânimos estão aquecidos. Eis um exemplo de como você pode empregar STAR:
>
> **S/T** (situação/tarefa) – *Você participou de uma reunião de equipe na semana passada sobre um novo sistema de software.*
>
> **A** (ação) – *Você interrompeu constantemente a discussão e se recusou a ouvir as ideias das outras pessoas.*
>
> **R** (resultado) – *Todos os que estavam presentes à reunião se calaram. Ficou claro que eles não estavam mais interessados em participar. Para piorar ainda mais a situação, não conseguimos chegar a um acordo sobre uma linha de procedimento.*

Então, o que aconteceu?

Você se lembra de Judy e Sam no início deste capítulo? Depois de uma série de conversas emocionais, Judy foi capaz de ser franca, e conseguiu ajuda para resolver alguns problemas pessoais. Ela se tornou novamente um excelente membro da equipe. Sam não estava aberto ao *feedback* e teve alguns outros problemas. Ele acabou deixando a empresa. Isso acontece.

Aproximar-se de um funcionário desafiador deve ser encarado como uma oportunidade para ajudar a pessoa a lidar com o problema e retomar o rumo. E, nas raras ocasiões em que isso não acontece, você não faz favor nenhum à pessoa deixando que o mau comportamento dela prossiga e arruíne as perspectivas de avanço na carreira. Mas o segredo do sucesso reside nas habilidades que você usa nas suas numerosas conversas de *coaching* e *feedback* (consulte os Capítulos 14 e 15). Você descobrirá que essas habilidades são de suma importância para todas as conversas que você terá como líder.

Desenvolvemos também um guia proveitoso, um tanto jovial, que retrata algumas situações difíceis que você poderá encontrar, junto com alguns conselhos para lidar com elas.

Guia para lidar com situações difíceis de funcionários

Embora acreditemos que a melhor maneira de lidar com funcionários problemáticos seja se concentrar na situação, não na pessoa, às vezes descrições e ilustrações ajudam a entender os tipos de pessoas e situações que podem, de maneira sistemática, apresentar repetidamente os mesmos desafios. Cada seção "O que fazer?" oferece dicas práticas para lidar com a respectiva situação do funcionário.

OS INVISÍVEIS

Os cubículos deles ainda estão vazios às 9h30 da manhã, e, no final do dia de trabalho, você os vê indo embora antes de todas as outras pessoas. Os Invisíveis aceitam os convites para reuniões, mas encontram uma desculpa para recusar no último minuto, e nunca participam de eventos da equipe ou da empresa. Quando fazem uma rara aparição em uma reunião, os seus olhos ficam grudados nos *laptops* e *smartphones*. Você precisa acompanhar as tarefas atribuídas a eles pelo menos três vezes antes de conseguir obter qualquer coisa concluída – e tem que fazer isso por e-mail ou caixa postal porque os Invisíveis nunca estão em algum lugar onde possam ser encontrados.

O que fazer?

Reúna detalhes dos péssimos hábitos de trabalho deles e do impacto destes na equipe. Converse concentrando-se nos fatos, buscando uma contribuição sobre soluções para melhorar os hábitos de trabalho no futuro, e concordando com um plano exequível. Se mesmo assim não ocorrer nenhuma melhora na impontualidade e absenteísmo deles, talvez esteja na hora de fazer uma advertência mais formal.

OS ZUMBIS

Às vezes, funcionários com excelente desempenho de repente fazem corpo mole, miram você com olhos opacos e sem vida, e simplesmente fingem que estão trabalhando até a hora de ir embora. Alguma coisa deve tê-los desmotivado – talvez um conflito mal administrado ou a escassez de novos desafios. Completamente apáticos e desengajados, os Zumbis podem com facilidade morder e transformar os colegas em sonâmbulos ou indolentes como eles. Portanto, é necessário agir de imediato.

O que fazer?

Comece mantendo a autoestima; lembre-se de que os Zumbis um dia tiveram um excelente desempenho. Discuta abertamente o que os está oprimindo e o que, se é que existe alguma coisa, os trará de volta. Escute e responda com empatia e determine imediatamente novos passos para lidar com as preocupações. Talvez esteja na hora de um novo projeto ou equipe, ou de uma função inteiramente nova, para trazer um Zumbi de volta à vida.

OS VULCÕES

Os Vulcões são imprevisíveis e voláteis, com constantes alterações na disposição de ânimo. Embora possam quase sempre parecer calmos e inativos, emoções borbulham debaixo da superfície. Uma erupção pode ocorrer a qualquer momento – de um modo geral inesperadamente – vomitando bolas de fogo e cinzas sobre você, sobre a equipe inteira e, o que é pior, sobre os seus clientes. Os colegas andam na ponta dos pés ao redor dos Vulcões, sem saber quando poderá ocorrer uma explosão.

O que fazer?

Forneça *feedback* sobre como as mudanças na disposição de ânimo afetam as outras pessoas de uma maneira involuntária porém significativa. Reexamine explosões recentes e determine se existem gatilhos específicos que você precise perceber e com os quais tenha que lidar. Peça que elas o ajudem e lhe deem ideias sobre como manter as coisas mais equilibradas.

OS SELFIES

Os Selfies que buscam atenção aproveitam todas as oportunidades para colocar *posts* a respeito das suas mais recentes atividades ou tarefas na esperança de receber um milhão de *likes* de todo mundo. Eles procuram agradar às pessoas, mas não têm a menor ideia de que todos reviram os olhos a cada autopromoção descarada em mais uma reunião. Os Selfies são extremamente competitivos e sentem que merecem cada privilégio e incentivo disponível, inclusive aquela promoção para a qual claramente não estão preparados. A moral da história? É tudo a respeito deles!

O que fazer?

Forneça o sincero *feedback* de que esse comportamento egocêntrico está desligando outras pessoas e afetando negativamente a autoimagem que eles estão arduamente tentando promover. Garanta que as tentativas deles estão obtendo a atenção apropriada. Mude o foco da concorrência lembrando ao Selfie que a verdadeira competição está fora da sua organização!

AS ESTÁTUAS

As Estátuas se erguem orgulhosas e convencidas sobre um pedestal, sentindo-se muito superiores aos colegas de equipe sobre os quais elas se elevam. As Estátuas apregoaram os seus pontos fortes e convenceram as pessoas do escalão hierárquico superior que elas merecem todos os elogios e lauréis. Na realidade, as Estátuas são comumente ocas, mal se movem e não executam nenhuma parte do trabalho árduo. Embora dependam dos outros para que as coisas sejam feitas, não raro tentam menosprezar seus colegas para que possam continuar a ser as pessoas mais admiradas e respeitadas da equipe.

O que fazer?

Revele o impacto negativo que as Estátuas têm nos outros e na própria autoimagem delas. Reforce a mensagem de que tudo não gira em torno delas mostrando os pontos fortes que outros membros da equipe oferecem. Para ajudá-las a descer do pedestal, forneça *feedback* sobre as áreas delas que precisam ser desenvolvidas bem como oportunidades concretas de elas trabalharem com os colegas.

OS INTROVERTIDOS

Os Introvertidos desviam o olhar e evitam contato visual, por não desejarem causar nenhuma comoção. Você sabe que eles têm boas ideias, mas dificilmente fazem quaisquer comentários ou perguntas. E os Introvertidos sempre esperam ser abordados ou que lhes digam o que fazer, quase como se se sentissem constrangidos por fazer alguma contribuição. Quando pedimos suas ideias ou opiniões, eles simplesmente dão de ombros e dizem *O que estiver bom para você está bom para mim* ou *O que você quiser está ótimo*, para permanecer em segurança e evitar a responsabilidade.

O que fazer?

Lembre aos Introvertidos que você não tem todas as respostas e que espera que todos os membros da equipe contribuam com ideias e soluções. Incentive os Introvertidos a agir de uma maneira independente na área de responsabilidade deles. Forneça tarefas específicas que eles possam fazer sozinhos ou com outras pessoas (e dê apoio sem tirar a responsabilidade), e depois enfatize os êxitos deles para desenvolver confiança e iniciativa.

OS BAIXO-ASTRAL

Os Baixo-Astral transmitem uma sensação de peso e más vibrações enquanto fazem cara feia, falam mal dos outros e se queixam. Essas pessoas não raro se fazem de vítima, aproveitando cada oportunidade que têm para reclamar e remoer a situação que está acontecendo em vez de buscar mais informações. Elas têm dificuldade em enxergar a parte boa das pessoas e disseminam desconfiança, medo e negatividade no local de trabalho.

O que fazer?

Esclareça e procure compreender a causa básica do descontentamento ou do medo, identificando maneiras concretas de abordar as preocupações deles. Demonstre empatia quando apropriado e peça a ajuda e ideias dos Baixo-Astral sobre o que precisa ser mudado ou melhorado. Forneça *feedback* a respeito de como o humor e a disposição de ânimo deles afeta negativamente os outros e a produção da equipe.

Seu Primeiro Cargo de Liderança

Habilidades de Proficiência e Liderança
17 DELEGAR TAREFAS
Delegue, não despeje

Pense: Preparação

Você já teve um chefe que despejou uma tarefa em cima de você, praticamente sem lhe dar nenhuma instrução sobre os requisitos ou *coaching* para ajudá-lo a ter êxito? Como você se sentiu? Como lidou com a situação? Você deseja ser visto como um líder que delega tarefas e atividades ou como um líder que despeja nas pessoas o que precisa ser feito?

Delegar ou não delegar, eis a questão

Sejamos realistas: com excessiva frequência, os líderes se agarram a tarefas e atividades que claramente deveriam passar adiante. Então, o que está levando *você* a fazer o mesmo? Você:

- Retém as tarefas por acreditar que os resultados no curto prazo poderão sofrer enquanto a pessoa a quem você as delega estiver adquirindo experiência?

- Evita delegar tarefas de desenvolvimento por causa do tempo e do esforço necessários para garantir o sucesso da pessoa?
- Preocupa-se com a possibilidade de se tornar dispensável se delegar mais tarefas?
- Cai na armadilha de delegar repetidamente as tarefas para as mesmas pessoas porque sabe que elas farão corretamente o trabalho?
- Evita delegar tarefas para os membros da sua equipe por saber que cada um deles está extremamente ocupado?
- Retém tarefas por temer que as pessoas possam fazer o trabalho de maneira diferente daquela como você gostaria que ele fosse feito?

Se você é como muitos líderes iniciantes, com certeza não tem tempo nem capacidade para fazer tudo sozinho. No entanto, delegar tarefas pode ser intimidante, particularmente se você estiver relutante em desistir do tipo de trabalho de que gosta ou preocupado com a possibilidade de perder impulso em um projeto se o trabalho delegado não se mostrar de imediato à altura das exigências. É tentador raciocinar da seguinte maneira: *Se eu tiver que passar mais tempo ajudando outras pessoas do que gastaria para fazer eu mesmo o trabalho, não vale a pena delegá-lo.* No entanto, esse raciocínio não faz sentido. Não apenas é um atalho para o esgotamento (o seu), como também uma maneira garantida de fazer que os membros da equipe se sintam entediados, sufocados, pouco importantes e, ainda por cima, achem que você não confia neles. Em vez de uma quantidade maior de trabalho, você acabará conseguindo que menos trabalho seja feito. E ao delegar pouco, você garante que a sua organização tenha uma equipe de funcionários que não estão preparados para assumir novos desafios no mercado à medida que estes forem surgindo. Sem dúvida, você deseja que o trabalho seja concluído a contento, mas também é do seu interesse que todos contribuam para a empresa e desenvolvam as habilidades deles enquanto fazem isso. As informações obtidas pela DDI confirmam o que acaba de ser dito. Em nossas 360 avaliações (de líderes, chefes e subordinados diretos deles), a delegação de atividades e tarefas é uma das habilidades que obtiveram as menores pontuações.[1] Em outras palavras, ela está classificada entre as habilidades com o percentual mais elevado de necessidades de desenvolvimento.[2]

Temos uma maneira de definir a delegação que o ajudará a evitar os erros cometidos por muitos líderes, sejam eles iniciantes ou já com o nome firmado, garantindo que você estará delegando atividades e tarefas, e não despejando-as nas pessoas.

> **Definição de delegação**: *Procurar e levar continuamente adiante oportunidades de alcançar resultados e/ou desenvolver o potencial, atribuindo responsabilidades de tarefas e tomada de decisões a pessoas ou equipes com limites, apoio e acompanhamento bem definidos.*

Vamos analisar isso. A delegação é uma ferramenta crucial da liderança que possibilita que você libere o seu tempo para se concentrar em outros empreendimentos importantes. Ao mesmo tempo, ela envolve muito mais do que apenas designar tarefas para pessoas. Mais exatamente, ela é uma ferramenta destinada a garantir que cada membro da sua equipe esteja contribuindo para os resultados da empresa e continuamente desenvolvendo novas habilidades e qualificações. A sua tarefa é examinar o cenário e procurar oportunidades para correlacionar as pessoas certas com as tarefas certas que podem ajudá-las a alcançar essas duas coisas. Se você for bem-sucedido, liberará seu tempo, habilidades e capacidades para propiciar os maiores benefícios para todo mundo. Isso é bom para você, para a equipe, a empresa e os clientes. E procurar essas oportunidades deve se tornar quase instintivo para você.

O processo de delegar tarefas e atividades envolve características, pessoas e meios. Faça a si mesmo as seguintes perguntas:

1. *O que* devo delegar e o que devo reter? (Distribuindo o trabalho de maneira correta.)
2. Como decido *quem* recebe o quê? (Entregando o trabalho para as pessoas certas.)
3. *Como* comunicar a decisão com eficácia? (Enfocando as necessidades pessoais e práticas de sua equipe.)

4. *Como* fazer o acompanhamento? (Monitorando e fazendo *coaching* das tarefas delegadas.)

O que devo delegar e o que devo reter?

Para pensar a respeito de como distribuir o trabalho da maneira certa, é importante compreender o que é *autoridade*. Especificamente, a autoridade que a pessoa que está recebendo a tarefa terá em três áreas principais: *tomar decisões* a respeito do trabalho, *utilizar recursos* e *resolver problemas*. Você precisará tomar decisões importantes com relação à autoridade da qual vai desistir, quando e por quê. Existem quatro categorias básicas a ser apreciadas:

Reter a tarefa

Reter a autoridade e a responsabilidade de lidar com a tarefa. É bastante provável que você retenha uma tarefa quando ela estiver exclusivamente na sua área de responsabilidade, como um problema de desempenho que possa ameaçar os resultados do grupo. (A maioria das coisas relacionadas com questões de pessoal provavelmente deve permanecer com você.) Além disso, é interessante que você retenha a tarefa quando as outras pessoas não forem qualificá-las para executá-la ou não sejam capazes de cumprir os prazos.

Delegar a geração de ideias

Atribuir a responsabilidade pela geração de ideias ou de refletir sobre uma situação. Delegar dessa maneira é apropriado quando você deseja o benefício da experiência ou perspectiva de outras pessoas, ou quando você quer criar o compromisso envolvendo pessoas que serão afetadas pelas ideias ou decisões geradas. Isto não deve ser um exercício vazio! Se você não estiver preparado para aceitar as ideias que forem apresentadas (dentro de certos limites), você enviará a mensagem de que não confia no seu pessoal. Além de ser desestimulante, essa atitude fará com que você perca credibilidade.

Delegar tarefa

Atribuir a responsabilidade pela conclusão de uma tarefa bem definida que envolva nenhuma, ou pouca, autoridade de tomada de decisões. Neste caso você, na condição de líder, retém a geração das ideias, e simplesmente delega a atividade de conclusão da tarefa. Esses são os tipos de tarefas que precisam ser executadas de acordo com as regras mas oferecem a oportunidade para o membro da equipe de experimentar uma coisa nova. Por exemplo, se a sua atividade for fortemente regulamentada, você poderia usar esse tipo de delegação, com diretrizes claras, com um novo membro da equipe em alguns projetos.

Delegar autoridade

Atribuir a responsabilidade pela conclusão de uma tarefa bem definida que envolva a autoridade de tomada de decisões definida. Esta é a categoria de peso. Quando outras pessoas estão qualificadas para tomar decisões mais importantes ou são capazes de executar a tarefa com um pouco de *coaching*, esta é uma oportunidade perfeita para delegar integralmente a autoridade com relação à tarefa. Por exemplo, em vez de você mesmo fazer a integração do novo membro da equipe ao gerenciamento de projetos, por que não deixar que dois dos seus líderes de projetos mais experientes conduzam o treinamento? De qualquer modo, com o tempo, a pessoa nova estará trabalhando estreitamente com esses líderes de equipe, e isso os ajudará a desenvolver juntos as habilidades necessárias.

Pense agora a respeito de como você passa seu tempo no trabalho. Que tarefas ou responsabilidades você poderia delegar para alcançar resultados com mais rapidez e eficácia? Que novas funções você está assumindo? Quais delas poderia delegar? Que tarefas você pode delegar para ganhar mais tempo livre a fim de se concentrar em objetivos de alta prioridade? A Ferramenta 17.1 poderá ajudá-lo neste caso.

DICA DO ESPECIALISTA DA DDI: Pergunte aos seus colegas que tipos de tarefas ou atribuições eles normalmente delegam. Depois, peça que compartilhem com você lições e benefícios que tenham alcançado.

O que devo delegar?

Instruções: Reflita a respeito das quatro categorias descritas nas páginas anteriores e escreva as suas tarefas nas linhas abaixo. (Observação: este é um excelente exercício que você deve repetir regularmente.) Quando terminar, comemore! Você criou sua lista de delegações a fazer, repleta do que você deve reter e do que deve delegar à equipe.

Reter a tarefa
- ❑ _____
- ❑ _____
- ❑ _____

Delegar a geração de ideias
- ❑ _____
- ❑ _____
- ❑ _____

Delegar tarefa
- ❏ _____
- ❏ _____
- ❏ _____

Delegar autoridade
- ❏ _____
- ❏ _____
- ❏ _____

Como decido quem recebe o quê?

Ao longo deste livro, nós o incentivamos a ter muitas conversas com outras pessoas. As conversas que você tiver antes de delegar atividades e tarefas, especialmente sendo um novo líder, serão a chave para ajudá-lo a descobrir que pessoa é adequada para cada atribuição. Mas essas conversas não deverão ser interrompidas depois que você já estiver há algum tempo no cargo! Se estiver fazendo seu trabalho, o potencial da equipe estará crescendo de imediato. Contemple de novo as possibilidades todas as vezes que decidir delegar uma tarefa.

DICA DO ESPECIALISTA DA DDI: Avalie o impacto que delegar uma determinada tarefa causará no restante da equipe. Algumas pessoas ficarão descontentes por não terem sido escolhidas para a função? A nova atribuição atrapalhará o progresso do membro da equipe escolhido em outras tarefas? Como isso afetará os resultados da equipe?

As quatro perguntas seguintes poderão ajudá-lo a identificar o melhor candidato para cada tarefa a ser delegada a partir da Ferramenta 17.1. Empenhe-se no processo, mesmo que você ache que já sabe as respostas:

- **Capacidades** – Essa pessoa tem o conhecimento e as habilidades necessários para lidar com a tarefa/responsabilidade?
- **Disponibilidade** – Essa pessoa tem tempo para assumir essa incumbência? A prioridade do trabalho dela poderia ser alterada?
- **Motivação** – Essa pessoa está motivada para assumir a tarefa que lhe está sendo delegada?
- **Necessidades de desenvolvimento** – Essa pessoa tem uma necessidade de desenvolvimento ou trata-se de uma oportunidade de desenvolver o potencial da equipe?

Vamos examinar mais a fundo a última pergunta. É fundamental compreender que a maioria das delegações de tarefas estão relacionadas com o desenvolvimento, o que quer dizer que elas ajudam as pessoas a desenvolver novas habilidades ao mesmo tempo que cumprem as metas empresariais. Na realidade, é raro uma delegação que não tenha algum aspecto de desenvolvimento, até mesmo no caso das pessoas experientes. Quando você colocar alguém no caminho de aprender fazendo, que é o que delegar com frequência significa, é importante tomar medidas para que essa pessoa tenha as qualidades necessárias para ser bem-sucedida.

Como comunicar a decisão com eficácia?

A esta altura, você já deve ter uma boa noção do quanto a comunicação é importante para sua carreira de liderança. Os Princípios-chave e as Diretrizes de Interação são a estrutura sobre a qual você pode construir uma estratégia de comunicação eficaz para qualquer prioridade. Use a Figura 17.1 como uma referência conveniente sobre como otimizar essas habilidades de interação para uma discussão sobre delegação.

Figura 17.1 Como conduzir a discussão de delegação.

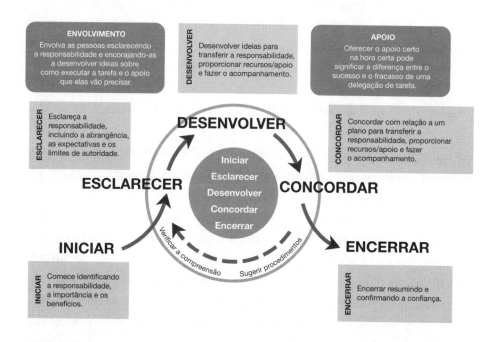

Como fazer o acompanhamento (e evitar despejar as coisas nas pessoas)?

Na seção Pense: Preparação, fizemos perguntas a você sobre líderes que despejam tarefas nas pessoas. Comumente, eles fazem isso por desespero. Sua gerente pode ter precisado que um trabalho fosse feito e não tinha a energia e o tempo necessários para fazê-lo, de modo que o empurrou para você e deixou que você cuidasse sozinho dele – esperando que você o devolvesse concluído, perfeito, enfeitado com um laço de fita.

Bem, apresentamos o resgate para esses líderes desesperados em dificuldades. O acompanhamento é o segredo que garante que você nunca será visto como alguém que despeja as tarefas nas pessoas! Quando se trata do acompanhamento, é importante concordar em como você vai *monitorar* o progresso, fazer *coaching* quando necessário e *mensurar* o sucesso. Se você não fizer isso, estrará correndo o risco de preparar as pessoas para o fracasso.

Monitorar diz respeito aos métodos utilizados para observar e acompanhar o progresso à medida que a pessoa executa a tarefa que lhe foi delegada. Os métodos de monitoramento possibilitam que você faça ajustes, caso necessário, antes que o desempenho comece a decair. Esses métodos também oferecem oportunidades de reforçar o desempenho quando as pessoas estiverem progredindo. Por exemplo, um líder poderia monitorar o progresso de um dos membros da equipe observando as reuniões iniciais dele e depois fazendo o acompanhamento para proporcionar *feedback* do desempenho e um *coaching* permanente. Você vai descobrir que é melhor fazer um estreito monitoramento no início. À medida que a pessoa for adquirindo experiência, você poderá retroceder.

Mensurar diz respeito aos resultados, padrões ou medidas de desempenho em relação aos quais você, a pessoa e talvez outros também avaliarão os resultados das tarefas delegadas. As *medidas de resultados* oferecem metas específicas e objetivas – do ponto de vista da qualidade, da quantidade, do custo ou da pontualidade – com as quais as pessoas podem comparar seus resultados. Essas metas também possibilitam que você e a pessoa avaliem o impacto da delegação da tarefa nos principais resultados da empresa. O seu fardo será suavizado se você incentivar as pessoas a obter *feedback* e outras informações de desempenho enquanto lidam com a responsabilidade. Isso é melhor do que esperar por um relatório ou *feedback* formal. A autoavaliação fortalece mais porque coloca a responsabilidade do sucesso diretamente nas mãos da pessoa que está executando a tarefa.

Pode parecer um contrassenso, mas permanecer em contato com uma tarefa que tenha delegado na realidade é a maneira de abrir mão dela para, em última análise, capacitar as pessoas a assumir a tarefa, com você na função de apoio.

Vocês terão que concordar em conjunto a respeito do monitoramento e métodos de mensuração que funcionam para cada pessoa – métodos que levam em consideração suas necessidades e a experiência e necessidades pessoais do membro da equipe. Mas tenha em mente que o líder que exerce um controle excessivo pode desmotivar rapidamente uma pessoa. Tudo consiste em encontrar o equilíbrio certo para o seu nível de satisfação e o deles.

Pode parecer um contrassenso, mas permanecer em contato com uma tarefa que tenha delegado na realidade é a maneira de abrir mão dela para, em última análise, capacitar as pessoas a assumir a tarefa, com você na função de apoio. E esta é a essência do último Princípio-chave – oferecer apoio sem tirar a responsabilidade. Durante sua conversa sobre delegação de tarefas, não deixe de esclarecer e chegar a um acordo sobre o nível de apoio que vai oferecer como líder. Ou então, na situação anteriormente mencionada a respeito de integrar um novo membro da equipe, na qual esse apoio seria proporcionado pelos líderes de equipe, esclareça quem deverá mantê-lo informado do progresso.

DICA TECNOLÓGICA!!

Às vezes, uma verificação superficial é tudo que uma pessoa precisa para permanecer confiante e motivada.

Faça o acompanhamento usando múltiplos canais de comunicação. Verificações improvisadas podem ser realizadas praticamente por meio de qualquer método, o que inclui e-mails, mensagens de texto, mensagens instantâneas e assim por diante: *Acabo de notar que você cumpriu seu prazo final mais recente! Continue assim! O próximo talvez seja mais difícil; não hesite em me chamar se precisar de ajuda.*

Além disso, talvez seja interessante marcar os trabalhos que você delegou na sua lista de tarefas, ou definir lembretes de e-mail por meio de qualquer um dos novos aplicativos disponíveis hoje em dia. Eles o ajudarão, na posição de líder, a fazer uma verificação no momento apropriado.

Não! Não pegue o macaco de volta!

Uma das coisas que você terá mais dificuldade em resistir será o que chamamos de *delegação reversa*, na qual você permite que alguém que tenha tido um problema lhe devolva em parte (ou totalmente) a tarefa a ser concluída. (Ou, o que é ainda pior, você a pega de volta por estar ansioso.) Traga à memória o líder que ficava andando de um lado para o outro com todos os macacos dele (tarefas delegadas) nos ombros analisado no Capítulo 7. Resista ao impulso! Em vez disso, reconheça que esses momentos são um sinal para que você ofereça um apoio maior ou diferente.

Para manter os macacos das tarefas felizes nos galhos em que devem estar, você precisará fazer *coaching* com sua equipe desde cedo e com frequência. Essas conversas orientadoras o ajudarão a determinar como estão indo as coisas e se antecipar a quaisquer obstáculos. As suas interações poderão ser formais ou informais, e poderão ser bem simples, como uma mensagem de texto que pergunte: "Como vão as coisas?" Mas sua função é fazer a pessoa lidar sozinha, e de maneira eficaz, com a tarefa ou responsabilidade, do início ao fim. Assim sendo, a delegação de tarefas não para na primeira reunião em que elas são entregues. É uma jornada que vocês empreendem juntos.

> **Discussões formais** são reuniões planejadas, em momentos importantes e específicos, destinadas a avaliar o progresso, proporcionar *feedback* e *coaching*, lidar com preocupações e reajustar o plano inicial a partir do progresso da pessoa.
> **Discussões informais** são em geral improvisadas e podem acontecer em qualquer ocasião. Elas podem ser também rápidas verificações. O objetivo é abordar de uma maneira proativa quaisquer desafios ou problemas que a pessoa possa encontrar e oferecer *coaching* e apoio adicionais.

Quando tiver essas discussões, faça sempre perguntas abertas, que ajudam as pessoas a avaliar o próprio progresso e a identificar coisas que as preocupam. Desse modo, em vez de planejar o que vai dizer à pessoa, planeje o que vai perguntar.

DICA DO ESPECIALISTA DA DDI: Não parta do princípio de que a pessoa não precisa de ajuda. As pessoas com frequência hesitam em pedir auxílio porque você as incumbiu dessa tarefa ou responsabilidade. Na cabeça delas, pedir ajuda poderá ser percebido como um sinal de fraqueza.

Finalmente, se estiver realmente enxergando dificuldades no horizonte, talvez seja sensato arrolar outros interessados como aliados para fornecer *feedback* e, caso apropriado, oferecer sugestões e conselhos. Se você sentir que precisa intervir, faça isso suavemente! As emoções podem ficar exaltadas quando um projeto fica instável. Inspecione e ajuste o seu plano no que diz respeito à responsabilidade, autoridade, apoio e acompanhamento baseado no progresso da pessoa. E permaneça com uma postura positiva.

Você vive em uma época estimulante com exigências cada vez maiores com relação à sua empresa, equipe, família e você mesmo. Preparar as pessoas para atender essas exigências é bom para todo mundo. Na condição de líder, você não pode se dar ao luxo de deixar de compartilhar a riqueza proporcionada por essa experiência, e a sua equipe também não pode deixar de fazer isso.

Seu Primeiro Cargo de Liderança

Habilidades de proficiência e liderança
18 GERENCIAMENTO DO DESEMPENHO
Um ciclo permanente, não um evento

Pense: Preparação

Avalie as duas perguntas a seguir. Primeira: *Você deseja que seu chefe lhe diga como você está se saindo no trabalho?* E a segunda: *Você gosta de participar de avaliações de desempenho?* Se você for como a maioria das pessoas que entrevistamos, a primeira resposta é um sonoro sim, e a segunda, um enfático não. Esse é o paradoxo do gerenciamento do desempenho.

Campo de ação do sistema

A maneira mais simples de explicar o que um bom gerenciamento de desempenho deveria fazer é ajudar as pessoas – tanto gerentes quanto colaboradores individuais – a compreender como elas estão cumprindo seus objetivos no trabalho e se desenvolvendo como profissionais. E, se você pairar sobre o propósito estratégico do gerenciamento de desempenho, ele possibilita à sua empresa cumprir a estratégia empresarial dela criando uma harmonização de prioridades para cima e para baixo na organização, além de responsabilidade com relação a essas metas. Desse modo, se sua empresa for como a maioria, é bem provável que exista nela algum tipo de sistema de gerenciamento em vigor que você terá que usar. Esses sistemas destinam-se com frequência a ser executados em computador, fornecendo um relatório consolidado à direção executiva. Talvez você precise usar formulários específicos. As informações que você reunir – as metas estabelecidas, as etapas importantes concluídas e coisas afins – são com frequência utilizadas para gerar uma série de outras classificações que a empresa utiliza para avaliar cada funcionário. O processo como um todo pode parecer estressante, inconveniente e, não raro, bloqueia as discussões significativas em vez de estimulá-las. Mas ele não precisa fazer isso!

Como muitos sistemas organizacionais, o gerenciamento do desempenho é um componente *imperfeito porém necessário* dos complexos negócios de hoje. E você não deve incluí-lo apenas como um evento anual. O gerenciamento de desempenho deve ser parte de um raciocínio de ciclo de desempenho mais amplo que acontece o ano inteiro. Mas você deve fazer o sistema trabalhar para você. Este capítulo pode ajudá-lo a redefinir suas atribuições existentes de gerenciamento de desempenho em uma série de conversas significativas que possam possibilitar aos funcionários mais segurança, motivando mais empenho e crescimento. Porém, antes de avançarmos para os pormenores de como ter essas conversas, vamos recapitular dois pontos que o ajudarão a compreender a visão abrangente do gerenciamento do desempenho.

Não se trata de você

Há vários anos, um subordinado direto de Rich queixou-se a ele do seguinte: *Tenho dez pessoas na minha equipe. Não tenho tempo para fazer todas essas avaliações de desempenho.* Rich respondeu (sabiamente): *Você não precisa fazer dez avaliações. Só precisa fazer uma – a sua.* Em outras palavras, os funcionários precisam assumir o seu próprio desempenho e a conversa a respeito dele. E você precisa mostrar a eles como fazer isso.

Cada um dos seus subordinados diretos deve desempenhar o papel primordial de recolher informações de desempenho, resumir os resultados e até mesmo sugerir uma classificação preliminar. Esta é, em parte, uma abordagem prática. Você não pode fazer as pessoas terem melhor desempenho, mas pode orientá-las, guiá-las e apoiá-las para que entendam melhor onde se encontram na jornada de desenvolvimento delas. No entanto, também existe aqui um componente pessoal. As pessoas que acompanham as próprias informações de desempenho se mostram mais propensas a corrigir logo o rumo se algo sair errado, empenhando-se mais de modo geral. Você poderá ter a impressão de que está renunciando ao controle da conversa, mas não está. A sua função é gerenciar o processo – cumprir os cronogramas, garantir que as informações corretas sejam trazidas para a conversa e usar os critérios corretos de classificação – e, o que é mais importante, administrar a discussão de desempenho. (Vamos falar mais a respeito disso daqui a pouco.)

DICA TECNOLÓGICA!!

Incentive os membros da sua equipe a usar o e-mail para pedir às pessoas-chave – inclusive você – *feedback* durante e depois das grandes realizações como apresentações, reuniões ou eventos importantes nos projetos. Faça com que identifiquem uma habilidade ou projeto específico. Um breve comentário – *Estou tentando melhorar meu trabalho em visualizações de informação. O que você achou dos recursos gráficos da apresentação? O que poderia ter ficado melhor?* – os ajudará a acompanhar o progresso durante o ano e lhes fornecerá amplas informações para discutir com você na ocasião da avaliação de desempenho.

Seja um *coach*, não um juiz

Muitos sistemas de gerenciamento de desempenho (e a opinião geral a respeito do chefe) definem o líder como um avaliador do funcionário. Parte disso é estrutural: grande parte dos sistemas que você estará usando gera um número (ou uma série de números) que classifica o desempenho das pessoas. A maioria das pessoas morre de medo disso, e com boas razões. David Rock e o NeuroLeadership Institute aventa que julgar conversas a respeito do que fizemos ou não fizemos no ano anterior coloca o cérebro em um estado de medo que limita a nossa capacidade humana de absorver informações.[1] Essa é uma falha de projeto relativamente importante que pode atrapalhar verdadeiros momentos de compreensão a respeito do seu desempenho.

Você pode *hackear* facilmente o sistema configurando o processo de gerenciamento do desempenho como uma série de diálogos de *coaching* em vez de uma única discussão de revisão. E como você cumpre essa promessa? Você faz *coaching* e desenvolve as pessoas todas as semanas ao longo do ano e usa avaliações periódicas (pelo menos uma no meio do ano). Dessa maneira, a discussão do fim do ano se torna apenas mais uma nesse ciclo permanente de *coaching*/avaliação do que uma avaliação formal.

Na condição de líder da equipe, você precisará conhecer o desempenho e metas de desenvolvimento de cada pessoa, e estar preparado para proporcionar proativamente *coaching* e *feedback*; além disso, você deverá estar documentando os resultados ao longo do caminho. Assim sendo, quando a avaliação do meio ou do fim do ano chegar, você e o seu subordinado direto resumirão os resultados e chegarão a um acordo com relação à classificação. A Figura 18.1 mostra como o *coaching* e o desempenho estão estreitamente relacionados. É sua função mantê-los interligados.

Figura 18.1 O ciclo de desempenho: um guia para líderes.

Definição de metas

Cada ciclo de desempenho (geralmente com um ano de duração) começa com a definição de metas. Existem dois tipos de metas igualmente importantes: de desempenho e de comportamento. Pense nisso da seguinte maneira: as metas de desempenho descrevem "o que" a pessoa deve fazer (as especificações), as metas de comportamento descrevem "como" (a maneira) ela deve fazê-lo (a maneira de fazer). Você provavelmente já trabalhou com alguém que era competente em fazer as coisas – ao mesmo tempo que se indispunha com os colegas de trabalho. E é provável que também tenha trabalhado com uma pessoa com quem era fácil conviver, mas cujo desempenho deixava a desejar. Sua função é fazer *coaching* e desenvolver tanto as especificações quanto a maneira de fazer. Vamos começar com as especificações.

Torne as metas de desempenho SMART (especificações)

A maioria das organizações defende redigir metas de desempenho que satisfaçam determinados critérios. Nós as chamamos de metas SMART;* a sua organização poderá usar outra fórmula semelhante. Metas SMART bem redigidas são a sua âncora para o *coaching* e as discussões de desempenho.

Se você não estiver familiarizado com a maneira de redigir metas SMART, dê uma olhada no breve tutorial a seguir. Eis uma dica importante: não salte nenhuma parte de SMART, caso contrário você pagará por isso na avaliação, especialmente se a pessoa estiver tendo um desempenho abaixo do esperado. Um componente que esteja faltando poderá conduzir a um mal-entendido ou até mesmo a uma discussão: *Pensei que o prazo final fosse fevereiro. Você não pode mudar isso agora.*

Critérios para metas bem escritas

SMART deve ser:

Específica – define resultados específicos a serem alcançados.

Mensurável – define a quantidade, o custo ou os indicadores de qualidade para determinar o progresso.

Tangível – possibilita uma meta desafiadora, porém tangível.

Relevante – respalda o sucesso da equipe ou as metas organizacionais.

Ligada ao tempo – especifica uma data prevista, um intervalo de tempo ou coeficiente de frequência.

---

* A palavra SMART é formada pela primeira letra de cada uma das seguintes palavras: *Specific, Mensurable, Attainable, Relevant* e *Time bound*. Mantivemos a palavra como no original norte-americano. (N. dos T.)

Dicas para escrever metas SMART

- Comece cada meta com um verbo que expresse ação (por exemplo: "aumentar", "completar", "alcançar").
- Defina a quantidade, o custo, a qualidade e/ou a pontualidade, bem como quaisquer datas previstas ou intervalos de tempo.
- Evite escrever metas do tipo tudo ou nada. Por exemplo: "Concluir o treinamento de todo o pessoal do departamento até o final de terceiro trimestre" é uma meta que vai ser atingida ou não. Em vez disso, propicie flexibilidade, como uma escala, para tornar a meta mais tangível: "Concluir o treinamento de 95% a 100% do pessoal do departamento..."
- Não confunda tarefas ou atividades com metas de desempenho. Por exemplo: "Consultar os atendentes de serviço para verificar se eles estão notando certas tendências na utilização do produto" pode ser uma entre muitas tarefas que devem ser completadas para alcançar uma meta de desempenho.
- Tome medidas para que cada meta seja observável. Os resultados das realizações da pessoa precisam ser evidentes para você e outras pessoas que irão fornecer *feedback* sobre o desempenho.
- Deverá haver, no máximo, de uma a três metas para cada resultado importante do trabalho. Isso deixa o plano de desempenho global mais realista. Você sempre poderá fazer acréscimos ou modificações quando necessário.
- Faça a seguinte pergunta ao seu subordinado direto: *Esta meta beneficia você, a nossa equipe e a organização?* Se a resposta for negativa, pense na possibilidade de reescrevê-la.

Fórmula para escrever metas SMART

Você e seus subordinados diretos podem usar esta fórmula de três partes para escrever metas de desempenho que satisfaçam os critérios SMART.

Comece com um verbo que expresse ação, como:	Inclua uma **medida**, como:	Inclua uma **data prevista, intervalo de tempo** ou **coeficiente de frequência**, como:
Aumentar...	Quanto	Fase 1 até o final do segundo trimestre
Completar...	Quantos	Fim do ano fiscal
Alcançar...	Quanto melhor	Diariamente
Concluir...	Quanto mais rápido	Semanalmente
Reduzir...	Custando quanto menos	Como programado

Exemplos:

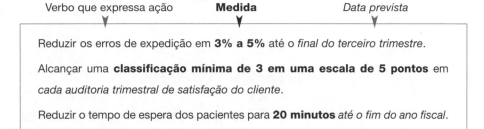

Expectativas de comportamento (a maneira de fazer)

As metas de comportamento descrevem as expectativas de *como* a pessoa realizará as metas de desempenho. Conversamos bastante a respeito do comportamento neste livro, e este é um dos motivos pelos quais fizemos isso. Às vezes, vemos organizações usarem os termos "competências", "valores" e até mesmo "papéis" para descrever o *como*. Você não precisa ter uma meta de comportamento para cada meta de desempenho; na realidade, cinco a sete competências são suficientes para a função de cada pessoa. Por exemplo, para ter um desempenho eficaz, um provedor de serviços da linha de frente provavelmente precisa saber lidar muito bem com o serviço de atendimento ao cliente, contribuir para o sucesso da equipe, ter uma orientação para a qualidade e ser muito adaptável. Parte do seu papel como líder é identificar as maneiras mais importantes de fazer as coisas no plano da pessoa e vinculá-las às metas de desempenho correspondentes.

Recolher informações sobre comportamentos é um pouco mais complicado do que as metas SMART, com frequência quantitativas. Usar a técnica STAR (Capítulo 15) é uma boa maneira de fazer isso. Tanto você quanto os membros da sua equipe deveriam recolher STARs ao longo do ciclo de desempenho. Incentive seus subordinados diretos não apenas a preparar as próprias STARs, como também a procurá-las com os outros (por exemplo, colegas, fornecedores e assim por diante).

> Competências são agrupamentos de comportamentos relacionados, associados ao sucesso ou ao fracasso em uma função.

Orientação para discussões de desempenho

Infelizmente, a maioria dos sistemas de gerenciamento de desempenho afasta a atenção da coisa mais importante: discussões de definição de metas e de avaliação de desempenho, e todas as conversas de *coaching* que você terá no intervalo com os membros da equipe. Líderes (e funcionários) se concentram excessivamente em completar o formulário e gerar classificações de desempenho; eles passam rapidamente pelo que é mais necessário: uma conversa franca, transparente e bidirecional do desempenho esperado *versus* efetivo. (Na realidade, desconfiamos de que um número excessivo de líderes usa o formulário e o sistema como uma maneira para *evitar* uma discussão franca.)

Como vimos no início deste capítulo, as pessoas querem saber qual a situação delas e como estão se saindo; esta é a sua chance de que elas deem informações para você. Sim, você leu corretamente. Como as pessoas assumem o desempenho delas, elas devem assumir as discussões de desempenho, o que significa que a maior parte do tempo disponível deve ser concedida a elas. Você pode encorajar e reforçar isso direcionando a conversa: *Então, o que você tem para a próxima meta?*, e: *Tendo em vista as informações que recolheu, como você classificaria o desempenho nessa meta: "abaixo", "acima" ou "corresponde às expectativas"?*

A maioria dos líderes teme que os funcionários falem apenas sobre os aspectos positivos, desconsiderem o *feedback* negativo e superestimem o próprio desempenho. No entanto, constatamos que o oposto é válido – especialmente se você teve discussões de *coaching* ao longo do ciclo de desempenho. A maioria das pessoas falará francamente a respeito dos sucessos que alcançaram e das áreas em que ficaram aquém das expectativas. Além disso, com bastante frequência, subestimarão o próprio desempenho em vez de superestimá-lo. De qualquer modo, é importante deixar o funcionário falar primeiro e descobrir como ele encara o próprio desempenho antes de concordar e ratificar a classificação, ou discordar e começar a discussão sobre suas razões.

O chefe continua a ser o chefe

Até agora tentamos evitar a recorrência do termo *chefe*, mas ele é apropriado neste caso. No que diz respeito ao gerenciamento do desempenho, você é responsável pela opinião final sobre as classificações de desempenho. Se depois de uma discussão franca do desempenho, você discordar de um subordinado direto, é a sua classificação, como chefe, que irá para o sistema. A maioria dos sistemas de gerenciamento de desempenho oferece uma oportunidade para que o funcionário faça comentários, e você deve incentivar a pessoa e expressar os pontos de divergência dela. No entanto, no final, a organização espera que você seja o chefe. E essa é realmente a boa notícia.

Se você desmembrar as conversas de gerenciamento de desempenho em pequenos blocos, porém significativos, ao longo do ano, a avaliação final será algo que nenhum de vocês dois deve temer. Em vez disso, ela se tornará uma oportunidade de celebrar tudo o que foi realizado e até mesmo de reviver algumas das maravilhosas histórias do tipo *Nós conseguimos!* que as pessoas que trabalham juntas deveriam compartilhar com mais frequência.

Quaisquer problemas sérios que possam ter ocorrido já foram trazidos à baila em conversas anteriores, de modo que não há surpresas. E se alguns problemas persistirem, existem planos adequados para lidar com eles. Esse tipo de avaliação de desempenho o ajuda a descobrir o que realmente está acontecendo com sua equipe, e ajuda os membros da equipe a descobrir como se encaixam melhor na organização.

Se conseguir dominar isso, o seu sistema de avaliação de desempenho não apenas será bom para sua equipe e para a organização, como também o transformará em um líder em quem as pessoas confiam e que admiram.

Seu Primeiro Cargo de Liderança

Habilidades de proficiência e liderança
19 VOCÊ E SUA REDE DE CONTATOS
Cultive relacionamentos profissionais

Pense: Preparação

Se você tivesse um problema na sua vida, quem você procuraria para pedir conselho? Por quê? Crie uma lista de pelo menos cinco nomes. Quem, na sua vida pessoal, o procura para pedir ajuda? Por quê? Crie uma lista de pelo menos cinco nomes.

Tudo depende de quem você conhece

A ideia de pertencer a uma rede de contatos intimida muitas pessoas. Existem muitas razões para isso – todas perfeitamente razoáveis. Muitos de nós sentimos que fazer *networking* é uma tarefa temerária, repleta de conversas embaraçosas com pessoas que, de qualquer modo, não podem nos ajudar. Na verdade, a rede de contatos é algo genuíno? Qual é o objetivo disso?

Essa sensação se tornou ainda mais profunda à medida que o mundo se tornou digital. Hoje em dia, as redes sociais definem a sobrecarga de informações. Nossa vida *on-line* pode parecer uma mangueira de incêndio de informações sempre ligada com as coisas interessantes que poderemos precisar para o trabalho espremidas entre verificações do Instagram e tirar selfies na hora do almoço. Mesmo que você acredite na ideia de uma rede de contatos, é difícil saber como criar uma boa rede ou se seus esforços serão recompensados. Talvez você abomine pedir coisas a outras pessoas, como uma ajuda, por exemplo. Ou talvez não seja realmente uma pessoa sociável. Concordamos em que os seres humanos podem ser problemáticos.

Falamos muito neste livro a respeito da liderança como um empreendimento humano profundamente gratificante. E garantimos o seguinte: você não encontrará áreas que proporcionem tantos benefícios à sua carreira de liderança quanto a da rede de contatos. Além disso, você já tem uma. Há pessoas à sua volta, tanto na sua organização quanto na sua vida, que podem lhe fornecer informações a respeito de como pode ser mais competente em seu trabalho e se tornar um líder mais feliz e relaxado. Você também representa um recurso para outras pessoas! Quando cultivados, esses relacionamentos florescem e se tornam parcerias nas quais você pode se apoiar para lidar com as mais difíceis situações no trabalho. Uma poderosa rede de contatos é um recurso valioso para guiá-lo através da complexidade do trabalho nos dias de hoje.

Uma poderosa rede de contatos é um recurso valioso para guiá-lo através da complexidade do trabalho nos dias de hoje.

Você nos ouviu falar a respeito da matriz nos capítulos anteriores. Hoje em dia, ninguém trabalha sozinho, como uma ilha. Isso faz parte do que queremos dizer com *complexidade*. Sua atividade depende de conseguir que o trabalho seja feito por intermédio de pessoas que podem ou não ser seus subordinados diretos, que podem não trabalhar perto de você e cuja vida você pode conhecer muito pouco. Elas podem, ou não, estar acima de você na organização. E as informações não vêm mais apenas da pessoa que ocupa o escritório mais luxuoso da empresa e que dita as ordens. Informações a respeito de tudo – como as necessidades dos clientes e mudanças de produtos, eventos da empresa e melhores práticas em sua área – agora o bombardeiam de todos os cantos. Seja como for, você talvez nem mesmo veja muito seu chefe! Você não pode procurar no Google as coisas realmente importantes, como a maneira de se dar bem com pessoas específicas e remover barreiras institucionais.

Para ser capaz de fazer seu trabalho com mais rapidez e eficiência, o que realmente importa *é* quem você conhece. Mas ao contrário das redes sociais, isso não diz respeito a quem o *seguirá*. Diz respeito a quem *responderá* a você. E isso requer que você desenvolva contatos pessoais, mesmo que você não seja uma pessoa sociável.

Nem todas as redes são iguais. O tipo de meta que você deseja alcançar determinará a rede da qual você irá se aproximar. Todo líder precisa de cinco tipos de redes:[1]

- Uma *rede de ideias* para gerar inovações e oferecer conselhos sobre novas maneiras de resolver problemas.
- Uma *rede de desenvolvimento* de pessoas que estão envolvidas com o seu crescimento.
- Uma *rede social* de relacionamentos próximos que pode lhe oferecer conselhos e dar apoio.
- Uma *rede de influência* de colegas que podem ajudá-lo a utilizar recursos e informações para que as coisas sejam feitas.
- Uma *rede profissional* de pessoas a quem você pode recorrer para obter conselhos profissionais dentro e fora da sua empresa.

Acho que fazer networking e encontrar alguém que o apoie é fundamental para o sucesso da sua carreira – seja ele seu chefe, a alta administração ou um mentor. Os novos líderes devem fazer o possível para almoçar com pessoas com quem trabalham e fazer networking com elas a fim de desenvolver relacionamentos. Para ser bem-sucedido, você vai precisar desses relacionamentos no futuro. Em algum momento, poderá se candidatar a um cargo, ou poderá ocorrer uma reorganização e alguém vai perguntar ao seu chefe, ou às pessoas com quem você trabalha: "Que tipo de pessoa é Kathy? Ela é capaz de fazer este trabalho?" É a sua rede de contatos surtindo efeito!

– Diretor de vendas *de uma indústria química norte-americana*

Neste capítulo, descartamos o conceito estereotipado de rede de contatos em reuniões sociais para pleitear uma nova definição.

> **Definição de rede de contatos com um objetivo:** Formar proativamente relacionamentos profissionais importantes com o objetivo de trocar informações úteis que o ajudem a fazer seu trabalho.

Vamos oferecer algumas dicas para ajudá-lo a estabelecer uma rede de contatos diversificada preenchida por pessoas que diferem de você no que diz respeito à função, à experiência de trabalho, ao tempo de permanência na empresa ou até mesmo a metas futuras. Isso adicionará pontos de vista interessantes às suas ideias a respeito de seu trabalho, ampliando seu entendimento sobre como a organização funciona. Além do mais, isso tenderá a resultar em uma vida mais animada e interessante! Cultivar uma rede de contatos dotada de objetivo é uma habilidade que o beneficiará ao longo de toda a sua carreira de liderança. Um bônus adicional é que provavelmente mais pessoas comparecerão à sua festa de aniversário na empresa.

Sozinhos, podemos fazer muito pouco; juntos, podemos fazer muito.
– Helen Keller

Onde você se situa na escada de valores?

Os relacionamentos de sua rede de contatos, ou *networking*, só funcionam quando o valor flui em ambas as direções. Eles vicejam se você for considerado alguém que tanto dá quanto recebe. As redes de contato não florescem da noite para o dia; é preciso tempo para que as pessoas passem a conhecê-lo e a confiar em você. E, embora você possa ser novo no seu emprego, tem muito a contribuir. Pense nas pessoas que você relacionou no exercício da seção "Pense: Preparação" que o procuram para pedir ajuda. Você já é alguém com quem as pessoas contam. Agora, está na hora de você se tornar alguém com quem elas desejem se associar.

Você se lembra de Marian, a especialista em comunicações de uma universidade que lhe apresentamos no Capítulo 2? Ela foi atirada em uma posição de liderança depois que seu chefe, uma pessoa extremamente impopular, foi demitido. Mas era difícil lidar com a política da universidade. Ela teve que esperar seis meses para que a administração fizesse o pronunciamento formal do seu novo cargo. Nesse meio-tempo, o vácuo de informação deixou todo mundo nervoso. Quem era responsável? *Fornecemos serviços editoriais para todos os departamentos da universidade*, explicou ela. *Relatórios anuais, atualizações de websites, notícias. Não se tratava apenas de nós. Todos seriam afetados.*

Marian tomou a corajosa iniciativa de se apresentar a cada chefe de departamento e de comparecer às cerimônias do setor às quais geralmente não ia por ser um modesto membro da equipe. De uma maneira informal, ela levou ao conhecimento deles que iria desempenhar um papel de líder no seu departamento. Isso abriu as portas de imediato. Ela também procurou várias pessoas-chave em uma série de eventos sociais da produção – como os responsáveis pela impressão e os profissionais da web – que entendiam melhor do que ela sua nova função. *Eu queria dar a eles a chance de me conhecer, mas eu também precisava aprender como eles trabalhavam.*

Ela se tornou criativa. *Comecei a circular e passei casualmente a participar de reuniões que começavam depois que as minhas terminavam,* Marian comentou, rindo. Ela começou a oferecer conselhos úteis para pessoas com necessidades de comunicação que estavam fora da sua amplitude de projetos na ocasião. *Ninguém se importava com o fato de eu estar presente. As pessoas gostavam!* Ela fez novos amigos e tentou se comunicar de novas maneiras – como aconselhando informalmente outras mães que trabalhavam na universidade.

Sua nova rede de contatos realmente alcançou um bom resultado: as pessoas a ajudaram a identificar poderosos protagonistas

> – e as idiossincrasias deles. *Passei a saber quem era áspero e irritável, e aprendi a não levar o que acontecesse para o lado pessoal.* E, em cada departamento, ela conheceu pessoas que tinham tido problemas como o seu antecessor. *Pude lidar com as preocupações delas antes que acontecessem de novo,* disse ela. Marian também conseguiu entender todos os problemas básicos de produção que causavam constantes atrasos. Quando ela assumiu oficialmente sua equipe, todos os membros foram capazes de lidar com suas tarefas com mais rapidez e tranquilidade do que nunca. *Se não tivesse entrado em contato com aquelas pessoas, teria sido impossível para mim cumprir as obrigações do novo cargo.*

Três maneiras de pensar a respeito da sua rede de contatos agora

Será interessante criar uma rede que o ajude a fazer melhor seu trabalho, tanto no dia a dia quanto em seu desenvolvimento como líder. Mas também será interessante reunir ideias mais profundas que possam ajudá-lo a prever mudanças que estão a caminho, descobrir maneiras de ajudar sua equipe a ser mais inovadora ou conceber novos modos de manter o pessoal envolvido e feliz. E nunca será demais enfatizar o seguinte: o *networking* consiste em compartilhar informações e valor. Por conseguinte, é interessante que você também seja capaz de contribuir com essas coisas para sua rede.

Comece pensando nas três esferas, ou subconjuntos, de redes como é mostrado na Figura 19.1, e em qual a melhor maneira de você desempenhar um papel nelas. E lembre-se: o objetivo de criar uma rede de contatos é estabelecer contatos valiosos antes de você precisar pedir ajuda.

Figura 19.1 As três esferas.

As Quatro Práticas do *networking*

Para criar o tipo de rede de contatos que toca as três esferas, você vai precisar de uma estratégia. Nós a chamamos de *Quatro Práticas*, porque elas oferecem maneiras práticas de você lidar com a sua rede à medida que ela vai crescendo (consulte a Figura 19.2).

Você quer ganhar pontos adicionais de *networking* logo de saída? Aproxime-se da melhor pessoa que faz *networking* em sua rede – de preferência alguém que você gostaria de conhecer melhor. (Talvez até mesmo o seu novo chefe.) Mostre a ele seus resultados da autoavaliação (disponíveis no microsite, em inglês, do livro da DDI) e explique a sua meta de criar uma rede de contatos. Se a pessoa for tão amável quanto você imagina, ficará satisfeita em ajudá-lo!

Figura 19.2 As Quatro Práticas.

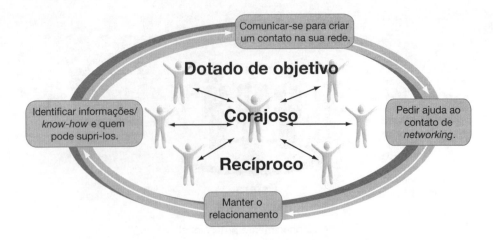

Vamos agora investigar como estabelecer e manter redes profissionais dotadas de objetivo por meio das Quatro Práticas.

1. Identificar informações/*know-how* e quem pode supri-los.

Esta medida é, com frequência, o ponto de partida no *networking* dotado de objetivo – identificar *informações, conhecimento, habilidades* ou *apoio* que o ajudarão a fazer seu trabalho com mais eficiência e identificar as pessoas que podem ajudá-lo a adquiri-los. Por exemplo:

- Informações ou *know-how* técnicos e também específicos do trabalho.
- *Coaching* em como lidar com uma situação ou tarefa desafiadora.
- Conhecimento das funções, processos ou procedimentos de um grupo.
- Perspectivas sobre a cultura da organização ou regras tácitas.
- *Feedback* franco do desempenho.
- Conselhos sobre oportunidades de carreira.
- Advertências e alertas sobre questões e oportunidades emergentes, a justificação das decisões e as implicações das decisões.
- Metas/Expectativas para uma função, responsabilidade ou tarefa.
- Conselhos sobre como trabalhar eficientemente com um novo chefe ou líder sênior.

2. Comunicar-se para criar um contato na sua rede.

Muitas pessoas temem que suas tentativas de criar um relacionamento de *networking* serão rejeitadas. Embora esse medo esteja arraigado na natureza humana, as pessoas mais experientes em *networking* experientes sabem que ele é em grande medida infundado. Ainda assim, para muitas pessoas, fazer o contato inicial requer um ato *de coragem*. A maioria das pessoas será mais receptiva às suas tentativas de se comunicar do que você poderia imaginar. Raramente alguém rejeita um telefonema de uma pessoa que está procurando ajuda. Por exemplo: *Acabo de assumir o projeto ABC e estou tentando conhecer pessoas que...*

O objetivo de se comunicar para estabelecer um contato de *networking* é se tornar inesquecível de uma maneira satisfatória. Nesse contato inicial geralmente breve, você precisa criar o sentimento de que será interessante para a outra pessoa conhecê-lo e compartilhar regularmente informações com você. As pessoas que criam sistematicamente e com eficácia contatos de *networking* usam três procedimentos. Eles:

- Causam uma impressão positiva.
- Estabelecem um vínculo pessoal.
- Criam uma justificativa especial para fazer contato posterior.

Sejamos realistas: a maioria das pessoas admitiria que não gostam de tentar se comunicar com outras em um ambiente desconhecido, como uma conferência. Mas existem alguns estilos de personalidade que tornam o *networking* quase instintivo. De modo particular, pessoas extrovertidas acham bem fácil estabelecer contato, sentindo-se à vontade ao se introduzir em atividades ou eventos que ofereçam mais oportunidades para fazer *networking*.

Não estamos dizendo que pessoas introvertidas não possam ser *networkers* incrivelmente eficazes. Elas certamente podem! Embora possam precisar praticar o aspecto social do *networking*, elas frequentemente ficam mais à vontade quando falam a respeito de assuntos profissionais e buscam informações. Na nossa experiência, os introvertidos estão mais propensos a fazer perguntas que se revelarão informações proveitosas.

E independentemente do tipo de personalidade, muitas pessoas simplesmente se sentem mais à vontade ao se aproximar de um contato de *networking* quando a interação não é frente a frente. O *networking* nunca será fácil para algumas pessoas. No entanto, ele é uma habilidade – e como qualquer habilidade, você pode se tornar mais competente nela com a prática.

Ponto de reflexão

De que maneira sua personalidade favorece ou atrapalha sua capacidade de fazer *networking*?

3. Pedir ajuda ao contato de *networking*.

As pesquisas confirmam que pedir ajuda é um comportamento vinculado ao sucesso no trabalho. Na realidade, é difícil tirar outra conclusão. Se você não pedir ajuda, talvez não tenha todas as informações que precisa. Você pode propor uma ideia que considera válida, sem saber que ela já foi experimentada antes e fracassou.

Mas pedir ajuda pode ser difícil. Comece por identificar alguma coisa para a qual realmente precise de ajuda, como orientar alguém que não esteja tendo um bom desempenho ou lidar com um projeto desafiador. Em seguida, encontre alguém com quem já tenha estabelecido um relacionamento e possua discernimento do que você precisa. Além disso, escolha alguém que ofereça probabilidade de resposta. A pessoa já fez isso antes? Ela gosta que recorram à sua experiência?

Uma boa maneira de administrar qualquer ansiedade que possa sentir com relação a pedir ajuda à sua rede de contatos é fazer questão de oferecer apoio aos outros como parte da sua marca de liderança. (Consulte o Capítulo 5 para mais informações.) Se procurar oportunidades para ser útil, as pessoas espalharão a notícia. Seus contatos também o verão como alguém que merece o tempo deles, porque você retribui oferecendo valiosas informações, que os auxiliam no trabalho ou nas coisas pelas quais têm predileção.

DICA DO ESPECIALISTA DA DDI: Se estiver procurando maneiras de obter *know-how* ou ideias de outras pessoas, use perguntas abertas: *Qual é a coisa mais importante que eu preciso saber a respeito de...?*, ou: *Como você geralmente lida com esse tipo de situação?*, ou ainda: *Esta é a situação em que me encontro. Por que isso está acontecendo? Como eu poderia reagir?*

4. Manter o relacionamento.

Manter o relacionamento é onde o verdadeiro valor do *networking* se concretiza. As pessoas que fazem isso preservam seu objetivo na barganha do *networking agindo de modo recíproco* com seus parceiros – oferecendo informações e apoio ao mesmo tempo que os buscam. Elas também fornecem apoio *proativamente* e transmitem informações que serão valiosas para um parceiro.

NÓS PERGUNTAMOS, VOCÊ RESPONDEU no LinkedIn

P: Qual seu melhor conselho para a formação de uma rede de contatos?

Susan McPherson:

Minha experiência de networking *no meu primeiro cargo de liderança foi realmente bem-sucedida. Havia pessoas em 35 escritórios ao redor do mundo, e nós nos comunicávamos principalmente* on-line *– antes das redes sociais. Desenvolvi o hábito de enviar um e-mail me apresentando às pessoas em funções semelhantes à minha, descobrindo em que as outras pessoas trabalhavam e como meu departamento poderia ajudá--las de alguma maneira. Garanto que não há nada melhor do que receber um e-mail assim quando estamos no fundo do poço! Fiz amigos e aliados. Mas tive que dominar meu estilo: amigável, porém filtrado por uma lente profissional.*

Desenvolvi também o hábito de fornecer regularmente informações que eu julgava serem relevantes para o trabalho dessas pessoas ou para a empresa, descrevendo o trabalho que eu estava fazendo e, o que era mais importante, espalhando a notícia quando eu achava que elas estavam fazendo um bom trabalho. No final, nós nos tornamos defensores uns dos outros. Essa é uma parte importante do networking: *queremos que pessoas fora do nosso círculo falem a nosso respeito e do trabalho que fazemos. Estou certa de que consegui meu emprego seguinte por causa disso.*

Hoje em dia, é muito mais fácil formar relacionamentos dessa maneira, e é quase obrigatório dedicar algumas horas por semana ao networking.

Ligando os pontos

Acreditamos que o poder da liderança – e de construir relacionamentos – reside nas conversas que temos com as pessoas à nossa volta. E, ironicamente, é isto que também, com frequência, derruba as pessoas. De qualquer modo, começar uma conversa pode ser difícil e, se tiver em mente um objetivo de *networking*, poderá parecer forçado e comercial, como se falasse com uma pessoa apenas porque quer alguma coisa dela.

Este é um bom momento para recordar nosso critério favorito: os Princípios-chave. O *networking* consiste em conversas, que são excelentes oportunidades para usar os Princípios-chave, aos quais estão incorporados a bondade, a empatia e o respeito pelos outros. Se você se apoiar nos Princípios-chave em todas as suas conversas, as coisas não parecerão forçadas nem movidas pelo egoísmo. Você vai poder realmente estar presente no contato com as pessoas e dar valor a elas pelo que são.

Cinco maneiras fáceis de começar HOJE

1. **Comece com dez**
   Identifique dez pessoas para sua nova rede de contatos que sejam capazes de ajudá-lo a fazer seu trabalho agora. Apresente-se, quer por e-mail, quer pessoalmente, e informe a elas que você deseja

saber mais a respeito de como elas trabalham e de como você pode ajudá-las. Vocês têm contatos em comum? Mencione-os. Depois, conecte-se com elas no LinkedIn com uma nota pessoal que faça referência à conversa. Siga-as no Twitter, mas omita o Facebook – ele é para amigos de verdade.

2. **Potencialize *networkers* poderosos**
Aprofunde seus relacionamentos e potencialize os contatos na sua rede que atuam como eixos ou centros de conexão. Essas pessoas sempre parecem saber por onde começar, e quando não sabem, são capazes de colocá-lo em contato com alguém que sabe. Use esses *networkers* poderosos para obter informações ou outros contatos estratégicos. Além disso, use os contatos valiosos para ajudar a espalhar suas ideias ou informações para outras pessoas nos bancos de dados delas.

DICA TECNOLÓGICA!!

Sua rede de contatos é o seu patrimônio líquido. Em um mundo digital, os seus contatos e associações são mais importantes do que a curva elegante do seu cartão de visita. Pense antes de teclar "enter" – sempre. Tudo que você coloca on-line hoje pode ser pesquisado por um possível empregador ou cliente. Que memória ou impressão digital duradoura você deseja deixar?

Quando compartilhar informações como artigos ou vídeos, seja exigente. Para feeds abertos como o LinkedIn ou plataformas de colaboração interna como o Yammer, compartilhe o que, de modo geral, vá ser mais útil ou surpreendente para a sua rede de contatos, e que seja relevante para eles. (Pense em tendências do setor, notícias, dicas de liderança ou inovações que causem um impacto na sua área.) Limite-se a colocar um ou dois posts por dia, a não ser que parte da sua função seja ser uma fonte de informações para outras pessoas.

Se descobrir alguma coisa que possa representar uma ajuda imediata para uma pessoa específica – como uma informação a respeito de um concorrente ou uma ocorrência relacionada com um projeto no qual ela esteja trabalhando – envie-a para ela particularmente, por meio de uma mensagem de texto ou e-mail. Inclua uma breve nota informando por que você achou que a informação seria útil.

Omita assuntos polêmicos! Esta é uma rede profissional, não uma plataforma pessoal de desabafo. Se a informação não for ajudar o trabalho de alguém, não a divulgue.

– **Luke Wyckoff**,
CVO* da Social Media Energy

3. **Use cinco, com a maior frequência possível**
   Os encontros pessoais (frente a frente ou por meio de algum veículo de comunicação por voz) são cruciais para a formação de relacionamentos. Mas quem tem tempo para isso? Procure oportunidades para oferecer uma pequena ajuda, porém significativa, às pessoas ao redor. Quando enxergar uma oportunidade de ser útil, pense na possibilidade de marcar uma conversa de cinco minutos. Isso mesmo, apenas cinco minutos! Você poderia enviar um e-mail assim: *Reparei que você tem uma reunião com Samir na semana que vem. Tenho algumas informações que poderão ser úteis. Quer se encontrar comigo durante cinco minutos antes da sua preparação final?*

4. **Felicitações são adequadas**
   Os membros de sua rede de contatos podem estar alcançando novas metas, recebendo prêmios ou realizando um grande projeto. Teça elogios a eles. Palavras gentis e sinceras têm um longo alcance. E são os bons parceiros da rede de contatos que estendem a mão quando os tempos estão difíceis (como no caso de um acidente, uma doença, uma demissão).

---

* Chief Visionary Officer. (N. dos T.)

5. **Coloque a sua rede de contatos na sua agenda.**
    É importante programar um período para pensar a respeito de como a sua rede de contatos está se desenvolvendo. Ela está atendendo às suas necessidades? Use as Quatro Práticas como guia para elaborar uma lista semanal de coisas a fazer – pessoas com quem você deve se encontrar, informações que precisam ser obtidas e compartilhadas, reuniões a ser programadas.

Você quer se juntar à nossa rede de contatos?

Para começar uma conversa permanente com a DDI à medida que sua carreira for evoluindo, junte-se à nossa rede de contatos por meio do:

LinkedIn   Twitter   Facebook   Blog   You Tube   Google+

Seu Primeiro Cargo de Liderança

Habilidades de proficiência e liderança
20 INFLUÊNCIA
Olhe para cima, para baixo e para os lados

Pense: Preparação

Pense a respeito das pessoas na sua vida que o influenciaram para que você corresse um risco. Talvez tenha sido alguém que você conhece, como um professor que o tenha incentivado a fazer uma matéria ou um curso novo. Ou pode ter sido uma pessoa – como um líder político, religioso ou comunitário – cuja história o tenha inspirado a aderir a uma causa na qual você acreditava. O que o levou a dar o salto?

A inspiração pode ser um sentimento revigorante.

Especialmente quando ela conduz a vida ou o trabalho em novas e estimulantes direções. Você talvez sinta que parte do seu trabalho é inspirar pessoas à sua volta a abraçar novas ideias e novas perspectivas de negócios quando surgem. E isso sem dúvida é válido. No entanto, nós pensamos a respeito do mecanismo por trás dessa inspiração de uma maneira muito precisa. Nós a chamamos de *influência*, que é uma habilidade que pode ser

Definimos a influência como algo que direciona as pessoas a um compromisso relacionado a um resultado profissional específico.

adquirida, medida e aplicada na vida cotidiana. Definimos a influência como algo que direciona as pessoas a um compromisso relacionado a um resultado profissional específico. É fácil de definir? É. É fácil de fazer? Nem sempre. Mas hoje, mais do que nunca, é uma habilidade essencial.

Examine estes três exemplos:

- Um representante de vendas de produtos farmacêuticos deseja influenciar os médicos para que indiquem no prontuário dos pacientes o medicamento contra câncer de mama de sua empresa, que está em fase de pesquisa.
- Um engenheiro líder precisa do comprometimento de pessoas, recursos e tempo em toda a empresa para atualizar um manual de procedimento.
- Um gerente de vendas em uma empresa nacional sem fins lucrativos deseja influenciar o CEO para que ele use a mídia social a fim de difundir uma imagem positiva da organização.

Influência requer poder pessoal

Décadas atrás, as organizações tendiam a ter uma estrutura mais tradicional, com os líderes de alto nível expedindo ordens para os trabalhadores hierarquicamente inferiores. Esperava-se que os líderes tivessem todas as informações à sua disposição para poder tomar boas decisões comerciais. E eles esperavam que os outros cumprissem as ordens que recebiam. É isso que chamamos de *poder da posição*. Quando seu chefe diz: *eu sei que você está ocupado, mas amanhã de manhã, no primeiro horário, preciso que você me entregue o esboço de um plano de implementação de projeto para o nosso novo cliente*, você faz o que ele está pedindo, certo? Como o chefe pediu, é claro que você faz. No entanto, dependendo da sua perspectiva, suas mãos podem executar o trabalho, mas seu coração pode não estar nele. Em casos extremos, as pessoas que sentem que receberam ordens, foram coagidas ou pressionadas podem, no final, sabotar um projeto ou tarefa. O poder da posição pode parecer a maneira mais eficiente de operar, mas na realidade é a forma menos eficaz de incentivar as pessoas a avançar em direção a um compromisso que é bom para os negócios e para todos os envolvidos.

No entanto, o que aprendemos naquela época é ainda mais verdadeiro hoje, quando as empresas são mais niveladas, mais ágeis e globalizadas. Para fazer o seu trabalho, os líderes precisam trabalhar com eficácia com pessoas em outras partes da organização, cuja maioria não está, sob nenhum aspecto, subordinada a eles. Os líderes da linha de frente vêm nos dizendo há anos que estavam descobrindo problemas que simplesmente não sabiam como corrigir ou encontrando um valor potencial que não sabiam como liberar. Hoje, você teria muita dificuldade em encontrar um líder cujo trabalho não dependesse, pelo menos em certo grau, da capacidade dele de conseguir que o trabalho fosse feito por intermédio de uma rede de pessoas que ele raramente vê e talvez nunca tenha conhecido.

> **Influência = poder pessoal:** a influência é a habilidade que o ajuda a trabalhar eficazmente com pessoas com relação às quais você não tem nenhum poder hierárquico, abrindo os olhos delas para uma ideia ou oportunidade e levando-as a se comprometer com ela e com você. A influência consiste em expressar seu poder pessoal. E pessoas nos descrevem o tempo todo o intenso relacionamento de amor/ódio que elas têm com essa nova realidade.

Além de os líderes precisarem trabalhar de uma maneira eficaz com outras pessoas em outras partes da organização, eles frequentemente enxergam – antes dos seus chefes – oportunidades que, se fossem aproveitadas, poderiam causar uma melhora em toda a organização. Estamos falando de oportunidades de negócios inexploradas, maneiras melhores de compartilhar informações ou até mesmo novas maneiras de atender às necessidades dos clientes. Essas são chances excelentes de causar um impacto duradouro. As novas organizações atuais que são matrizes aumentam seu envolvimento para que todos colaborem com mais eficácia em todas as equipes, disciplinas e até mesmo fusos horários.

Mas ter ideias não é suficiente. E identificar pessoas que podem ajudá-lo também não é. A parte humana de como levar as pessoas a se comprometerem com um novo rumo é a essência do que é a influência. E para isso, você precisará apresentar boas razões.

Acho isso bastante estressante. Por um lado, realmente podemos ter uma abrangência maior. Mas é como se eu tivesse que fazer muitas investigações para descobrir como tudo funciona, porque estamos avançando e crescendo muito depressa. Sou responsável apenas por um produto físico. Há a expedição, o marketing, as finanças [...] e temos também os clientes externos – todos nos relacionamos uns com os outros, mas de uma maneira esquisita, informal. Conseguir encontrar os principais responsáveis é uma coisa. Mas fazer com que todo mundo esteja envolvido com qualquer um dos meus problemas de fabricação [...] Senti que isso estava realmente fora do meu alcance.

– **Mario**, líder de fabricação de uma empresa de produtos orgânicos

Ponto de reflexão

Sua oportunidade de exercer influência:

1. Que ideia, alternativa ou oportunidade requer que você influencie outras pessoas para que comecem a agir?
2. Como sua ideia respalda metas, valores e objetivos da organização?
3. Quem são os principais *stakeholders* que você precisa influenciar, e por que precisa do comprometimento deles?
4. Que desafios você sente que terá, e de que tipo de apoio precisa?

Desenvolvendo uma estratégia de influência

Sua estratégia de influência é simplesmente um plano de ação para organizar seus pensamentos antes de você começar a marcar reuniões, escrever e-mails ou ter conversas com as pessoas. Sua estratégia precisa incorporar evidências autênticas – informações, relatórios, estatísticas, opiniões especializadas – que ajudem a justificar sua posição. (Muitas pessoas gostam de pular esta etapa; *não faça isso*.) Pense na sua estratégia de influência como a sua bússola persuasiva pessoal. Você precisa estar confiante antes de dizer às pessoas que está conduzindo-as na direção certa. Pergunte a si mesmo: *O que estou perguntando faz sentido? Minhas informações e as hipóteses a que cheguei com base nelas estão corretas? Pareço manipulador, ou essas são metas verdadeiramente compartilhadas? Estou realmente dando às pessoas a chance de entender meu raciocínio?* E, o que é mais importante: *Estou conquistando o envolvimento – o coração delas – ou apenas dizendo a elas o que fazer?*

> *O que realmente motiva as pessoas no Facebook é fazer coisas das quais se sentem orgulhosas.*
> – Mark Zuckerberg, cofundador e CEO do Facebook

A Figura 20.1 descreve sete passos que, segundo identificamos, o ajudarão a configurar uma estratégia de influência funcional. Também apresentamos alguns exemplos para estimulá-lo a pensar como você poderia tornar suas essas estratégias.

Pode ser difícil começar esse tipo de conversa. Segundo nossa experiência, aqueles que estão na expectativa de influenciar outras pessoas têm duas principais dificuldades: primeiro, sentem-se constrangidos em pedir favores porque não desejam prejudicar um relacionamento já existente. Assim sendo, com frequência, simplesmente não apresentam suas razões. *Pensam demais* sobre a outra pessoa. Segundo, eles podem se mostrar confiantes demais, o que leva os outros a considerá-los insistentes ou insensíveis. *Não pensam o suficiente* na outra pessoa.

Figura 20.1 Estratégias de influência.

Defenda benefícios
- Mostrar aos outros como uma ideia beneficia a organização pode ajudá-los a ver as coisas a partir de uma nova perspectiva. É importante garantir primeiro que a ideia reflita as metas, valores e orientação da organização. Associe os benefícios aos interesses e convicções das pessoas para que elas possam se relacionar melhor com o que você estiver dizendo.

Ao explicar sua ideia para uma interface atualizada com o cliente, Monique citou maior funcionalidade e nível mais elevado de usabilidade da ideia. Ela vinculou diretamente esses benefícios ao objetivo da organização em reduzir visitas técnicas aos clientes.

Jim planeja solicitar um novo equipamento de segurança para sua equipe e precisa de aprovação para os recursos financeiros e o treinamento. Para respaldar essa solicitação, ele fornecerá informações de segurança de outras organizações que adquiriram e utilizaram o equipamento, e opiniões de especialistas que mencionam a redução de acidentes.

Reúna evidências
- Apresentar evidências que respaldem sua ideia pode fazer uma enorme diferença. Reúna informações confiáveis que confirmem sua posição, corroboradas por estatísticas, relatórios, publicações específicas e opiniões de especialistas que serão valiosas para aqueles que você deseja influenciar.

Leve em consideração os fatores ambientais
- A cultura da sua organização poderá determinar a maneira como você vai apresentar uma ideia. Antes de abordar um tema, leve em consideração as metas, valores e objetivos da sua organização, bem como ocorrências atuais e métodos de comunicação. Os protocolos estabelecidos e as regras tácitas também são importantes.

Chris notou que as solicitações feitas perto do início de um ciclo tinham uma probabilidade maior de ser aprovadas. Ela começou a sincronizar suas solicitações aos stakeholders com esses ciclos para maximizar sua chance de obter uma aprovação.

No início do ano, Roberto apoiou Julie quando ela propôs ao seu gerente o melhoramento de um processo. O apoio dele foi providencial para que ela obtivesse o envolvimento do gerente. Julie ficaria feliz em retribuir o favor caso Roberto precisasse do seu apoio.

Crie e cultive sua rede de contatos profissionais
- Estabelecer confiança e credibilidade com os principais protagonistas é uma prática comum vantajosa que pode ajudar a promover uma oportunidade de influência. Forme relacionamentos a curto e longo prazos com pessoas com quem você possa contar e permita que elas contem com você.

Encoraje experiências
- Deixe que as pessoas que você está tentando influenciar vejam uma ideia na prática. Crie oportunidades para que elas vivenciem o impacto, a importância e a praticabilidade da ideia.

Maya deseja implementar um novo plano para distribuir medicamentos para os pacientes. Ela monta uma simulação que possibilita que seu chefe veja como a ideia simplificaria o processo e eliminaria transtornos e interrupções.

> Marcus, programador de computador, encontrou resistência quando propôs a utilização de um novo fluxo de trabalho. Ele solicitou o aval de um colega muito respeitado de outro grupo que tinha usado com sucesso o mesmo processo.

> Peça ajuda. Um especialista no assunto, um cliente ou seu gerente podem oferecer opiniões, visão e experiências pessoais para ajudá-lo a influenciar outras pessoas.

- **Busque o envolvimento de terceiros**

Planeje pequenas vitórias
- O progresso gradual porém constante, ou uma série de pequenas vitórias, pode ser uma maneira mais eficaz de influenciar outras pessoas do que se apoiar em uma única interação. Identificar como alcançar essas vitórias ao mesmo tempo que você monitora continuamente o progresso ajudará a alimentar a motivação e fará com que você tenha mais facilidade em conseguir o envolvimento de outras pessoas.

> Jennifer achava que Tony ia resistir à sua proposta de substituir um vendedor muito importante, tendo em vista a reação anterior dele a solicitações semelhantes. Para obter uma pequena vitória, ela recomendou e pediu a ele que experimentasse um novo vendedor em uma nova tarefa vindoura. Ele concordou em fazer a experiência e rever a solicitação de Jennifer caso o resultado fosse positivo.

Avalie uma terceira abordagem, mais equilibrada, que aceita todas as pessoas logo de saída: *você e eu temos necessidades semelhantes em alguns aspectos e diferentes em outros.* Isso ajuda a pessoa que você está tentando influenciar a se sentir compreendida e respeitada. Também mostra que você a encara como uma possível solução e não como um obstáculo. A pessoa ficará mais propensa a lhe fornecer um sincero *feedback*, o que o ajudará a descobrir onde ela se encontra no espectro do envolvimento. Ela está engajada? Em que grau? Por quê?

Use o agrupamento para mobilizar corações e mentes

Influenciar os outros, da maneira como estamos falando aqui, pode levar tempo. Na realidade, pode ser um projeto por si mesmo! Você pode ter uma ou muitas conversas, e dar consigo redigindo e-mails, marcando reuniões, fazendo apresentações ou até mesmo um protótipo. Tudo isso faz parte das suas funções. À medida que praticar o comportamento de influência, você descobrirá, com o tempo, que ele se tornará seu jeito natural de conduzir no mundo.

Dissemos que você precisa usar informações autênticas para apresentar suas ideias – e é o que você deve fazer. No entanto, também o incentivamos a pensar a respeito de agrupar suas ideias. Em outras palavras, estruturar seus pensamentos de maneira a que eles fiquem mais propensos a persuadir, surpreender ou encantar qualquer pessoa com quem você esteja falando. Você pode fazer isso usando metáforas, histórias e recursos visuais que não apenas contem adequadamente sua história, mas que também façam com que as pessoas desejem compartilhá-los com outras pessoas. (Isso é especialmente válido no caso de reuniões e apresentações, mas também é eficaz em conversas particulares e e-mails.) Agrupar suas ideias com certo cuidado e talento, utilizando alguns princípios relativamente básicos de marketing para gerar entendimento e conscientização – como todos fazemos *diariamente* na mídia social –, pode ajudá-lo a influenciar colegas e membros da sua equipe na empresa. Pergunte a si mesmo:

- Que metáfora ou analogia pode oferecer uma nova ideia ou simplificar uma questão complexa?
- Com que eficácia as pessoas usam histórias na minha organização?
- Como posso converter informações em imagens simples e inesquecíveis?
- Que tipo de recursos visuais (apresentações de *slides* e assim por diante) considero mais eficaz?

E se alguém lhe fornecesse *feedback* depois de uma apresentação dizendo o seguinte: *o seu conteúdo estava bom, mas você o apresentou em um estilo muito seco. Acho que ele não marcou os membros da audiência e você não vai obter resultados.* Você ficaria arrasado, certo? Bem, é exatamente por esse motivo que precisamos ajudá-lo a agrupar sua mensagem de uma maneira convincente, usando imagens eloquentes, perguntas eficientes e até mesmo um elemento-surpresa para ajudá-lo a mobilizar o coração e a mente daqueles que você precisa influenciar e causar um impacto maior.

A seguir, você verá três técnicas de agrupamento que se destinam a ajudá-lo a captar a atenção de sua audiência e envolvê-los mental e emocionalmente.

Contextualize a imagem: metáforas, analogias, histórias, humor e ricos recursos visuais *constroem uma visão* e deixam uma impressão *inesquecível*.

- **Metáfora** – figura de linguagem na qual uma palavra ou frase que denota um objeto é usada no lugar de outra para sugerir uma semelhança entre elas.
    - *As sugestões de Camille para tornar o processo da proposta mais interessante são exatamente o toque adicional que precisamos para criar um pacote irresistível.*
    - *Vamos acertar os ponteiros com relação a este problema antes de prosseguir.*

- **Analogia** – comparar diferentes itens relacionando o que é desconhecido com o que é conhecido.
    - *Analisar esse processo é como dirigir em uma cidade pela primeira vez: entramos em ruas erradas e podemos até pegar uma contramão, mas, com o tempo, acabamos chegando ao nosso destino.*

O inesperado: quando sabiamente usado, o elemento-surpresa pode arrancar as pessoas de sua zona de conforto, fazendo-as avaliar com *ponderação* novas ideias ou mudanças.

O poder das perguntas: As perguntas têm o poder de levantar opiniões, controlar o fluxo da discussão e despertar emoções.

- **Abertas** – não podem ser respondidas com uma única palavra; encorajam a discussão.
    - *De que maneira esta mudança afeta seu processo atual?*

- **Fechadas** – requerem uma resposta definitiva; dá foco à conversa.
    - *Concordamos então em começar na segunda-feira?*

- **Polêmicas** – atingem a essência de uma questão; expõem as consequências; provocam emoções; impulsionam escolhas.
  - *Nosso negócio é capaz de sobreviver se não tomarmos medidas para ser mais inovadores?*

Ponto de reflexão

 Tire um instantâneo mental, de um momento no tempo, da sua oportunidade de influência. Em seguida use as imagens ou relacionamentos visuais que você imaginou. Lembre-se de que o processo deve ser simples. Se não puder ser compartilhado de uma maneira simples, uma imagem talvez não seja a técnica correta de agrupamento a ser usada!

Avalie a prontidão e obtenha um compromisso de ação

Você agora criou uma estratégia magistral para sua oportunidade de influência e planejou como agrupá-la de uma maneira que seja inesquecível e leve as pessoas a agir. Seu próximo passo é obter o compromisso dos *stakeholders*. Como você pode fazer isso?

Comece por avaliar a prontidão deles – estimando quando as pessoas precisam de mais tempo, ou se estão prontas para avançar e se comprometer a agir. Existem três medidas possíveis a serem tomadas.

- **Confirmar e concluir** – quando você precisa de uma resposta imediata ou está confiante de que a pessoa está envolvida. *Dica*: não hesite em solicitar um compromisso verbal ou escrito. Um compromisso "público" é extremamente eficaz para garantir que outras pessoas irão fazer a mesma coisa.

- **Buscar e desenvolver** – a pessoa não está convencida ou permanece neutra ou cética. *Dica*: esteja pronto para usar uma ferramenta e técnica adequada de tomada de decisões, especialmente quando você usar este passo em uma interação de grupo.
- **Recuar** – os céticos estão sensíveis, relutantes ou são contra avançar. *Dica*: não encerre a questão. Programe um horário para uma nova reunião. Avalie se você realmente precisa do envolvimento dessa pessoa ou se poderia seguir em frente sem o aval dela.

Em seguida, todos precisam concordar com os passos seguintes a serem dados. A verdadeira medida do compromisso é a ação. Quer você esteja confirmando um compromisso significativo ou dando passos graduais em direção à meta final, certifique-se de que todos estejam de acordo com a ação de acompanhamento apropriada, inclusive responsabilidades específicas, intervalos de tempo e métodos de monitoramento.

Preparar, apontar, influenciar!

A esta altura você já deve ter uma boa ideia do que a influência pode significar na sua carreira. Também deve ter percebido como parte do material dos outros capítulos desta seção de Proficiência, por exemplo, sobre rede de contatos (Capítulo 19) ou *coaching* (Capítulo 14), o ajudará a dominar as habilidades sociais necessárias para estruturar suas conversas de influência a fim de causar o maior impacto possível.

> *Seu Primeiro Cargo de Liderança*

Habilidades de proficiência e liderança
21 O PRIMEIRO CARGO DE LIDERANÇA DE UMA MULHER
Aproveite o momento

Pense: Preparação

Observe por um momento a sua linguagem corporal quando você participa de uma reunião. Você chega atrasado e entra disfarçadamente? Senta-se longe da mesa? Entra em silêncio? Ou assume uma postura de poder? Peça a um colega em quem você confie que lhe diga a impressão que você passa para os outros.

Ponto crucial

Mais do que qualquer outro momento na vida profissional de uma mulher, seu primeiro cargo de liderança marca um ponto crucial que pode moldar suas escolhas pelo resto da carreira. Este capítulo oferece conselhos práticos de Tacy sobre como ser – ou apoiar – uma líder iniciante bem-sucedida.

Erika não se mostrou apenas confiante e perseguiu suas ambições; ela assumiu o controle. *Sou analista técnica, mas sempre quis trabalhar na parte administrativa*, disse ela. Para que engenheiros de *software* dessem esse salto, o processo em geral significava que tinham de trabalhar um longo tempo em uma empresa, cumprir suas obrigações e demonstrar a própria capacidade. Ela viera subindo gradualmente os degraus fazendo a própria propaganda e conseguindo projetos cada vez mais importantes durante oito anos. Tudo estava acontecendo como planejado! Seu gerente a apoiava. Um cargo estava sendo programado para ela, e sua vida estava começando a funcionar perfeitamente. *Uma vez que eu dominasse a fundo a minha função*, pensou ela, *íamos ter um filho. Porque é quase impossível fazer as duas coisas ao mesmo tempo.* E foi aí que aconteceu uma coisa imprevisível. Inesperadamente, seu marido recebeu uma promoção que eles não poderiam rejeitar. A mudança, que a levou de Atlanta para Nova Jersey, erradicou seu plano de vida de Habilidades de Proficiência e Liderança cuidadosamente elaborado. *Para seguir a trajetória executiva, precisei começar do zero em outro lugar.*

O que Erika fez em seguida foi uma grande proeza de definição de metas, desenvolvimento pessoal e pura determinação. Quando estava havia poucas semanas em um novo emprego, ela decidiu comprimir o máximo desenvolvimento profissional no mais curto espaço de tempo humanamente possível. Primeiro, decidiu tornar seu currículo mais atrativo com uma nova e altamente conceituada credencial técnica. *Descobri um curso* on-line *[na Índia] que, por causa da diferença do fuso horário, permitiria que eu fizesse o curso de especialização à noite e nos fins de semana, de modo que eu poderia pegar novos projetos no trabalho.* Embora já estivesse trabalhando dobrado, Erika convenceu seu chefe a lhe dar ainda outras oportunidades que a ajudaram a aprender como sua nova empresa operava. *Ele trabalhou comigo na realização dos projetos, para que os erros que eu pudesse cometer não representassem um problema.* E com um talento para planejar que se estende bem além do âmbito deste livro, conseguiu terminar o curso e passar na prova de certificação no início do primeiro trimestre. Ela literalmente se arrastou até a linha de chegada. *Estava, de fato, muito esgotada! Mas o trabalho árduo já tinha ficado para trás.* Novamente, tudo tal como planejado. Ela atingira seu objetivo em menos de dois anos e assumira o primeiro cargo de gerência como uma mãe feliz ao voltar da licença-maternidade.

E foi aí, claro, que as coisas começaram a desandar loucamente.

Anteriormente neste livro, ressaltamos que o que o torna um líder de sucesso pode não ter nada a ver com o que o tornou bem-sucedido no passado. Os desafios que você enfrenta como líder são muito diferentes – e podem ser muito mais difíceis. No entanto, para as mulheres, as medidas super-heroicas do planejamento da vida associadas à conquista dos cargos de liderança não são suficientes. *Eu não pensara no quanto seria efetivamente difícil liderar a equipe,* declarou Erika. Apesar de todas as suas realizações, ela cultivara poucas habilidades necessárias para dirigir um grupo de engenheiros experientes, todos com credenciais mais impressionantes do que as dela. E todos eram homens. Além disso, a cultura de liderança da empresa a pegou completamente de surpresa. *Eles nem mesmo compareciam às reuniões que eu marcava,* recordou ela. Quando começou a deixar de atingir um marco de desempenho depois do outro, Erika soube que seu plano estava em apuros. Ela estava morando em uma nova comunidade, tinha um novo emprego, e seu filho mal havia começado a andar. *Eu estava exausta,* disse ela. *O tempo todo.*

O teto de vidro está vivo e saudável

Embora as mulheres estejam obtendo conquistas genuínas e constantes na educação superior e obtendo cargos de início de carreira em áreas anteriormente dominadas pelos homens, elas fizeram pouco progresso nas funções de liderança de alto nível. Uma rápida olhada nos percentuais mostra que o teto de vidro está vivo e saudável: as mulheres compõem 53% dos trabalhadores de início de carreira, 40% dos gerentes, 35% dos diretores, 27% dos vice-presidentes, 24% dos vice-presidentes seniores e 19% dos altos executivos.[1] CEOs da Fortune 500? Cerca de 5%.[2] A ascensão das mulheres aos cargos de liderança sênior, sejam eles de executivos, membros dos conselhos administrativos, empresários financiados por capital de risco, ou de cargos no governo, simplesmente não aconteceu.

Ao mesmo tempo, o argumento empresarial a favor da diversidade de gênero nunca esteve tão forte. A DDI e a *Global Leadership Forecast (GLF)* da The Conference Board descobriram que as organizações que têm mais mulheres apresentam sistematicamente um desempenho financeiro melhor. Como é mostrado na Figura 21.1, as empresas nos 20% inferiores do desempenho financeiro têm apenas 19% de mulheres em todos os cargos de liderança; as empresas nos 20% superiores têm 37% – quase o dobro.[3]

Figura 21.1 Mais líderes do sexo feminino = melhor desempenho da empresa.

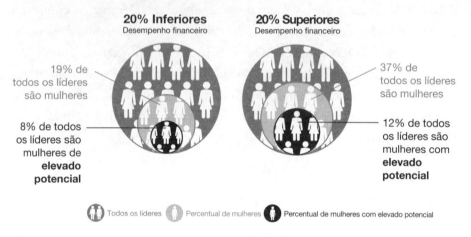

Então, por que as mulheres não estão conseguindo galgar os degraus executivos? Eis uma possível resposta: as mulheres talentosas optam por desistir depois da sua primeira experiência no nível da linha de frente.

A cultura empresarial continua problemática. Com um número decrescente de líderes disponíveis do sexo feminino que se esforçam para progredir, existem menos mulheres que possam ser observadas como modelos de vida. Isso significa menos oportunidades para influenciar uma organização a abraçar os verdadeiros benefícios da genuína diversidade. E, ao que parece, menos pessoas para defender a ascensão das mulheres. *Eu pensava que "fazer negócio durante o jogo de golfe" era um clichê*, declarou uma jovem banqueira. *Não era. E, na segunda vez que fui preterida em uma promoção, entendi a mensagem. Não vou me encaixar aqui.*

Em 2008, a Hewlett Packard realizou um estudo interno para descobrir por que mais mulheres não estavam se candidatando a cargos de liderança sênior. Isso parece ser um caso claro e definido da personalidade masculina *versus* a feminina em ação. Os homens se candidatam a um emprego quando satisfazem apenas 60% das qualificações do cargo.[4] As mulheres só se candidatam quando podem mostrar que satisfazem 100% dos requisitos. Isso apresentou apenas a mais recente evidência de que existe uma defasagem de personalidade refreando as mulheres. Se ao menos nós fôssemos mais confiantes! Bem, sim e não.

As pesquisas mostram claramente que não existe nenhuma diferença efetiva entre os gêneros no que diz respeito à capacidade de liderança. E as mulheres sabem disso. De acordo com a *GLF* 2014-2015, as líderes classificaram a si mesmas como sendo tão eficientes quanto os homens em todo um conjunto de competências, as habilidades importantes que tornam os líderes realmente eficazes.[5] Um grande número de outras pesquisas mostra que as líderes são exatamente tão competentes quanto seus equivalentes do sexo masculino. Na realidade, os processos de teste e avaliação da DDI – que medem o verdadeiro comportamento, e não as informações das pesquisas – mostram pouca diferença na capacidade de liderança quando se trata do gênero. Falaremos mais a respeito disso em breve.

> Os homens se candidatam a um emprego quando satisfazem apenas 60% das qualificações do cargo. As mulheres só se candidatam quando podem mostrar que satisfazem 100% dos requisitos.

Então, o que está contendo as mulheres? As mulheres entrevistadas no estudo da *GLF* mencionaram a falta de oportunidade para liderar equipes e adquirir experiência em liderança global. Essas experiências, que encerram um rico potencial, são importantes campos de provas para o avanço na carreira. Além disso, elas proporcionam um forte impulso à capacidade e confiança dos líderes. E é aqui que nós, mulheres, podemos fazer um bem genuíno a nós mesmas e às líderes que supervisionamos. Precisamos identificar proativamente tarefas-chave de desenvolvimento de liderança e garantir que os nossos planos mais bem concebidos se tornem realidade.

> As oportunidades de desenvolvimento decididamente causaram impacto na minha carreira. Estou sendo procurada como instrutora, defensora, pessoa a ser consultada nos momentos de crise e especialista em minha área por causa do meu treinamento. Minhas habilidades interpessoais são fortes. Obtenho os melhores resultados das pessoas com quem interajo, minhas responsabilidades continuam a aumentar e meu valor como profissional é evidente.
> – **Gerente regional**, setor de produtos de consumo

Como consequência, negar às mulheres igual acesso ao desenvolvimento pode conduzir rapidamente a sentimentos de ressentimento.

Encorajar a diversidade de gênero na liderança da organização significa maior diversidade de pensamento, o que, por sua vez, conduz a uma melhor resolução de problemas e mais benefícios comerciais (consulte a Figura 21.1). No entanto, o fator preponderante é que é especialmente importante garantir que as mulheres tenham igual acesso às experiências de desenvolvimento. Isto, em decorrência, garante que elas fiquem igualmente qualificadas e prontas agora para a próxima oportunidade de promoção. As mulheres precisam garantir (ou exigir) um tratamento igual por gênero para essas experiências de desenvolvimento transformadoras.

> Os homens conseguiam ir a mais seminários e conferências. Já no caso das executivas, eram realmente escolhidas a dedo.
> E só conseguiam ir uma vez a cada dois anos.
> – **Diretora** de uma organização de cuidados com a saúde

Depois de perguntar às líderes o que impulsionaria a sua eficiência, o consenso foi o seguinte: as organizações precisam começar a criar mais transparência, se empenhar mais em promover mulheres em cargos de liderança e cultivar uma atmosfera na qual todos tenham a chance de ser um líder.

É uma questão de confiança?

Então, o que poderia refreá-la? Você está preocupada com relação às exigências de viagens associadas à experiência de liderança global e ao impacto na sua família efetiva ou futura? Ou você simplesmente carece da confiança necessária para se expandir para uma função mais ampla com mais responsabilidade? De acordo com *The Confidence Code* [O Código da Confiança]de Claire Shipman e Kathy Kay – ambas proeminentes locutoras – a confiança é um importante diferenciador.[6] Resumindo a situação, os homens acham que conseguem e as mulheres acham que não. Nossa própria pesquisa *GLF* sobre diferenças de gênero (consulte a Figura 21.2) reflete esse tema, com as mulheres tendendo a se considerar líderes menos eficazes do que os colegas do sexo masculino. Em outras palavras, temos um paradoxo – com base nas informações dessa pesquisa, as mulheres se consideram *menos eficazes* como líderes do que os homens, mas ao mesmo tempo são *ligeiramente mais eficazes* em *habilidades de liderança*. Então, é uma questão de confiança?

Figura 21.2 Onde estão as diferenças de gênero?

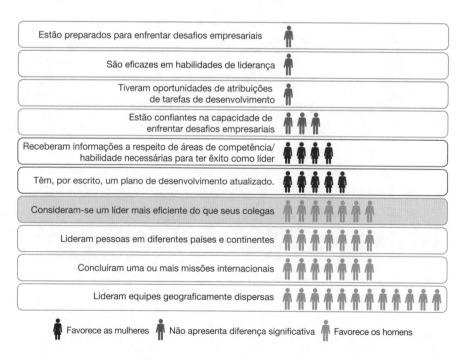

Outra possível interpretação é apresentada pela autora Tara Sopher Mohr em um *post* para a *Harvard Business Review*.[7] Depois de entrevistar mais de mil homens e mulheres, ela descobriu que a principal razão que ambos os gêneros citaram para não se candidatar a um emprego para o qual eles careciam de algumas das qualificações era a seguinte: *Não achava que eles fossem me contratar, e não queria desperdiçar meu tempo.* Embora a falta de confiança possa refrear as mulheres no local de trabalho, a incapacidade de entender como efetivamente funcionam os sistemas no local de trabalho também pode contê-las. Em outras palavras, candidatar-se a empregos tendo apenas algumas das credenciais declaradas é, na verdade, um procedimento normal. Para informações privilegiadas sobre como a sua empresa opera, particularmente no caso de líderes do sexo feminino, você terá que recorrer à sua rede de contatos (consulte o Capítulo 19). E isso, é claro, requer uma boa dose de confiança.

O choque de realidade de Tacy

Eu mesma já sofri de falta de confiança. Há alguns anos, dei um salto de liderança significativo. Fui escolhida para transformar um conjunto de ofertas dos nossos produtos de treinamento individualmente adaptados em uma série de produtos escalonáveis de base tecnológica que podiam alcançar um número imensamente maior de clientes. Dirigi a pesquisa e o desenvolvimento de nove cursos, trabalhando com uma equipe interdisciplinar que teve um belo desempenho na visão do produto. Mas quando chegou a hora de designar um líder global do produto – o "rosto" desses novos produtos, por assim dizer – eu nem mesmo fui considerada. O cargo supervisionaria P&D (que eu dirigia na ocasião), marketing, relações públicas, treinamento de campo e o cargo de vendedor *rainmaker*.*

---

* Pessoa que faz grandes coisas acontecerem (N. dos T.)

Estava prestes a ser preterida nesse cargo de liderança sem nem mesmo me dar conta de que eu estava concorrendo a ele. Outro candidato, um homem, tinha começado a se promover diante da equipe executiva para obter o cargo de líder do produto. Os tomadores de decisões foram favoráveis a ele, em parte porque ele parecia mais ávido pelo cargo e eu estava ocupada executando o trabalho do dia a dia. Em outras palavras, achei que o cargo era algo garantido, agregado ao trabalho que eu fazia, e que o merecia. Que choque de realidade!

E foi aí que eu compreendi uma coisa importante que tem sido muito útil para mim e para as mulheres jovens que eu oriento. É o que não sabemos a respeito de como as empresas funcionam que também nos detém. E podemos fazer alguma coisa a respeito disso todos os dias.

> É o que não sabemos a respeito de como as empresas funcionam que também nos detém. E podemos fazer alguma coisa a respeito disso todos os dias.

Como lidei com a situação? Marquei uma reunião com o nosso presidente e outro líder sênior e declarei estar interessada no cargo. Mas não me concentrei no que já tinha feito. Em vez disso, concentrei-me nas experiências que eu já tinha em produtos tangenciais, na sabedoria que poderia aproveitar de lançamentos anteriores de produtos, no conhecimento da organização e na maneira de fazer as coisas que garantiria o futuro sucesso do novo produto. Eles podiam ter me deixado de fora por vários motivos, mas era minha responsabilidade fazê-los voltar a prestar atenção em mim – e aos meus talentos.

Eles me deram o cargo. Vamos avançar para a minha avaliação de desempenho dois anos depois. A solução se tornara o produto de mais rápido crescimento na história da DDI, e recebi o elogio predileto na minha carreira. O presidente disse o seguinte: "Ninguém na DDI teria sido capaz de ter o desempenho que você teve nesse novo empreendimento, Tacy. Considero o fato de ter dado

> esse cargo para você uma das melhores decisões que já tomei na minha carreira".
>
> No momento em que compreendi que eu precisava me impor, manifestei-me para meus chefes. Eu precisava justificar para eles por que eu era a pessoa certa para a função e para as tarefas que estavam por vir.

Imponha-se logo e com frequência

Embora todos precisem declarar que estão prontos para dar o passo seguinte, nós, mulheres, não raro deixamos de perceber sinais de quando e com que frequência devemos lembrar às pessoas o que *podemos fazer* agora e o que *queremos fazer* no futuro. E por serem escrupulosas seguidoras de regras, as mulheres podem deixar de perceber que meramente seguir instruções não é suficiente para que sejam bem-sucedidas.

Nós, mulheres, não raro deixamos de perceber sinais de quando e com que frequência devemos lembrar às pessoas o que podemos fazer.

Para as mulheres, a conversa na qual é feita a declaração de intenção encerra um peso genuíno. Essa convocação à ação se aplica a todas as mulheres – solteiras, casadas, mães que trabalham fora, mães de famílias combinadas. Qualquer mulher que esteja equilibrando tudo precisa se afastar da desordem e da luta para dar o melhor de si, tentar sobreviver e concluir as coisas e passar a se concentrar no futuro, no *seu* futuro como líder, e fazer sua declaração de intenção.

Reconsidere o perfil do mentor

Encontrar um bom mentor é como ganhar na loteria para qualquer novo profissional. E as pesquisas da DDI mostram que se você encontrar um bom candidato e pedir que ele a patrocine, a pessoa provavelmente aceitará o seu pedido.[8] Mas encontrar a pessoa certa não é uma tarefa fácil. E muitas mulheres jovens relutam em pedir. Elas acham que fazer isso passa a impressão de que estão carentes, como se pedissem a alguém que gostasse delas. E, nesse meio-tempo, a carreira pode definhar.

Nossa melhor recomendação? Procure *micromentores* – pessoas que possam lhe fornecer *feedback* a respeito de sua carreira à medida que ela for evoluindo, particularmente se estiver diante de uma tarefa desafiadora, como fazer uma importante apresentação ou colocar *on-line* uma nova unidade de negócios. Neste caso, trata-se mais de encontrar um especialista que possa ajudá-la agora do que alguém que possa olhar pela sua carreira como um todo. E não procure apenas mulheres! Como existem menos mulheres nas fileiras da liderança à medida que você sobe, por que você deveria se limitar? As mentoras podem oferecer conselhos sobre a sabedoria que reuniram na trajetória profissional delas. Os mentores podem lhe dizer como você está sendo percebida pelos outros no local de trabalho. Ambos podem ajudá-la a aprimorar sua astúcia política. Esta oportunidade lhe oferece uma boa desculpa para expandir sua rede de contatos sem sentir que está pedindo a alguém que assuma um compromisso com você pelo resto da vida.

Kelly Hoey concorda. Ela é um guru dos investimentos, consultora de *start-up* e ex-advogada corporativa que trabalha com empresas em fase inicial cujas fundadoras são mulheres. *De certa maneira, eu gostaria que as mulheres deixassem completamente de se concentrar em um mentor,* diz ela. *Quando não conseguem encontrar um mentor, ou quando um mentor não aparece magicamente, as mulheres têm a tendência de desistir.* É provável que haja micromentores potenciais à sua volta. *Sempre digo às mulheres: "Examine o cenário. Olhe para quem lhe está atribuindo tarefas. Olhe para quem está observando seu trabalho ou está falando a respeito do que você está fazendo. Essa pessoa está disposta a ajudá-la. Essa pessoa está disposta a gastar capital político para ajudá-la a progredir".* Essas são as pessoas ideais a quem pedir orientação ou *coaching* no curto prazo. *São elas que a defendem quando você não está na sala. Dê a elas um motivo para saber do que você é capaz.*

DICA DO ESPECIALISTA DA DDI: Crie seu próprio grupo de afinidade de 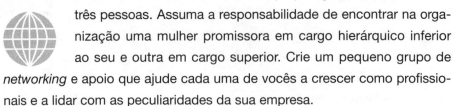 três pessoas. Assuma a responsabilidade de encontrar na organização uma mulher promissora em cargo hierárquico inferior ao seu e outra em cargo superior. Crie um pequeno grupo de *networking* e apoio que ajude cada uma de vocês a crescer como profissionais e a lidar com as peculiaridades da sua empresa.

Necessária: mudança de atitude

A pesquisa de opinião sobre o sucesso da *Real Simple*/Revista *Time* entrevistou mil mulheres a respeito de como elas definem o sucesso, qual a importância que elas atribuem a ele, e os riscos que correram para alcançá-lo. As pesquisas de opinião deles descobriram que apenas 8% das mulheres se consideram um sucesso o tempo todo. Além disso, 36% das mulheres frequentemente sentem que as pessoas no trabalho acham que elas são mais qualificadas do que elas realmente são.[9]

Portanto, o que nós mulheres precisamos é de uma mudança de atitude. Ou de uma voz diferente na nossa cabeça para guiar o caminho. Uma grande paladina é Sheryl Sandberg, que disse: *As mulheres precisam mudar o pensamento de "Não estou pronta para fazer aquilo" para "Quero fazer aquilo – e vou aprender fazendo".*[10] É bem verdade que aprender no trabalho requer coragem, mas vale a pena correr o risco.

Sabedoria das mulheres (inclusive de Madonna)

Rich e Tacy começaram uma conversa – quatro dúzias de conversas para ser precisa – com importantes líderes do sexo feminino pelo mundo afora que são extremamente bem-sucedidas. Os conselhos e sabedoria pessoal a seguir foram dados por essas mulheres, que também estão galgando os degraus.

Não se acomode com uma vida profissional banal

As mulheres com quem falamos demonstraram sistematicamente ter paixão pela sua função. Foi a paixão que as ajudou a enfrentar com decisão os obstáculos. Foi a paixão que possibilitou que elas lidassem com os complexos desafios com que se depararam. Certa líder disse o seguinte: *quando estou feliz no trabalho, tudo o mais na minha vida canta*. Elas também falaram da importância de *ter uma ligação com um propósito subjacente, precisar de uma harmonia de valores* e, essencialmente, escolher um emprego e uma carreira aos quais você efetivamente deseje dedicar sua energia. De acordo com uma delas: *Acredito sinceramente que se você gostar do que faz, você terá um melhor desempenho e será mais bem-sucedida.*

Quando encontrar sua paixão, você poderá inspirar a si mesma e sua equipe a atingir níveis mais elevados de desempenho.

Fracasse com frequência, mas fracasse bem

Saiba e compreenda o que é importante para você, e seja muito clara a respeito das metas que deseja alcançar. No entanto, não tenha medo de fracassar ao longo do caminho. *O sucesso consiste em descobrir o que você deseja fazer e não necessariamente em buscar um nome ou cargo. Consiste mais na riqueza do que você está fazendo,* declarou uma das nossas líderes seniores. Em outras palavras, o fracasso não envolve o fracasso, e sim o aprendizado.

E isso não é tudo. O fracasso oferece a oportunidade de recalibrarmos a nossa avaliação de desempenho interior, relacionando áreas de poder pessoal e entendendo as nossas fraquezas. O fracasso é frequentemente descrito como fundamental para a inovação e os verdadeiros avanços decisivos dos líderes.[11] As mulheres seniores que entrevistamos orientavam as outras a não deixar escapar as oportunidades de reflexão, autopercepção e aprendizado. De acordo com uma delas: *Você precisa entender a si mesma e o que é certo para você, não o que a organização acha que é certo para você.* Outra líder comentou: *Não existe nenhum obstáculo que não acabe sendo um degrau para algo maior se você conseguir descobrir como superá-lo.*

Encontre pessoas que acreditem em você mais do que você acredita em si mesma

Os comentários feitos anteriormente para que você reconsidere o perfil do mentor são conselhos que têm eco em nosso painel de mulheres seniores.

Mentores e patrocinadores serão capazes de lhe oferecer discernimento, orientação e conselhos, até mesmo com relação a desafios que você ainda não encontrou. *Obrigue-se a conhecer essas pessoas, e continue a encontrá-las dentro da organização,* porque, se escolher as pessoas certas, elas a apoiarão quando você mais precisar.

Além de recursos organizacionais, essas líderes seniores altamente bem-sucedidas também tinham sistemas de apoio fora do trabalho. Muitas nos falaram a respeito da importância dos relacionamentos pessoais com amigos e com a família – *um apoio tácito que não é muito reconhecido,* mas que tem um grande valor por amenizar o estresse e a pressão do trabalho. Para muitas delas, o sucesso é definido pelo equilíbrio entre as prioridades da vida profissional e da vida pessoal, pois isso possibilita *conceder a si mesma um propósito na vida além do trabalho.* Hoje reconheço que esse é também o segredo do meu sucesso pessoal, pois tenho um grupo íntimo de amigas eficientes, que atuam como um comitê consultivo executivo. Estamos sempre de sobreaviso para nos encorajar ou enfrentar os grandes problemas da vida quando eles surgem. Em decorrência, eu a encorajo a encontrar seu grupo de mulheres e se apoiar nelas.

Demonstre seu valor; destaque-se

Lembre-se do meu choque de realidade. Você tem seu próprio choque de realidade? Espero que você siga meu conselho e se imponha. Tome medidas para demonstrar resultados e torná-los visíveis. Lembre-se de que um bom trabalho não é definido por longas horas e sim, mais exatamente, pelos resultados que você apresenta. *Conquistar respeito e executar seu trabalho com competência a fará ir longe.*

E, por fim:

Seja como Madonna e Vogue

O que seu exercício da seção "Pense: Preparação" revelou? Você está encolhida em um canto ou entrando a passos largos em uma reunião dando a impressão de que está pronta para assumir o comando? Eu a desafio a canalizar a sua estrela do rock – neste caso, Madonna. Um dos talentos que Madonna (e todos os tipos de artistas) domina é entrar no palco com um ar de confiança. Elas nasceram desse jeito, ou desenvolveram essa habilidade? É provável que a confiança que projetam para a audiência tenha sido desenvolvida ao longo do tempo. É extremamente provável que Madonna, quando era uma jovem cantora, tenha ficado apavorada por dentro, mas não deixou que essas emoções transparecessem externamente. Até mesmo agora, depois de se apresentar durante trinta anos, Madonna admite que ainda fica nervosa antes de um *show*. No entanto, ela avança palco adentro, enfrentado novos desafios (como um *show* de intervalo do Super Bowl).[12]

No entanto, este conselho não é apenas para as estrelas do rock. Vestir um manto de intrepidez, respaldar a si mesma e ser obstinada o bastante para montar o cavalo de novo depois de uma queda foram atitudes citadas pelas nossas líderes como características fundamentais na ascensão delas. Na realidade, uma líder de visão ofereceu o seguinte conselho para quando as mulheres deixam de aproveitar uma oportunidade: *quando você sentir inveja, questione por que você mesma não entrou na disputa.*

> *Quando você sentir inveja, questione por que você mesma não entrou na disputa.*

Como ser igual a Madonna? Bem, é uma espécie de trapaça, mas funciona: se você assumir uma postura de poder antes de uma reunião ou conversa importante, você se sentirá mais poderosa. Anime-se! Cada reunião é uma oportunidade. Junte-se aos 8% das líderes que assumem uma atitude de poder para ficar animadas antes de uma reunião.[13]

#LeadLikeAGirl*

Em 2014, um novo vídeo redefiniu a frase "como uma garota" ("like a girl") como uma coisa forte e poderosa. Ele fez parte da campanha mais ampla #LikeAGirl da Always, a marca de higiene feminina de propriedade da Procter & Gamble. No vídeo, foi solicitado a um elenco de homens e mulheres de todas as idades que descrevessem o que achavam que a frase "como uma

---

* Lidere como uma garota. (N. dos T.)

garota" significava. O resultado foi perturbador. Acenando e mexendo o cabelo, os participantes fingiram correr "como uma garota" e arremessar como uma garota. Todos – exceto, marcadamente, as garotas mais jovens – demonstraram que "como uma garota" é comumente considerado um insulto. No entanto, as garotas mais jovens exibiram movimentos atléticos, dotados de objetivo.

Portanto, para concluir, confirmamos que as organizações com mais mulheres apresentam sistematicamente um melhor desempenho financeiro. Em outras palavras, é bom para #LeadLikeAGirl. E talvez você não tenha precisado do seu choque de realidade, mas espero que nós, e as líderes seniores que ofereceram suas ideias, a tenham inspirado a se arriscar, procurar um mentor e assumir uma postura, como Madonna no vídeo "Vogue". Outros a verão como equilibrada, confiável e confiante. E você, por sua vez, construirá sua confiança interior para se expandir, crescer, às vezes fracassar, e aprender.

> *A mulher é como um saquinho de chá. Só sabemos o quanto ela é forte quando a colocamos na água quente.**
> **– Eleanor Roosevelt**

---

* Tradução literal da expressão inglesa [*get into*] *hot water*, que significa ter problemas, enfrentar dificuldades. (N. dos T.)

> Temos a responsabilidade, diante de nossa família e comunidade, de retribuir aos outros e usar nossas habilidades de liderança na vida cotidiana fora do trabalho.

22 A LIDERANÇA MODIFICA O MUNDO
Você faz a diferença

Enquanto escrevemos este livro, passamos bastante tempo – separadamente e em conjunto – pensando a respeito de o que a liderança realmente significa para as pessoas hoje em dia. Acreditamos que tenhamos defendido bem a ideia da ciência perspicaz por trás do desenvolvimento da liderança. Mas esperamos que você também dedique tempo a celebrar a parte profundamente humana do que você está fazendo ao seguir uma carreira de liderança: ajudar a si mesmo e os outros a crescer. Esse crescimento será recompensador para todos os envolvidos, inclusive para seu negócio e os clientes. E suas habilidades de liderança poderão ajudá-lo a manter sua carreira no rumo, mesmo que seu setor esteja tumultuado ou que a economia esteja ruim.

Em algum momento, talvez você tenha começado a notar que tem um eu diferente emergindo, um eu que tem mais certeza a respeito do futuro, um eu que entende melhor as pessoas que o cercam e tem uma ligação maior com elas. Essa é a sua voz de liderança se tornando mais forte. Use-a! Entregue o microfone a esse eu interior com a maior frequência possível. É bom para você, para a empresa e para o mundo como um todo.

Você encontrará valor nessas habilidades de liderança, além das quarenta ou cinquenta horas (Ok, sessenta) que você passa no trabalho. Você se lembra do Capítulo 8, quando contamos a história do líder que usou o Plano de Discussão como roteiro emocional para uma conversa realmente difícil com o filho? Essa foi a voz de liderança dele fazendo diferença na família. Tacy adora a história que um novo líder contou para ela. Logo depois de concluir seu treinamento, ele voltou para casa e encontrou a esposa em prantos. Ela havia perdido o emprego. Em vez de reagir, ele ficou escutando. Fez perguntas. Entre abraços e lágrimas, usou os Princípios-chave para ajudá-la a abandonar a angústia e dar os passos seguintes. A melhor parte? *Ela me perguntou: "O que aconteceu na sua sessão de treinamento? Você voltou para casa uma pessoa completamente diferente!"*, disse ele a Tacy. Talvez. Ou talvez suas novas habilidades o tenham ajudado a expressar seu eu mais autêntico quando a pessoa que ele amava precisou dele.

Na DDI, encaramos a liderança como um serviço aos outros que se eleva acima até mesmo da maneira como pensamos sobre nós mesmos. Acreditamos que temos a responsabilidade, diante de nossa família e comunidade, de retribuir aos outros e usar nossas habilidades de liderança na vida cotidiana fora do trabalho. A DDI instituiu um programa no qual todos os participantes podem tirar um dia de folga para compartilhar a ciência das nossas habilidades de liderança com a comunidade. Alguns participantes levaram os Princípios-chave para a escola dos seus filhos que cursavam a segunda fase do Ensino Fundamental. (Pense a respeito do poder de ensinar adolescentes mandões e metidos a saber tudo a manter a autoestima, a usar empatia e envolver os outros!) Outros ajudaram mulheres que estavam fazendo a transição de volta para a força de trabalho a aperfeiçoar suas habilidades de apresentação. Nossos colaboradores foram capazes de ajudar o programa Teach for Malaysia, uma empresa de educação sem fins lucrativos que treina professores para atuar nas comunidades mais pobres da Malásia, para reduzir a rotatividade de professores treinando-os em habilidades de entrevista de nível internacional. Antes do treinamento, se uma má decisão de contratação resultasse na saída de um professor, os alunos ficavam sem professor por um período de até seis semanas. Com riscos tão elevados, as habilidades de liderança são um agente de mudança. Temos plena certeza de que você encontrará maneiras de aplicar suas habilidades no aprimoramento de todas as suas causas e relacionamentos.

Está na hora de encarar a liderança como profissão (e um sacerdócio)

Então, tendo em vista todos os benefícios da liderança que apresentamos a você, por que "liderança" não seria um grande negócio?

Eis um exemplo do que estamos querendo dizer. As pessoas que já fizeram viagens internacionais devem estar familiarizadas com os cartões de chegada e partida que precisam ser preenchidos quando passam pela imigração. Em uma recente viagem ao exterior, Tacy conversou com a pessoa que estava sentada ao lado dela no avião. Ele era um líder sênior de uma organização de mineração internacional. O homem a desafiou com uma pergunta: *Então, o que você escreve no campo ocupação do cartão que você preenche quando deixa o país?* Ele a havia apropriadamente (e diplomaticamente) colocado contra a parede. Não, a resposta não foi "líder". (Foi consultora de RH.)

> *"Uma pilha de pedras deixa de ser uma pilha de pedras no momento em que um único homem a contempla, tendo dentro de si a imagem de uma catedral."*
> — **Antoine de Saint-Exupéry**
> O Pequeno Príncipe

Por quê?

Rich recentemente expressou algo semelhante em um *blog*, dizendo que está na hora de a liderança ser encarada como uma profissão genuína. No *post*, ele ponderou que nos mais de trinta anos que viajou pelo mundo, nem uma única vez alguém se apresentou para ele como um líder. Ele levantou várias questões essenciais. Os líderes estão na função porque escolhem estar ou porque querem estar? Sentem entusiasmo por mobilizar uma força de trabalho, impulsionar uma mudança organizacional ou ser um exemplo de vida positivo para a cultura de uma organização? Os líderes param para pensar a respeito do que representam e como os outros os procuram para orientação, apoio, confiança e crescimento?

Então, agora é o momento da confissão. Você faz isso?

Acreditamos que, se a liderança for encarada e abraçada como verdadeira profissão, o impacto em uma organização, no seu pessoal e no mundo será enorme. Portanto, encerramos este livro com um desafio: quando as pessoas lhe perguntarem como você ganha a vida, diga a elas que você é um líder. E levem isso a sério.

Encerramos este livro com um desafio: quando as pessoas lhe perguntarem como você ganha a vida, diga a elas que você é um líder.

Acreditamos que a liderança seja uma arte a ser aperfeiçoada por meio da dedicação concentrada voltada para tempo, atenção e autopercepção – de maneira semelhante à que ocorre com um *chef*, artista ou cirurgião. Quando você se torna um líder, independentemente de seu nível ou setor, essa se torna sua profissão. Acreditamos que você tenha a obrigação de investir tempo e esforço para se tornar o melhor líder que puder ser.

Terceira Parte:
Capítulos e ferramentas de bônus

Finalmente! Sua jornada está quase concluída. Mas não se preocupe – ainda estamos aqui para guiá-lo. Criamos um valioso microsite, em inglês, que oferece um sem-número de pesquisas, junto com dicas, ferramentas, vídeos e até mesmo uma simulação que o ajudará a praticar as suas recém-adquiridas habilidades de liderança.

O microsite também inclui três capítulos de bonificação e uma proveitosa *checklist*.

Mudança: Diz respeito às pessoas

Não é de causar surpresa que 70% das iniciativas de mudança no local de trabalho fracassem. Este capítulo o ajuda a transformar a resistência em compromisso e inspira os membros da equipe a assumirem o controle da mudança. Ele também o ajuda a criar um ambiente de trabalho dinâmico no qual as pessoas são mais abertas à mudança.

Inovação: Esteja preparado para fracassar cedo e com frequência

A pressão para encontrar soluções novas e criativas pode ser intensa. Para promover uma cultura de inovação, você precisará expandir seu modo de pensar e o da sua equipe. Este capítulo o instiga a fazer isso com dicas e técnicas destinadas a gerar novas ideias e adicionar valor à sua organização.

O próximo passo na sua carreira e sua próxima aventura: Reflita, visualize, mobilize-se

Este capítulo diz respeito a pegar o que descobriu a respeito de si mesmo e usar isso para investigar suas opções de carreira enquanto delineia sua direção futura – seja ela para cima, para o lado ou uma função atual enriquecida.

***Checklist* do novo líder: como lidar com seus seis primeiros meses**

Esta *checklist* mensal, amigável ao usuário, o ajuda a lidar com êxito com a sua transição. Ela evoca atividades administrativas fundamentais, sugere atividades de desenvolvimento para você e a sua equipe, chama atenção para áreas que você deve esclarecer com o seu chefe, e oferece sugestões para a criação de um ambiente cultural/social ideal.

Não deixe de salvar o site nos seus favoritos e voltar a ele com frequência enquanto continua a avançar em sua jornada de liderança.

Seu Primeiro Cargo de Liderança

Notas

Capítulo 1: Agora você é um líder

1 Matt Paese e Simon Mitchell, *Leaders in Transition: Stepping Up, Not Off* (Pittsburgh: Development Dimensions International, 2007).

Capítulo 2: Chefe ou catalisador?

1 Pete Weaver e Simon Mitchell, *Lessons for Leaders from the People Who Matter*, Trend Research (Pittsburgh: Development Dimensions International, 2012), p. 12.
2 *Ibid.*, p. 14.

Capítulo 3: Como lidar com a transição para a liderança

1 Evan Sinar e Matt Paese, *Leaders in Transition: Progressing along a Precarious Path* (Pittsburgh: Development Dimensions International, 2014), pp. 10–1.
2 *Ibid.*, p. 5.
3 *Ibid.*, p. 7.

Capítulo 4: Sua marca de liderança, primeira parte

1 Morgan W. McCall, "Identifying Leadership Potential in Future International Executives: Developing a Concept", *Consulting Psychology Journal: Practice and Research* 46, nº 1 (1994): 49–63, doi:10.1037//1061-4087.46.1.49; Morgan

W. McCall, *High Flyers: Developing the Next Generation of Leaders* (Boston: Harvard Business School Press, 1998); Jim Collins, "Level 5 Leadership", *Harvard Business Review* 79, nº 1 (janeiro de 2001): 66-76; Doug Bray e Ann Howard, "The AT&T Longitudinal Studies of Managers", in *Longitudinal Studies of Adult Psychological Development*, org. Klaus Warner Schaie (Nova York: Guilford Press, 1983); Brent Roberts e Robert Hogan, *Personality Psychology in the Workplace* (Washington, DC: American Psychological Association, 2001).

2 Ursula Burns, entrevistada por Ellen McGirt, *Fast Company*, Nova York, 19 de novembro de 2011.

3 Jim Collins, *Good to Great: Why Some Companies Make the Leap — and Others Don't* (Nova York: HarperBusiness, 2001).

Capítulo 5: Sua marca de liderança, segunda parte

1 Douglas McGregor, *The Human Side of Enterprise* (Nova York: McGraw-Hill, 1960).

2 "Top 10 Business Bestsellers of the Decade", *Hartford Courant*, 10 de janeiro de 2000.

3 William C. Byham e Jeff Cox, *Zapp!® The Lightning of Empowerment: How to Improve Productivity, Quality, and Employee Satisfaction* (Nova York: Harmony Books, 1988/1991).

4 Mary L. Tracy e Matt Paese, "Two Perspectives on Identifying Potential", *DDI GO Magazine*, primavera de 2005, p. 22.

5 Morgan W. McCall, "Identifying Leadership Potential in Future International Executives: Developing a Concept", *Consulting Psychology Journal: Practice and Research* 46, nº 1 (1994): 49-63, doi:10.1037//1061-4087.46.1.49; Morgan W. McCall, *High Flyers: Developing the Next Generation of Leaders* (Boston: Harvard Business School Press, 1998); Jim Collins, "Level 5 Leadership", *Harvard Business Review* 79, nº 1 (janeiro de 2001): 66-76; Brent Roberts e Robert Hogan, *Personality Psychology in the Workplace* (Washington, DC: American Psychological Association, 2001); Doug Bray e Ann Howard, "The AT&T Longitudinal Studies of Managers", in *Longitudinal Studies of Adult Psychological Development*, org. Klaus Warner Schaie (Nova York: Guilford Press, 1983).

6   Mary L. Tracy e Matt Paese, "Two Perspectives on Identifying Potential", *DDI GO Magazine*, primavera de 2005, pp. 22-3.
7   John Zenger e Joseph Folkman, "Feedback — You Need It, Your Employees Want It!" *Zenger Folkman's Monthly Webinar Series*, webinar, 20 de fevereiro de 2014, *slide* 8.
8   Ibid., *slide* 13.

Capítulo 6: Liderança é conversa, primeira parte

1   Eric Matson e Laurence Prusak, "Boosting the Productivity of Knowledge Workers", *McKinsey Quarterly*, setembro de 2010.
2   A. H. Maslow, "A Theory of Human Motivation", *Psychological Review* 50, n⁰ 4 (1943): pp. 370-96.
3   "It's Better to Give Than to Receive, Even If We Don't Realise It", *PR Newswire US*, 5 de novembro de 2014, *Business Source Corporate Plus*, EBSCO*host* (acessado em 9 de dezembro de 2014); Katherine Nelson *et al.*, "'It's up to You': Experimentally Manipulated Autonomy Support for Prosocial Behavior Improves Well-Being in Two Cultures over Six Weeks", *The Journal of Positive Psychology* (no prelo); Sonja Lyubomirsky, *The How of Happiness: A New Approach to Getting the Life You Want* (Nova York: Penguin Press, 2008); Stephanie L. Brown *et al.*, "Providing Social Support May Be More Beneficial Than Receiving It: Results from a Prospective Study of Mortality", *Psychological Science* (Wiley-Blackwell) 14, n⁰ 4 (julho de 2003): pp. 320-27, *Business Source Corporate Plus*, EBSCO*host* (acessado em 14 de dezembro de 2014).
4   Steven Stowell, "Coaching: A Commitment to Leadership", *Training & Development Journal* 42, n⁰ 6 (1988): p. 34.
5   Akira Ikemi e Shinya Kubota, "Humanistic Psychology in Japanese Corporations: Listening and the Small Steps of Change", *Journal of Humanistic Psychology* 36, n⁰ 1 (inverno de 1996): pp. 104-21.
6   Marcus Cauchi, "The 70/30 Rule: Which Side Are You?" *Paul Simister's Business Coaching Blog* (blog), 8 de outubro de 2008, http://businesscoaching.typepad.com/; Neil Rackham e Terry Morgan, *Behaviour Analysis in Training* (Londres: McGraw-Hill, 1977).
7   Development Dimensions International, "Manager Ready Behavior Performance", acessado em 24 de setembro de 2014, banco de dados da Manager Ready.

8　Mark Busine et al., *Driving Workplace Performance through High-Quality Conversations* (Pittsburgh: Development Dimensions International, 2013), p. 9.

Capítulo 7: Liderança é conversa, segunda parte

1　Neil Rackham, *SPIN Selling* (Nova York: McGraw-Hill, 1988); Neil Rackham, *Major Account Sales Strategy* (Nova York: McGraw-Hill, 1989).
2　William Oncken Jr. e Donald L. Wass, "Management Time: Who's Got the Monkey?" *Harvard Business Review* 52, nº 6 (novembro de 1974): p. 75.
3　Pete Weaver e Simon Mitchell, *Lessons for Leaders from the People Who Matter: How Employees around the World View Their Leaders* (Pittsburgh: Development Dimensions International, 2012).

Capítulo 8: Seu roteiro de conversas de cinco passos

1　Development Dimensions International, "Manager Ready Behavior Performance", acessado en 24 de setembro de 2014, banco de dados da Manager Ready.
2　Malcolm Gladwell, *Outliers: The Story of Success* (Nova York: Little, Brown and Co., 2008).
3　Daniel Goleman, *Emotional Intelligence: Why it Can Matter More Than IQ* (Nova York: Bantam Books, 2005).

Capítulo 9: Nada mais importa se você não obtiver resultados

1　Tim Maly, "Should You Send That Email? Here's a Flowchart for Deciding", *Fast Company*, 22 de fevereiro de 2012, www.fastcodesign.com/1669094/should-you-send-that-email-heres-aflowchart-for-deciding.

Habilidades de proficiência e liderança

Capítulo 10: Contrate e selecione o melhor

1　Peter F. Drucker, "How to Make People Decisions", *Harvard Business Review* 63, nº 4 (julho de 1985): pp. 22–5.
2　Brad Remillard, "What Are the Total Costs of a Bad Hire?" *IMPACT Hiring Solutions* (blog), 2010, www.impacthiringsolutions.com/blog/what-are-the-total-costs-of-a-bad-hire/.

3 Scott Erker e Kelli Buczynski, *Are You Failing The Interview?* (Pittsburgh: Development Dimensions International, 2009), pp. 4, 9.
4 Tom Janz et al., *Behavior Description Interviewing: New, Accurate, Cost Effective* (Upper Saddle River, NJ: Prentice Hall, 1985); Robert W. Eder e Gerald R. Ferris, *The Employment Interview: Theory, Research, and Practice* (Newbury Park, CA: SAGE Publications, 1989).
5 Erker e Buczynski, *Are You Failing The Interview?*, pp. 13-4.

Capítulo 11: O que seu chefe realmente deseja de você

1 Richard Wellins *et al.*, *Be Better Than Average: A Study on the State of Frontline Leadership*, Trend Research (Pittsburgh: Development Dimensions International, 2013), p. 3.
2 Tom Rath e James K. Harter, *Wellbeing: The Five Essential Elements* (Nova York: Gallup Press, 2010), p. 133.
3 Anna Nyberg *et al.*, "Managerial Leadership and Ischaemic Heart Disease among Employees: The Swedish WOLF Study", *Occupational and Environmental Medicine* 66, nº 1 (2009): pp. 51-5.
4 Steve Arneson, "Introduction" *in What Your Boss Really Wants from You: 15 Insights to Improve Your Relationship* (São Francisco: Berrett-Koehler Publishers, 2014), OverDrive Read.

Capítulo 12: Engajamento e retenção

1 Gallup Consulting, *State of the Global Workplace: A Worldwide Study of Employee Engagement and Wellbeing*, Trend Research (Washington, DC: Gallup Consulting, 2013), p. 99.
2 Richard S. Wellins *et al.*, *Employee Engagement: The Key to Realizing Competitive Advantage*, Monografia (Pittsburgh: Development Dimensions International, 2011).
3 Mark C. Crowley, "The Sharp Drop-Off in Worker Happiness — and What Your Company Can Do about It", *Leadership* (*blog*), 30 de abril de 2012, www.fastcompany.com/1835578/sharp-dropworker-happiness-and-what-your-company-can-do-about-it.

4 Randall Beck e Jim Harter, "To Win with Natural Talent, Go for Additive Effects", *Gallup Business Journal*, 1º de junho de 2014, *Business Source Corporate Plus*, EBSCO*host* (acessado em 19 de dezembro de 2014).
5 Jennifer Robison, "Turning around Employee Turnover: Costly Churn Can Be Reduced If Managers Know What to Look for — and They Usually Don't", *Gallup Management Journal Online*, 8 de maio de 2008, pp. 1-6, *Business Source Corporate Plus*, EBSCO*host* (acessado em 19 de dezembro de 2014).

Capítulo 13: Reuniões

1 "Wasted Time in Meetings Costs the UK Economy £26 Billion", *Business Matters Magazine* (20 de maio de 2012), www.bmmagazine.co.uk/in-business/6795/wasted-time-in-meetings-costs-the-uk-economy-26-billion/.
2 Patrick R. Laughlin *et al.*, "Groups Perform Better Than the Best Individuals on Letters-to-Numbers Problems: Effects of Group Size", *Journal of Personality & Social Psychology* 90, nº 4 (abril de 2006): pp. 644-51; Gary Charness e Matthias Sutter, "Groups Make Better Self-Interested Decisions", *Journal of Economic Perspectives* 26, nº 3 (verão de 2012): pp. 157-76; M. E. Shaw, "Comparison of Individuals and Small Groups in the Rational Solution of Complex Problems", *American Journal of Psychology* 44 (julho de 1932); D. W. Taylor e W. L. Faust, "Twenty Questions: Efficiency in Problem-Solving as a Function of Size of Group", *Journal of Experimental Psychology*, p. 44 (novembro de 1952); G. B. Watson, "Do Groups Think More Efficiently than Individuals?" *Journal of Abnormal and Social Psychology*, p. 23 (outubro de 1928).

Capítulo 14: *Coaching*

1 Pete Weaver e Simon Mitchell, *Lessons for Leaders from the People Who Matter*, Trend Research (Pittsburgh: Development Dimensions International, 2012), p. 9.

Capítulo 15: Fundamentos do *feedback*

1 Apresentação de Jack Welch de 2003, The Conference Board, Nova York.
2 Evan Sinar e Matt Paese, *Leaders in Transition: Progressing along a Precarious Path* (Pittsburgh: Development Dimensions International, 2014), p. 7.
3 James Clevenger, "The SOP for Workplace Interactions", *Talent Management Intelligence* (blog), 8 de agosto de 2014, www.ddiworld.com/blog/tmi/august-2014/

the-sop-for-workplaceinteractions; James Clevenger, "Guidance from Above: The Manager's Role in Driving Lean", *Talent Management Intelligence* (*blog*), 19 de novembro de 2014, www.ddiworld.com/blog/tmi/november-2014/the -managers-role-in-driving-lean.; James Clevenger, "Eliminating the 9th Form of Waste", *Talent Management Intelligence* (blog), 23 de julho de 2014, www. ddiworld.com/blog/tmi/july-2014/eliminating-the-9th-form-of-waste.
4 Adecco, *2013 State of the Economy and Employment Survey* (Melville, NY: Adecco Employment Services, 2013).
5 Accenture, *How Leading Manufacturers Thrive in a World of Ongoing Volatility and Uncertainty* (Chicago: Accenture Inc.), p. 20.

Capítulo 17: Delegar tarefas

1 Development Dimensions International, "Leadership Mirror Performance Ratings", acessado em 10 de dezembro de 2014, banco de dados da Leadership Mirror.
2 Development Dimensions International, "Manager Ready Behavior Performance", acessado em 24 de setembro de 2014, banco de dados da Manager Ready.

Capítulo 18: Gerenciamento do desempenho

1 David Rock, "SCARF: A Brain-Based Model for Collaborating with and Influencing Others", *NeuroLeadership Journal* nº 1 (2008), www.your-brain-at- -work.com/files/NLJ_SCARFUS.pdf.

Capítulo 19: Você e sua rede de contatos

1 Daniel Hallak, "Five Networks to Accelerate Your Career", *TD: Talent Development* 68, nº 10 (outubro de 2014): 104–105.

Capítulo 21: O primeiro cargo de liderança de uma mulher

1 Joanna Barsh e Lareina Yee, *Unlocking the Full Potential of Women at Work* (Nova York: McKinsey & Company, 2011), p. 3.
2 Catalyst, *Catalyst Census: Fortune 500 Appendix 1 — Methodology*, Catalyst Census (Nova York: Catalyst, 2013).

3 DDI e The Conference Board, *Ready-Now Leaders: Meeting Tomorrow's Business Challenges, Global Leadership Forecast* (Pittsburgh: Development Dimensions International, 2014), p. 40.
4 Georges Desvaux *et al.*, "A business case for women", *The McKinsey Quarterly* nº 4 (2008): pp. 26–33.
5 DDI e The Conference Board, *Ready-Now Leaders: Meeting Tomorrow's Business Challenges, Global Leadership Forecast* (Pittsburgh: Development Dimensions International, 2014), p. 41.
6 Katty Kay e Claire Shipman, *The Confidence Code: The Science and Art of Self-Assurance — What Women Should Know* (Nova York: HarperBusiness, 2014).
7 Tara Mohr, "Why Women Don't Apply for Jobs Unless They're 100% Qualified", *Harvard Business Review*, last modified 2014, acessado em 17 de dezembro de 2014, https://hbr.org/2014/08/why-women-dont-apply-for-jobs-unless-theyre-100-qualified.
8 Stephanie Neal *et al.*, *Women as Mentors: Does She or Doesn't She? A Global Study of Businesswomen and Mentoring* (Pittsburgh: Development Dimensions International, 2013), p. 7.
9 "Work & Money", *Real Simple*, 1º de setembro de 2014, 196, 198.
10 Sheryl Sandberg, "It's a Jungle Gym, Not a Ladder" in *Lean in: Women, Work, and the Will to Lead* (Nova York: Knopf, 2013), OverDrive Read.
11 "Failure Issue," *Harvard Business Review* 89, nº 4 (2011).
12 "Madonna Is 'So Nervous' about Super Bowl Performance", *People.com*, last modified 2014, acessado em 17 de dezembro de 2014, www.people.com/people/article/0,,20565802,00.html.
13 "Work & Money", *Real Simple*, 1º de setembro de 2014, p. 198.

Agradecimentos

Nós (Rich e Tacy) somos imensamente gratos a muitas pessoas que nos ajudaram a tornar uma realidade essa nossa visão para *Seu Primeiro Cargo de Liderança*. Somos gratos à sabedoria de mais de 10 milhões de líderes em 26 países, que usaram os ensinamentos da DDI para se tornarem líderes catalisadores. Eles desencadearam a ação em si mesmos, nas equipes e em suas empresas, e, em nome da DDI, estamos emocionados por ter causado um impacto. Queremos agradecer também aos facilitadores/instrutores, que são mais de 20 mil, que se tornaram instrutores qualificados, orientadores especializados e embaixadores para as habilidades de interação da DDI. Vocês são *black belts*, além de nossos heróis. Obrigado pelas suas histórias, seu espírito e sua paixão de nos empurrar para além de onde achávamos que poderíamos ir.

Pela sua análise crítica, discernimento, revisões e delicada formação ao longo do último ano, agradecemos especificamente:

- A Ellen McGirt, nossa escritora dos bastidores, que nos ajudou a transformar nosso discurso de RH em histórias legíveis. Sabemos que todos crescemos juntos ao longo deste processo. Ellen, sua voz encorajadora ressoará para sempre em nossa mente todas as vezes que escrevermos!
- A Jim Concelman, pela sua orientação de conteúdo em todas as competências baseadas no desenvolvimento de habilidades nos nossos capítulos de Habilidades de Proficiência e Liderança. Obrigado por ser o nosso guia de desenvolvimento da liderança de linha de frente.
- Às múltiplas gerações – que abrangem mais de quatro décadas – de *designers* de instrução, gerentes de produção e consultores pela sua visão e por criar os sistemas de aprendizado da DDI para o desenvolvimento de líderes da linha de frente.
- A Nikki Dy-Liacco, pelas suas análises críticas e orientação sobre aspectos da mídia social do livro e por criar #LeadLikeAGirl, o novo lema pessoal de Tacy.

- A Bob Rogers e Bill Byham, pela análise crítica e apoio em todos os capítulos. Obrigado por aumentar (e manter) a nossa autoestima com o seu *feedback* focalizado.
- A Evan Sinar e Aaron Stehura, pela analítica de liderança e pesquisa de dados do nosso abundante banco de dados.
- A Jill George, Stephanie Morris, Jim Concelman, Annamarie Lang e Nikki Dy-Liacco, por compartilharem a sua sabedoria ao longo da nova *checklist* do líder.
- A John Verdone, o rei do ensinamento dos Princípios-chave e das Diretrizes de Interação, pelo seu estilo prático, que ajudou a moldar nossos capítulos básicos.
- A Nikki Dy-Liacco (de novo: nós a mantemos ocupada!) e Brad Thomas, que descreveram e ilustraram as caricaturas dos funcionários difíceis.
- A Nancy Guarino e Sandy Eby, por nos manterem no rumo certo. Sem vocês, nós dois estaríamos perdidos, e temos certeza de que Rich teria perdido o foco!
- A Bill Proudfoot, o olho de lince editorial. Graças a Deus você foi o mestre durante toda a pressão final da publicação.
- A Stacy Infantozzi, pelo seu belo *layout* e formatação. Nós nos sentimos honrados por ter contado com seu imenso talento neste livro. Agradecemos também a Patrice Andres e Lisa Weyandt, pelo apoio gráfico.
- A Liz Hogan e Elaine Bardzil, por nos manter completamente objetivos e sinceros em nossas citações.
- A Richard Narramore, nosso editor na Wiley, pelo seu apoio e orientação.
- Por fim, às dezenas de líderes ao redor do mundo que entrevistamos para este livro. Obrigado pela generosidade ao compartilhar sua história pessoal e os desafios de liderança: Alex Badenoch, Joe Bergen, Cathy Boysko, TJ Carey, Gary Cass, Mabel Chan, Hilary Crowe, Michael Daley, Louise Doyle, Kate Eastoe, Fiona Fleming, The Hon. Patricia Forsythe, Michelle Gibson, Colleen Harris, Jason Henningsen, Jude Hollings, Cathrin Kalbfell-Rolfe, Rushikesh Kasture, Ehrrin Keenan, Christian Lang, Stephen Lee, Joy Linton, Yang Liu, Trisha McEwan, Christine McLoughlin, Cathy Manolios, Jo Mithen, Rilla Moore, Helen Newall, Anne O'Keefe, Leanne Plenty, Amiya Kanta Rath, Kirstin Schneider, Qian Shi, Mark Slootmaker, Maria Tassone, Trish Unwin, Sylvie Vanasse.

A DDI

Quem somos. A Development Dimensions International, Inc., ou DDI, é uma destacada empresa de consultoria de gerenciamento de talentos. Há 45 anos fomos pioneiros na área; hoje, continuamos a ser os seus principais inovadores.

O que fazemos. Ajudamos as empresas a transformar a maneira como contratam, promovem e desenvolvem seus líderes e a força de trabalho. O resultado? Líderes como você que estão prontos para inspirar, compreender e executar estratégias de negócios, além de enfrentar com decisão os desafios.

Como fazemos. Se você já teve um líder que respeitava profundamente, ou se admirou com a rapidez com que um novo funcionário assimilou o trabalho, você pode muito bem ter presenciado a DDI em ação. Anualmente, desenvolvemos 250 mil líderes no mundo inteiro. Não raro, ficamos nos bastidores, criando um treinamento ou avaliação que os clientes podem implementar sozinhos. Em outras ocasiões, ficamos mais visíveis, ajudando os clientes a conduzir grandes mudanças nas suas organizações. Sempre utilizamos os métodos mais recentes, baseados na ciência e no teste do tempo.

Com quem fazemos. Nossos clientes são algumas das empresas mais bem-sucedidas do mundo. São empresas da Fortune 500 e multinacionais que fazem negócio em um vasto conjunto de setores, de Xangai a São Francisco e em vários outros lugares. Atendemos a clientes de 42 escritórios de propriedade da DDI ou estreitamente associados. Visite nosso site, em inglês, www.ddiworld.com para mais informações.

Por que fazemos. Os princípios e as habilidades que ensinamos não tornam apenas as pessoas funcionários mais aprimorados; o que fazemos tende a resultar em seres humanos mais felizes e satisfeitos – melhores membros da família, melhores vizinhos, melhores amigos.

A autora

Tacy M. Byham, Ph.D.

Tacy foi nomeada CEO da Development Dimensions International, Inc. (DDI) em 2014. Ela começou sua carreira na empresa no início da década de 1980 como estagiária no departamento de produções de vídeo e grupos de computador/tecnologia. Depois de concluir a pós-graduação, Tacy trabalhou como instrutora na Europa e assessora para clientes da área tecnológica nos Estados Unidos. Ajudou a desenvolver inovações e, com o tempo, usou sua experiência para construir o negócio de desenvolvimento executivo de crescimento rápido da DDI.

Tacy é especialista em soluções criativas e personalizadas para lidar com os desafios do gerenciamento de talentos. Entre seus clientes estão a Keurig Green Mountain, a ADP, a BNY Mellon e o Texas Children's Hospital. Seus textos foram publicados na *The Conference Board Review,* na revista *CLO*, na *People Matters* (Índia) e nos *ASTD Leadership Handbooks* (2010 e 2014). Ela também é uma frequente apresentadora para a Conference Board e ATD (antiga ASTD), onde fala sobre vários temas, entre eles a inovação, as mulheres e a liderança e a liderança de nível médio.

Tacy foi criada na casa de um líder e empresário com ideias inovadoras. Seu pai, Bill Byham, fundou a DDI em 1979, e a própria perspectiva de Tacy sobre a liderança se desenvolveu ao longo de toda uma vida de conversas no jantar com a família a respeito do que torna as pessoas melhores administradoras das coisas que lhes são importantes. Ela foi imersa na ciência das possibilidades humanas desde cedo e também na importância do serviço comunitário (sua mãe é política aposentada e voluntária da comunidade). *Viajamos pelo mundo enquanto a DDI crescia,* diz Tacy a respeito do seu acesso precoce a líderes e pensadores administrativos. *Tive uma visão geral de como as coisas efetivamente funcionavam e podiam funcionar melhor. Fiquei inspirada. E depois de trabalhar para alguns chefes ruins no setor tecnológico, eu quis ingressar na DDI para trabalhar com nossos fascinantes clientes e ajudar a resolver seus desafios com as pessoas.*

Depois de refletir, chegamos à conclusão de que o que importa não é o que recebemos, e sim o que damos. Bem, recentemente, um dos companheiros de equipe de Tacy deixou a DDI para ir atrás da paixão de sua vida. Em um bilhete de despedida, ele escreveu: *Eu poderia escrever páginas sobre o quanto sou grato por ter trabalhado para você. Realmente valorizo seu cuidado e preocupação genuínos por mim... por todos nós!*

Tacy tem mestrado em Matemática/Ciência da Computação da Faculdade Mt. Holyoke e um Ph.D. em Psicologia Industrial/Organizacional da Universidade de Akron.

@TacyByham

O autor

Richard S. Wellins, Ph.D.

Rich atua hoje como chefe internacional de pesquisas e marketing da DDI. Ele adorou cada minuto de ser um líder (bem, quase todos os minutos). Desde que ingressou na DDI há mais de trinta anos, ele exerceu várias funções de liderança, entre elas cargos em vendas, P&D e marketing. Rich obteve o seu Ph.D. em Psicologia Social/Industrial na American University. Antes de trabalhar na DDI, Rich atuou como professor de psicologia na Universidade de Western Connecticut State e como psicólogo de pesquisas no Departamento de Defesa dos Estados Unidos.

 Este é o quinto livro de Rich sobre liderança, entre eles um *best-seller*, *Empowered Teams*. Ele trabalhou com dezenas de clientes em projetos de avaliação de liderança e desenvolvimento, entre eles a Toyota, a AXA, a Nissan, a Colgate, a A.T. Cross e a Sunrise Living. Rich proferiu dezenas de discursos programáticos em conferências na sua pesquisa pelo mundo afora, entre elas as da Society for Human Resource Management (SHRM), The Conference Board, Association for Talent Development, HRoot (China) e People Matters (Índia). Ele atua hoje em dia como juiz para a Asia Business Leaders of the Year Award (ABLA) da CNBC, entrevistando os CEOs de melhor desempenho em toda a Ásia. Rich também lidera a *Global Leadership Forecast,* que apresenta informações sobre as melhores práticas de liderança obtidas com mais de 75 mil líderes. Seu trabalho foi apresentado na revista *Forbes,* no *New York Times,* na National Public Radio, na CNBC, na revista *Fortune* e no *Wall Street Journal.*

 O interesse de Rich por liderança é proveniente de duas experiências que mudaram sua vida: *Meu pai tinha duas drogarias, e minha mãe trabalhava com ele no balcão de cosméticos,* recorda ele. Quando adolescente, Rich tinha que fazer todo o trabalho pesado e maçante, como fazer entregas e limpar os banheiros. *Meu pai queria se certificar de que ninguém acharia que eu recebia tratamento diferenciado em relação a qualquer outra pessoa.* Uma das lojas atendia a um bairro em New Britain, Connecticut, que tinha uma elevada taxa de pobreza. Seu pai o enviava em quase todas as entregas na comunidade para pessoas que contavam com os suprimentos que ele entregava. *O objetivo dele era me ensinar, e sou grato*, afirmou Rich. *Foram valiosas lições em liderança, compartilhamento e responsabilidade.*

Sua segunda experiência em treinamento de liderança foi com o Departamento de Defesa no cargo de psicólogo de pesquisas. Ele trabalhou em exercícios de campo com a 101ª divisão de Aerotransportados, trabalhando com primeiros-tenentes. Como Rich gosta de dizer: *Se você conseguir se sair bem como líder militar de primeira linha, o restante de suas funções de liderança será bem mais fácil.*

@RichWellins